Herausgegeben von Gernot Sittner

HELMUT KOHL
UND DER MANTEL DER GESCHICHTE

Süddeutsche Zeitung Edition

© Süddeutsche Zeitung GmbH, München
für die Süddeutsche Zeitung Edition 2016

Projektleitung: Till Brömer, Sabine Sternagel
Projektassistenz: Debora Mergler, Kristina Steimer
Recherche: Franz Meidinger
Gestaltung: Julia Otterbach
Herstellung: Thekla Licht, Hermann Weixler
Druck und Bindearbeiten: aprinta druck GmbH, Wemding
Printed in Germany
ISBN: 978-3-86497-346-8

Herausgegeben von Gernot Sittner

HELMUT
KOHL
UND DER MANTEL
DER GESCHICHTE

Süddeutsche Zeitung Edition

Inhalt

Vorwort

Ein Buch über Helmut Kohl? Die einschlägige Literatur nimmt längst viele Regalmeter ein. Drei Bände *Erinnerungen* stehen da, Erinnerungen, die der Autor in seinem Geburtsjahr 1930 beginnen und 1994 enden lässt, fast 3000 Seiten, auf denen – wie könnte es bei diesem Autor anders sein – das Personalpronomen 1. Person, Singular, „ich, Helmut Kohl", als Subjekt den Satzbau dominiert. Die Kohl-Bibliographie beginnt mit seiner Dissertation über „Die politische Entwicklung in der Pfalz und das Wiedererstehen der Parteien nach 1945"; es folgen viele Sammlungen von Reden, Gesprächsprotokollen, Aufsätzen, und natürlich hat er seinem politischen Meisterwerk ein eigenes Buch gewidmet: *Vom Mauerfall zur Wiedervereinigung*. Nicht zu reden von der unübersehbaren Helmut-Kohl-Sekundärliteratur aus der Feder von Politikern, Wissenschaftlern, Journalisten (zuletzt *Das Vermächtnis*, gegen dessen Autoren Kohl vor Gericht gezogen ist) und den mehr als sechs Millionen Klicks, die Google anbietet. Trotzdem noch ein Buch über Helmut Kohl?

Dieses Buch soll keine neue Sicht auf Helmut Kohl eröffnen. Die Texte, die hier versammelt sind, wurden längst im Archiv der *Süddeutschen Zeitung* abgespeichert, die Blätter von Luis Murschetz inklusive. Unter den Fotos ist nicht ein einziges, das Helmut Kohl darstellen würde, wie ihn bisher noch niemand gekannt hat. An die Wahlplakate und Titelseiten von Magazinen werden sich die Älteren unter den Lesern erinnern. Und was die hier eingestreuten Kohl-Zitate angeht: Nicht alle haben es zu solcher Berühmtheit gebracht wie die Worte von den „blühenden Landschaften" und der „Gnade der späten Geburt", aber viele sind es wert, wieder einmal dokumentiert zu werden. Neu ist das Rätsel, das CUS, der Rätselmacher des *SZ-Magazins*, exklusiv um die Figur Helmut Kohl gebaut hat.

Entstanden ist auf diese Weise ein Lese- und Bilderbuch, das die politische Karriere Kohls, das Echo auf sein Reden und Handeln noch einmal in Erinnerung ruft – die frühen Jahre eingeschlossen, als er noch nicht im politischen Rampenlicht stand. Aber die Schwer-

punkte liegen auf den Jahren der beiden „Wenden": der „geistig-
moralischen" Wende, die er „diesem unserem Lande" versprach,
als er 1982 das Kanzleramt erobert hatte, die aber bald bei ihm und
seinen Landsleuten in Vergessenheit geriet, und der Wende 1989/90,
die auch ihn überraschte, in der er aber dann seine Prüfung zum
Staatsmann ablegte.

Zeitungsblätter welken, je nach Inhalt, unterschiedlich rasch.
In diesem Buch lassen sie noch einmal eine Ära gegenwärtig werden,
die Helmut Kohls Namen trägt, die Ära eines Politikers, der anfangs
unterschätzt und belächelt wurde, viel Stoff für Satire und Kabarett
abgab, der dann zur denkmalreifen Figur aufstieg, aber am Ende das
Opfer seiner Selbstüberschätzung wurde.

Apropos Personalpronomen 1. Person Singular: Einmal in meinem
journalistischen Leben war ich bei einer Tafelrunde Helmut Kohls
dabei, beim geselligen Abend zu Beginn eines CDU-Parteitags. Helmut
Kohl speiste und hielt Hof. Im Schweiße seines Angesichts zerlegte
er große Fleischportionen, als seine Tischnachbarn längst Messer und
Gabel beiseitegelegt hatten. Noch für jeden Parteifreund, der ihn
beim Essen störte, fand er ein freundliches Wort. Man merkte schnell:
Sein Bedürfnis, den Kontakt zu den Menschen zu pflegen, mit denen
ihn ein gegenseitiges Abhängigkeitsverhältnis verband, war so groß
wie sein Appetit.

Kaum weniger entwickelt: seine Neugier, speziell auch was Journalismus und Journalisten angeht, und seine Lust am freimütigen Urteil.
An jenem Abend erfuhr ich zum Beispiel, was er von einem bekannten,
durchaus seriösen Hamburger Redakteur hält: „ein Mistkäfer". **Gernot Sittner**

Helmut Kohl
privat

1930	geboren am 3. April, 6.30 Uhr, Ludwigshafen-Friesenheim als jüngstes von drei Kindern
1936	Volksschule in Ludwigshafen-Friesenheim
1940–1942	Besuch der Oberrealschule
1942–1944	Kriegsbedingter Wechsel auf das Speyrische Gymnasium am Dom
1946–1950	Besuch der Oberrealschule in Ludwigshafen
1948	Erste Begegnung mit Hannelore Renner
1950	Abitur Beginn des Studiums an der Universität Frankfurt/Main. Schwerpunkte: Rechtswissenschaft und Geschichte
1958	Promotion zum Dr. phil. an der Universität Heidelberg
1960	Heirat mit Hannelore Renner in Ludwigshafen-Friesenheim
1963	Geburt von Sohn Walter
1965	Geburt von Sohn Peter
2001	Tod von Hannelore Kohl
2008	Heirat mit Dr. Maike Richter in Heidelberg

Helmut Kohl
politisch

1947	Eintritt in die CDU; Mitgliedsnummer 00246 Mitbegründer der Jungen Union Rheinland-Pfalz
1955–1966	Mitglied des Landesvorstands der CDU Rheinland-Pfalz
1959–1963	Vorsitzender des CDU-Kreisverbandes Ludwigshafen
1959–1976	Abgeordneter und Mitglied der CDU-Fraktion im Landtag von Rheinland-Pfalz
1960	Vorsitzender der CDU-Fraktion im Stadtrat von Ludwigshafen; bis 1967
1963	Wahl zum Vorsitzenden der CDU-Fraktion im Landtag Rheinland-Pfalz
1964	Mitglied im CDU-Bundesvorstand
1969	Wahl zum Ministerpräsidenten von Rheinland-Pfalz; im Amt bis 1976
1971	Scheitern der Wahl zum Bundesvorsitzenden der CDU
1973	Wahl zum Bundesvorsitzenden der CDU
1976	Mitglied des Deutschen Bundestags (bis 2002) und Wahl zum Vorsitzenden der Fraktion der CDU im Deutschen Bundestag
1982	Wahl zum Bundeskanzler; Wiederwahl 1983 und 1987
1991	Kanzler der Einheit; Wiederwahl 1994
1998	Entlassung aus dem Amt des Bundeskanzlers; Ende der Amtszeit als CDU-Bundesvorsitzender; Wahl zum Ehrenvorsitzenden
2000	Verzicht auf den Ehrenvorsitz der CDU

DER PFÄLZER

DIESSEITSFREUDIG UND ZUGREIFEND

„Mein Leben ist von hier ausgegangen, und ich habe dies nie geleugnet."

DER PFÄLZER

Lob der Provinz

Albumblatt für Bundeskanzler a. D. Dr. Helmut Kohl zum 70. Geburtstag

2000, 1. April, SZ – Das Märchen heißt: Von einem, der auszog, das Fürchten zu lernen. Es handelt von einem Burschen, der vermeintlich nur zu Wenigem taugt, aber schließlich doch König, Königstochter und Königreich für sich gewinnt. Der Bursche ist groß gewachsen, aber kein junger Herkules, und er ist auch keiner, den man, weil es um einen Sohn kleiner Leute geht, blitzgescheit nennen könnte. Manche sagen sogar abfällig, er habe ein Brett vor dem Kopf. Aber: Er ist furchtlos wie kein anderer, und seine herzhafte Ungeniertheit sucht weit und breit ihresgleichen. Andere, nicht ganz so couragiert wie er, werden Leiter des örtlichen Fanfarenzuges. Er aber zieht hinaus in die Welt. Viel lieber lässt er sich mit Tod und Teufel ein als mit dem Alltag – und geht mit ihnen um wie mit Requisiten aus Holz und Pappmaché. Mit einer Tatkraft, die fast schon etwas Stumpfes hat, übersteht er jede Gefahr. Später, der Furchtlose ist älter geworden, nennt man seine stoische Unerschütterlichkeit „Aussitzen".

Es ist nämlich so: Dort, wo das alte Märchen von dem, der das Fürchten lernen wollte, mit dem Gewinn des Königreiches endet, genau dort geht die Geschichte des Helmut Kohl erst richtig los – weil er mehr kann als der Held des Märchens, dem nie einer hilft, der immer mutterseelenallein ist: Helmut Kohl, aus kleinen Verhältnissen stammend, kann sich Freunde machen. Die Gescheiten, die Wohlhabenden, die Arrivierten, die alle, die mit dem Silberlöffel im Mund geboren sind – er sticht sie nicht nur aus, er zieht sie auch in seinen Bann. Sie mögen und sie fürchten ihn. Kohl hat nämlich ein entwaffnendes Talent, stärker als Gelehrsamkeit, geschliffenes Auftreten und geschliffene Rede: Er kann für sich begeistern, und er hat Erfolg. Er hat aber auch die furchtbare Gabe, seine Freunde zu opfern, wenn sie nicht so wollen, wie er will, wenn sie sich seinem totalen Zugriff entziehen; der letzte, der das spüren musste, war Wolfgang Schäuble.

Von einem, der auszog, das Fürchten zu lernen: Die Altvorderen in seiner Heimat lehrten es ihn nicht; er lehrte es sie. Er war der Schrecken der alten Garde, der mit wohlüberlegten Attacken die alten Herren mürbe machte. Und auch später gelang es keinem, ihm das Gruseln beizubringen: seinem CDU-Konkurrenten Rainer Barzel nicht, dem Männerfreund Franz Josef Strauß nicht, nicht seinem klugen und gerissenen Generalsekretär Heiner Geißler, nicht den Journalisten und nicht dem Medium Fernsehen – auch wenn es für Kohl immer eine feindselige Macht blieb. Vom aufgeklärten und alternativen Zeitgeist der Siebziger- und Achtzigerjahre ließ Kohl sich nicht erschrecken, und er bestrafte diesen Zeitgeist schlicht dadurch, dass er ihn überlebte. Von Gesetz und Verfassung ließ er sich schon gar nicht einschüchtern: Entweder er achtete, wie bei seinem Finanzgebaren, gar nicht darauf, oder er rief, wenn es, wie in der Asyldebatte, eng wurde, den „Staatsnotstand" aus. Kohl, der Furchtlose: Als ihm dann in den Jahren 1989ff. die Weltgeschichte begegnete, begrüßte er sie so jovial und ausgekocht, wie der Brandner-Kasper den Tod; in diesem Volksstück, das auf allen bayerischen Bühnen gern gespielt wird, macht der Brandner-Kasper den Gevatter Tod betrunken und luchst ihm so das Weiterleben ab. Der Pfälzer Kohl hat besser als der Bayer Strauß verstanden, wie man das macht. Und so ähnlich wie in diesem Theaterspiel „Der Brandner-Kasper schaut ins Paradies" war es denn auch, als Helmut Kohl den Staatsmännern der Welt die Zustimmung zur deutschen Einheit abtrotzte. Wie heißt es so schön im alten Bauernsprichwort über einen wie Kohl: Wem das Glück wohl will, dem kälbert der Ochs.

Provinziell muss die Welt werden, dann wird sie menschlich: Der Schriftsteller Oskar Maria Graf hat das geschrieben, und der Politiker Helmut Kohl hat das gelebt. Provinz: Wem dazu nichts anderes als der Saumagen einfällt, Kohls Lieblingsspeise, der hat keine Ahnung. Und wer nur an die Feste und Trinkgelage denkt, die der Ministerpräsident Kohl zu Mainz gegeben hat, der weiß nicht, dass diese Weinabende eine pfälzische Form des *assessment center* waren: Kohl gab den Ton an, diktierte seinen Gästen und Mitzechern ihre Rollen im weinseligen Spiel, ließ sie schon einmal auf dem Tisch tanzen („Mach de Aff", wie er es dem Bernhard Vogel befahl) – und die ließen sich das von ihrem Impresario auch gefallen, weil er sie dann zu Ministern oder Ähnlichem kürte. In der Tat: Kohl ist provinziell. Wer freilich Provinz gleichsetzt mit Dummsdorf, ist selbst provinzlerisch. Provinz ist ein gutes Wort: Provinz ist, wo Zusammenhänge überschaubar sind. Provinz ist der Raum der übersichtlichen Lebenseinheiten, der Raum, in dem die Menschen sich kennen. Provinz ist auch die Überschaubarkeit der Machtverhältnisse. In einer Zeit der Globalisierung, in der sich der Eindruck verfestigt, dass die Macht immer weniger greifbar, also heimatlos ist, wahrte Kohl den schönen Schein der alten Machtordnung.

Kirchturmpolitik – wer das abschätzig sagt, meint, dass der Politiker, der sie macht, einen begrenzten und beschränkten Horizont hat. Kirchturmpolitik ist etwas ganz anderes: Man steigt auf den höchsten Punkt seiner Heimat und trifft Entscheidungen, deren Auswirkungen man übersehen kann. Deshalb sagt Kohl so gerne, wenn er seine Politik erklärt: „Sehen Sie, die Sache ist doch ganz einfach …" Wo immer er den Fuß aufsetzt, spürt er die Sicherheit heimatlichen Bodens. Das war zwar bisweilen eine Täuschung, aber Kohl hat es dann gar nicht gemerkt. Mit dieser Sicherheit ist es ihm jedenfalls gelungen, aus seiner Vision von Europa ein Fundament für die Europäische Union zu machen. Es war, ist und bleibt seine größte Leistung.

Helmut Kohl hat seine Mitstreiter und die Staatsmänner der Welt so kennengelernt, wie man in der Provinz Menschen eben kennenlernt: Man fragt sie aus. Man fragt sie nach Herkommen, Elternhaus, man sucht nach Gemeinsamkeiten. So hat Kohl es mit Mitterrand gemacht, mit Gorbatschow, Reagan, Bush und Clinton. „Und dann haben wir geredet", sagt Kohl, „wie halt normale Leute miteinander reden." Es war, sagt er, „der Beginn von Freundschaften". Es gibt schlechtere Arten, Politik zu machen. Und deshalb fragt er auch den Journalisten, mit dem er sich länger als eine halbe Stunde unterhalten will, erst einmal: „Sagen Sie, wo kommen Sie eigentlich her?" Kohl sucht und findet, das gehört zu seinen politischen Erfolgsrezepten, die Provinz des Menschen.

Worüber hat er mit dem SED-Chef Erich Honecker geredet, als der ihm zum ersten Mal in Moskau begegnet ist? „Er war ja praktisch Nachbar von der Pfalz, wir haben einen Haufen gemeinsamer Bekannter." Nachbar? Honecker war vor 1935 führender Funktionär des Kommunistischen Jugendverbandes in Südwestdeutschland. Also hat Kohl mit ihm über die Leute geredet, die Honecker noch von damals kannte und die dann später in der Pfalz Pfarrer geworden sind. Und dann hat Kohl dem seinerzeitigen SED-Chef vorgeschlagen: „Wenn wir miteinander mal pfälzisch reden würden, könnten die beim Abhören uns nicht verstehen." Provinz schafft halt Verbindungen – auch dort, wo man es nicht für möglich hält. Papst Johannes Paul küsst die Erde der Länder, in die er reist. Helmut Kohl hat sozusagen die pfälzische Erde in alle Länder mitgenommen, in die er gereist ist. Provinz ist Geborgenheit in vertrauten

**Helmut Kohl (links)
mit seinen Geschwistern**

**Helmut Kohl mit sieben Jahren
hoch zu Ross**

Formen und vertrauten Regeln. Die Bauern entnehmen die Regeln dem Bauernkalender. Und der Landarzt tröstet seine Patienten mit dem Satz „Hab' ich auch schon gehabt!" – was bedeutet, dass die Krankheit so schlimm nicht sein kann. Von dieser Art sind auch die politischen Lebensweisheiten des Helmut Kohl. Provinz bewahrt Geschichte nicht im Museum, sondern in Geschichten. Aus diesen Geschichten hat Kohl Geschichte gemacht, aus Geschichten wie dieser: „Ich habe einmal eine Rede in Metz gehalten. Da sagte mir der dortige Oberbürgermeister, wie ich Jahrgang 1930, dass er in Erinnerung hat, wie man in Metz vom Gehsteig runtergehen musste, wenn ein deutscher Offizier kam. Das war im Jahr 1943. Und dann hatte ich ihm gesagt, ich habe eine Erinnerung an 1945 in meiner Heimatstadt, wo es dann umgekehrt war. Wir mussten vom Gehsteig runter, wenn ein französischer Offizier kam. Die beiden Städte liegen gerade 200 Kilometer auseinander."

Das sind die Erlebnisse, die Helmut Kohls Europapolitik geformt haben. Diese Politik war so lebendig, wie es auch Kohls Erinnerungen sind: „Ich habe den Krieg mit all seinen Schrecken und seinem Grauen erlebt und dann als Fünfzehnjähriger das Kriegsende. Alle Erfahrungen dieser Zeit haben mein weiteres Leben tief geprägt." Es sind dies Sätze, die wie Formeln und Phrasen klingen, es aber nicht sind: „Mir wurde vor allem klar, dass die Zeit der Kriege in Europa beendet werden muss, dass wir eine politische Ordnung schaffen müssen, die das friedliche Zusammenleben dauerhaft sichert." Konrad Adenauer hat auch so holzgeschnitzt formuliert. Aber in dieser Simplizität steckt die Kraft zu einer furiosen und grandiosen Europapolitik. Die kleine Welt wird zum Muster und zur Vorlage für die große: Wenn er in Rheinland-Pfalz, in einem Land, nach dem Krieg zusammengestückelt aus verschiedenen Provinzen, eine Gebiets- und Verwaltungsreform durchsetzen konnte – dann klappt das, davon ist Kohl überzeugt, auch mit Europa. Damals hat er es fertig bekommen, mit aufgebrachten Bürgerinnen und Bürgern so lange zu diskutieren, bis sie sich der höheren Einsicht oder seiner Überredungskunst beugten. Und genau so muss man, sagt er, für Europa werben. Wer, so fragt er, erinnert sich heute noch daran, wie vor ein paar Jahrzehnten in Südtirol Strommasten gesprengt und Seilbahnen angesägt wurden? Die wunderbare Befriedung Südtirols ist ihm Beispiel dafür, wie man ein friedliches Europa schaffen kann.

„Hildegard, stell dir vor, der Helmut geht nach Bonn. Der spinnt doch." Kohls Vater, Finanzbeamter a. D., Oberleutnant bei der berittenen Artillerie im Ersten Weltkrieg und aus bäuerlichen Verhältnissen stammend, war gar nicht einverstanden, als sein Sohn, der Ministerpräsident von Rheinland-Pfalz, sich entschloss, in die Bundespolitik zu wechseln; und Kohls Schwester Hildegard hatte auch ihre großen Zweifel: Er hatte es doch so schön in Mainz! Dass Helmut Kohl das kurfürstliche Amtieren zu Mainz mit einem Büro im Bonner Bundeshaus vertauschte, war die mutigste Entscheidung seiner politischen Karriere.

Diese Courage hat sein Männerfreund Franz Josef Strauß, der hinter einer abwechselnd intellektuell-hochgestochenen und dann wieder polternden Kraftmeierei seine eher zaudernde Natur versteckte, immer unterschätzt. Der berühmteste Beleg dafür ist die Rede, die Strauß vor dem Landesausschuss der Jungen Union Bayern in der Münchner „Wienerwald"-Zentrale gehalten hat: „Kohl wird nie Kanzler werden. Er ist total unfähig, ihm fehlen die charakterlichen und geistigen Voraussetzungen. Ihm fehlt alles dafür." Da verkannte einer, der so gern die Kraft der Provinz spielte, was die Kraft der Provinz wirklich ist. Helmut Kohl hat sie gezeigt. Er hatte die äußerste Form von Mut, die einer braucht, der auf einem hohen Turm stehen und zehntausend Menschen erklären will, dass zwei mal zwei vier ist. Helmut Kohl wurde dafür mit Hohn und Spott überschüttet. Für das geistige Deutschland war er die Verkörperung der Geistlosigkeit. Man wollte ihm nicht verzeihen, dass „so einer" Kanzler geworden war, einer, der auch nicht im entferntesten so aussah wie Helmut Schmidt und dem die Kritische Theorie so fremd war wie der Andromeda-Nebel. Man betrachtete Kohl als bloßen Profiteur der Regierungsunfähigkeit der SPD, als kleinbürgerlichen Usurpator, durch ein Versehen der Geschichte an die Macht gekommen. Fritz J. Raddatz beschrieb ihn als einen, „der selbstgewiss ist, aber nicht reflektiert, der sich seiner sicher dünkt, aber unsicher denkt". Provinz – mit diesem Wort setzte man sich ab von ihm, in dieses Wort legte man den eigenen Dünkel, zeigte seine Überlegenheit. Doch der belächelte Kanzler, „die Birne", wie man ihn nannte, blamierte sie alle durch seinen Erfolg. Wo Helmut Schmidt sich mit „Krisenmanagement" gebrüstet hatte, weigerte er sich, überhaupt von Krisen zu reden – und so überstand er sie auch. Auch als Kohl einigen Erfolg hatte, wollte das Publikum diesen nicht als Kohls Erfolg würdigen. Seine Sympathiewerte blieben hinter denen für seine Partei weit zurück, und das war während der ganzen ersten Hälfte seiner Kanzlerschaft so. Das Publikum fand zunächst das, was man an Kohl vermisste, bei Richard von Weizsäcker, dem Bundespräsidenten: Er war, vom Herkommen und vom Habitus, von Attitüde und Artikulation, der Gegentyp zu Helmut Kohl, nicht Provinz, sondern Weltmann und Weltgeist. Als Weizsäcker der „Politikerschicht" insgesamt vorwarf, sie erliege einer „Machtversessenheit in Bezug auf Wahlkampferfolge", und seine Politikerkollegen attackierte als Generalisten mit dem Spezialwissen, den politischen Gegner fertig zu machen – da wusste jeder, dass er damit vor allem Helmut Kohl meinte.

Weizsäckers Glanz begann freilich zu verblassen, als Helmut Kohl bei der deutschen Einheit für alle sichtbar, von allen anerkannt, auch von denen, die ihn früher verspottet hatten, in die Rolle des Weltpolitikers hineinwuchs. Als Kohl von der Geschichte zum Präsidentenkanzler geadelt wurde, waren Amtszeit und historische Mission Weizsäckers zu Ende. Nicht der Weltgeist hatte Weltgeschichte gemacht, sondern der Provinzler – auch deshalb, weil die Welt vor ihm keine Angst hatte; Angst, die sie vor einem Helmut-Schmidt-Deutschen wahrscheinlich gehabt hätte. Kohl stieg jetzt auf den hohen Sockel – von dem aus aber, wie sich zeigte und wie schon der Schriftsteller Robert Musil wusste, sich Alltags-Politik schwer machen lässt: „Auch Denkmäler sollten sich, wie wir alle es tun müssen, etwas mehr anstrengen. Ruhig am Wege stehen und sich Blicke schenken lassen, das kann jeder; wir dürfen aber von einem Monument mehr erwarten." Kohl hatte nicht mehr viel Verständnis und kaum noch Gefühl für die sozialen Sorgen der Menschen. Er vergaß die Provinz, er vergaß, dass zu ihr die Anteilnahme, das Sich-Kümmern gehört. Klagen waren für ihn nur noch Genörgel und Gejammer einer zu satten Bevölkerung, die nicht mehr merkt, dass sie in einem Paradies lebt. Helmut Kohl, schon in der Ruhmeshalle Walhalla, nahm nicht mehr zur Kenntnis, dass es hierzulande immer mehr Menschen gibt, denen es gar nicht paradiesisch geht. Am Ende seiner fünften Amtszeit stand Kohl daher innenpolitisch schlechter da als jemals zuvor: Das Bündnis für Arbeit war gescheitert, aus Sozialpartnern waren Feinde geworden. Deutschland war in Europa integriert, die Aufgaben der gesellschaftlichen Integration in Deutschland aber blieben ungelöst, die Einwanderer in Deutschland Fremde in der neuen Heimat. Kohl redete zwar von Wachstum, aber es wuchs nur noch die Zahl der Arbeitslosen, auf mehr als fünf Millionen, es wuchs das Unbehagen in der Bevölkerung und das Gefühl, von einem entrückten Kanzler regiert zu werden.

Regiert? Der Kanzler ließ die Dinge treiben. Seine CDU war ausgebrannt, der Vorsitzende Kohl selbst hatte ihr Feuer erstickt. Nach wie vor war er furchtlos. Doch diese Gabe beruhigte die CDU nicht mehr, sondern machte ihr Angst: Erschüttert sah sie Kohls Unerschütterlichkeit. „Der Bundeskanzler bestimmt die Richtlinien der Politik." So steht es im Grundgesetz, aber so war das nicht mehr, es gab keine Innenpolitik mehr, sondern nur Untätigkeit. Die Auftritte Kohls im Bundestag wurden zum Introitus einer Tragödie mit dem Titel: Wie ein großer Kanzler, den Blick in den europäischen Himmel gerichtet, in den Abgrund stürzt.

Wenn ein neu gewählter Papst die Peterskirche betritt, verbrennt der Zeremonienmeister dreimal ein Büschel Werg, das an einem Stab befestigt ist, und ruft dazu aus: „Pater sancte, sic transit gloria mundi – Heiliger Vater, so vergeht der Ruhm der

Welt." Es ist eine Mahnung, die nicht nur für den Papst gilt. Für den Bundeskanzler Kohl hätten auf dem Weg zu jeder Regierungserklärung einer neuen Amtszeit nicht drei, sondern neun Büschel Werg verbrannt werden müssen.

So vergeht der Ruhm der Welt: Der Einheitskanzler, der Vater der Europäischen Währungsunion versuchte ein Jahr nach seiner Abwahl, wenigstens mit einem Zipfel vom Mantel der Geschichte seine Blöße zu bedecken. Man hört die Ausflüchte, seine Notlügen: Kohl, Kanther & Co haben Recht und Ordnung gepredigt, aber selbst Bilanzen gefälscht. Hier zeigt sich die andere Seite der Provinz: kumpelhafte Mauschelei, Usancen des Eine-Hand-wäscht-die-andere.

Die öffentliche Besichtigung dieser Schwächen in den Monaten des Finanzskandals holt den Mann, der dem Alltag entrückt war, wieder dorthin zurück. Die Aufdeckung und Aufklärung dieses Skandals ist auch so eine Art zeitliche Sündenstrafe für die Selbstüberhebung eines Mächtigen bei der Ausübung der Macht. Und die Aufdeckung und Aufklärung des Skandals war und ist auch ein Volksfest der Demokratie. Kohl hat zu seinem 70. Geburtstag der deutschen Demokratie einen Skandal geschenkt, an dem sie ihre Kräfte – volkstümlich und erfolgreich – erproben konnte.

Als Helmut Kohl nach 16 Kanzlerjahren abgewählt wurde, blieb er gelassen. Ohne Bitterkeit nahm er wieder auf dem Abgeordnetenstuhl Platz. Auch die große Niederlage, so schien es, konnte ihn nicht erschrecken. Man erinnert sich an das Ende des Märchens von dem, der auszog, das Gruseln zu lernen: Am Schluss, als alle Gefahren bestanden waren, ruhte der Held sich aus. Da schüttete man ihm dann einen Eimer mit Gründlingen und Elritzen, mit kleinen, glitschigen Fischen also, ins Bett. Da schnapperte der Furchtlose, und er bekam eine Gänsehaut: „Endlich nun", so sprach er zu seiner Frau, „kann ich das Gruseln auch."

Es ist dies ein merkwürdiger Schluss eines merkwürdigen Märchens. Das Gruseln dort ist nämlich kein richtiges Gruseln, es bleibt ein Reiz an der Oberfläche. So ähnlich ist es mit der Schuldeinsicht Kohls: Er lässt die Kritik an sich ablaufen.

Er, der im Strom der Geschichte stand, hält das, was man ihm vorwirft, tatsächlich für kleine Fische. Das gehört zur stoischen Hybris des Mannes, der auszog, das Fürchten zu lernen. Er hat zu viel Glück gehabt, als dass er noch erkennen könnte, was er auch angerichtet hat.

Heribert Prantl

Schulkind Helmut Kohl,
1938

„Die wollten mich zum Deppen machen"

Staatsmann, Schlappmaul, Übelnehmer:
Erinnerungen an sehr persönliche Gespräche mit Helmut Kohl

2014, 23. Oktober, DIE ZEIT – Helmut Kohl war immer ein geselliger Gastgeber. Ob als Ministerpräsident in Mainz oder später als Kanzler in Bonn. Wenn ich in seinem Dienstzimmer in einem der modernen Ledersessel Platz genommen hatte, schrie er ins Vorzimmer: „Juliane, hol emol e Fläschje und bring uns was zu knabbern." Er stapelte die von seiner Büroleiterin Juliane Weber hereingebrachten Kekse auf dem Beistelltisch zu kleinen Säulen. Gegessen hat er sie alle allein. Nur beim Wein, noblen Rieslingen aus Pfälzer Traumlagen, bestand er auf Teilhabe.

Der Kanzler empfing mich, damals war ich Chefredakteur des Nachrichtenmagazins *Der Spiegel*, in der Regel spätnachmittags. Der Terminkalender war freigeräumt, Telefonate wurden nicht mehr durchgestellt. Helmut Kohl trug Sandalen, zog das Jackett aus, eine dunkelblaue Strickjacke über die Hosenträger und machte es sich in seinem Sessel bequem. Er streckte die Beine lang aus, hatte Lust zu plaudern. „Ich rede gern mit Ihnen", sagte er dann, „Sie scheinen ja vernünftiger zu sein als die annern do driwwe."

„Die annern do driwwe" – das waren die *Spiegel*-Redakteure aus der Bonner Dahlmannstraße 20, zwei Fußminuten vom Kanzleramt entfernt. Mit denen wollte Helmut Kohl nichts mehr zu tun haben. „Die wollten mich zum Deppen machen, zum Provinzheini." Diese Kränkung saß tief bei Helmut Kohl, und sie lag lange zurück. Im August 1976, im anbrechenden Bundestagswahlkampf, hatte Kohl dem *Spiegel* letztmals ein offizielles Interview gegeben. „Ich habe mich für dieses Amt sorgfältig geprüft", sagte er den Redakteuren Klaus Wirtgen und Erich Böhme, „ich

**Fernsehaufzeichnung in Bonn, 1979,
Franz Josef Strauß per Bildschirm zugeschaltet**

will Bundeskanzler werden." In Bonn regierte damals der Sozialdemokrat Helmut Schmidt mit dem Freidemokraten Hans-Dietrich Genscher in einer sozialliberalen Koalition. Diese beiden wollte Kohl ablösen. Die *Spiegel*-Journalisten fragten wie immer despektierlich, weil sie nicht glauben wollten, was die Meinungsumfragen signalisierten: Helmut Kohl war in großen Teilen der Bevölkerung beliebter als Schmidt („Sagt und schreibt, was ihr wollt, die Leute mögen mich"), alle Prognosen sahen ihn und die CDU/CSU im Herbst 1976 kurz vor der absoluten Mehrheit. Ein so gutes Unionsergebnis, 48,6 Prozent, hat nach Kohl kein CDU/CSU-Kanzlerkandidat mehr erreicht.

„Es war immer das Gleiche beim *Spiegel*", erinnerte sich Kohl später, „der Text der Interviews war in Ordnung, aber drum herum haben sie eine herabsetzende Geschichte gebaut." Anfangs habe ihm der *Spiegel* „durchaus wohlwollend" gegenübergestanden, „aber als ich Parteichef wurde, veränderte sich das schlagartig".

Spiegel-Reporter besuchten ihn in Mainz, auch in seinem Wohnhaus, einem Bungalow in Ludwigshafen-Oggersheim, und beschrieben genüsslich, wie spießig der Pfälzer wohnte. Sie attestierten ihm „ein erhebliches Manko an außenpolitischer und bundespolitischer Erfahrung" und ein „staatsmännisches Defizit" gegenüber Helmut Schmidt.

Diese herablassende Haltung der Hamburger Journalisten gegenüber dem Pfälzer war auch in den täglichen Redaktionskonferenzen beim *Spiegel* zu spüren. Rudolf Augstein spottete über die vermutete Kleinkariertheit des CDU-Vorsitzenden und hörte sich genüsslich Geschichten an, dass der Pfälzer jetzt in Bonn Sprachunterricht nehme, um seine Herkunft zu verleugnen.

Genau das hat Helmut Kohl nie getan. Er verwies mit Stolz auf seine pfälzische Heimat, auf den geschichtsträchtigen Boden, auf das Hambacher Schloss, „eine Wiege der deutschen Demokratie". „Was die Provinz anlangt, kann ich nur schmunzeln", entgegnete er seinen Kritikern, „mit dem gegenwärtig in Bonn residierenden Weltbürger nehme ich es gerne auf." Gemeint war Helmut Schmidt.

Helmut Kohl war immer selbstbewusst, ein Schlappmaul zwar, derb und ordinär, nur ging ihm – wie allen Pfälzern – jede Sprachbegabung ab. Die Menschen in Deutsch-Südwest sprechen bedächtig, betonen oft an der falschen Stelle, unterscheiden nicht zwischen „ch" und „sch". Aus dem Munde eines Kurpfälzers klingt das alles gleich. „Lersch wie die Lersche", meldet sich in Worms eine Sekretärin am Telefon, wenn sie sagen will, dass sich ihr Name wie „Lerche" schreibt. Meine Heimatstadt Worms liegt 22 Kilometer nördlich von Oggersheim, in Rheinhessen zwar, nicht in der Pfalz. Aber beim *Spiegel* in Hamburg war ich stets „der Pfälzer". Rudolf Augstein frotzelte gern in der Konferenz – „Warum sagen Sie eigentlich immer ‚Kirsche'?" –, wenn ich bei der Morgenlage über den Evangelischen Kirchentag berichtete. Irgendwann gewöhnte ich mir an, nur noch „Gotteshaus" zu sagen, wenn es um Kirche ging.

Die landsmannschaftliche Verbundenheit war wohl mit der ausschlaggebende Grund, dass Helmut Kohl mich im Kanzleramt empfing, obwohl er mit dem *Spiegel* gebrochen hatte. Walter Wallmann, der frühere Frankfurter Oberbürgermeister, erste Umweltminister im Kabinett Kohl und spätere hessische Ministerpräsident, hatte sich für mich eingesetzt. Wir kannten uns aus gemeinsamen Frankfurter Tagen. Er bestärkte mich in meiner Absicht, Helmut Kohl einen Brief zu schreiben und an die Zeit in Mainz zu erinnern, als ich *Spiegel*-Korrespondent für die Bundesländer Hessen, Rheinland-Pfalz und Saarland gewesen war.

Das funktionierte. Es meldete sich aus Bonn der Kanzleramtsminister Horst Teltschik, engster Berater von Helmut Kohl, der bei einem Abendessen vorfühlen sollte, ob es sich lohne, mit mir zu reden. Der Kanzler könne sich an die Zeiten im Mainzer Zeughaus, dem Sitz des rheinland-pfälzischen Ministerpräsidenten, nicht mehr genau erinnern, sagte Teltschik. Nach dem Essen, beim Abschied im Auto, erklärte Teltschik, er wolle dem Bundeskanzler vorschlagen, sich mit mir zu treffen. Es kam regelmäßig zu mehrstündigen Begegnungen im Kanzleramt, nur zu zweit, ohne Tonband, aber mit Block und Stift. „Ruf emol de Bischof Meisner in Köln aa", sagte Kohl dann zu seinem Kanzleramtsminister Rudolf Seiters, später Innenminister, „dess muss ich beichte, dass der Kerl vom *Spiegel* hier sitzt." Ein Buch zur Flick-Affäre (Die gekaufte Republik), das ich zusammen mit Hans Leyendecker und Joachim Preuß verfasst hatte, war offensichtlich verziehen.

Aber eigentlich hatte er gar nicht den *Spiegel*-Chefredakteur empfangen, sondern den Landsmann, den Rheinland-Pfälzer, den Wormser. Wer ihm vertraut erschien, dem vertraute er. „Kennen Sie den Dompropst dort?", fragte er mich. „Den müssen Sie kennenlernen, ein kluger Mann." Und Kohl erzählte, dass er Jahr für Jahr mit seiner Frau Hannelore und den Söhnen Walter und Peter zur Christmette in den Wormser Dom fuhr. In den Speyerer Kaiserdom schleppte er Staatsgäste, den Mainzer überließ er dem dortigen Bischof.

Kohl wollte aus den Gesprächen nicht im Wortlaut zitiert werden, redete aber freimütig über politische Entscheidungen und Weggefährten, diktierte Botschaften und Informationen in den Block („Schreibe Se nit alles mit. Des is nit für de *Spiegel*"), von denen ich wusste, welche für die Öffentlichkeit und welche nur für meinen Hinterkopf bestimmt waren.

Die Zeiten, zu denen wir uns trafen, waren die spannendsten in der Geschichte der Bundesrepublik. Kohl durchlebte, nach dem Fall der Mauer, seine Sternstunden als Politiker. Aus dem Provinzpolitiker von einst wurde der „Kanzler der Einheit", eine historische Figur. Als sie in Bonn noch den Widerstand gegen Berlin als Sitz der Regierung organisierten, hatte Kohl sich längst festgelegt. „Ich bin für Berlin, schon aus historischen Gründen. Das ist die Hauptstadt Deutschlands." Und das setzte er durch, obwohl er wusste, dass „wir Schwarzen es im roten Preußen immer schwer haben werden".

Gerührt schilderte Kohl, wie sich sein enges Verhältnis zu Michail Gorbatschow, den er anfangs noch mit Goebbels verglichen hatte, entwickelte. Beide hatten einen Bruder im Krieg verloren, jetzt saßen sie gemeinsam auf der Mauer im Garten des Kanzleramtes und blickten zum Rhein. Wenn Kohl zu Gorbatschow reiste, besuchte er die Mutter des sowjetischen KPdSU-Generalsekretärs, brachte kleine Geschenke mit. „Das hilft mehr, als Sie glauben", sagte Kohl und fühlte sich durch den Gang der Ereignisse bestätigt.

Der Historiker Kohl hatte ein Gespür für die geschichtlichen Momente, die er gerade erlebte. Er hat viel gelesen in seinem Leben, vermutlich mehr als die *Spiegel*-Redakteure, die über seine Herkunft höhnten. „Ich bin einer, der Politik sehr stark aus der Geschichte heraus begreift", erklärte Kohl in den Siebzigerjahren dem Schriftsteller Walter Kempowski, der seinen Besuch bei Kohl im *ZEIT-magazin* dokumentierte.

Auch aus dieser Unterhaltung sind nur Wortfetzen überliefert worden, die Kohl wie einen Tölpel und Pfälzer Spießer aussehen ließen. „Wer, wie ich, den Krieg noch bewusst miterlebt hat", sagte Kohl bei unseren Gesprächen im Bonner Kanzleramt, „der hat seine Lektion gelernt." Kohl wusste, dass der französische Präsident François Mitterrand ein vereinigtes Deutschland zu diesem Zeitpunkt (und auch generell) nicht wollte. Der machiavellistisch handelnde Sozialist, ein verschlossener Intellektueller mit doppelzüngigen Redeweisen, und der konservative Christdemokrat, der die Nähe zu Menschen sucht und eine einfache, klare Sprache liebt – unterschiedlicher hätten die deutsch-französischen Partner nicht sein können. Und doch entwickelte sich eine echte Freundschaft zwischen den beiden („mein Freund François", was bei Kohl wie „Franzwa" klang), die sich über den Gräbern von Verdun die Hände reichten. „Ich habe früh begriffen", sagte Kohl in einem unserer Gespräche, „dass man die Trikolore zweimal grüßt." In solchen Momenten trat der deutsche Kanzler hinter Helmut Kohl, den Europäer, zurück. Das Zitat hat Rudolf Augstein, dem ich von den Gesprächen mit Kohl vertraulich berichtete, in seinen Kommentaren gern benutzt.

Wenn man ihn nach seinen besten Freunden in der Politik befragte, nannte Kohl noch einen anderen Sozialisten: den Spanier Felipe Gonzáles, „einen beeindruckenden Mann", der die deutsche Wiedervereinigung ebenso unterstützte wie Kohls Europapolitik. Wenn Kohl etwas erreichen wollte, lud er die Staatsmänner in seine Pfälzer Heimat, vornehmlich in den Deidesheimer Hof an der Weinstraße. Dort bewirtete er sie mit Saumagen, einer Pfälzer Spezialität aus Schweinemagen, gekochten Kartoffeln, Bratwurstfüllsel und Gewürzen. Stolz zeigte Kohl auf ein Bild hinter seinem Schreibtisch, das den lachenden US-Präsidenten George H. W. Bush zeigt, wie er sich im Oval Office des Weißen Hauses mit Messer und Gabel am mitgebrachten Saumagen zu schaffen macht. Widmung: „Dear Helmut, the best food I ever had. George."

Helmut Kohl, von Journalisten und von Franz Josef Strauß, seinem großen Widersacher, oft geschmäht und gedemütigt, genoss nach dem Mauerfall seine Triumphe. „Der kann froh sein, dass er das alles nicht mehr erlebt hat", höhnte Kohl über den Bayern, der sich in Wildbad Kreuth über Kohls Eignung zum Kanzler ausgelassen hatte. „Er ist total unfähig", hatte Strauß über Kohl gesagt, als der noch Kandidat war, „ihm fehlen die charakterlichen, die geistigen und die politischen Voraussetzungen. Ihm fehlt alles."

Kohl hasste die politischen Verräter. Heiner Geißler, Lothar Späth, Norbert Blüm, die gegen ihn putschen wollten, wurden als Vertraute aussortiert. „Die haben

Politiker als Gartenzwerge im Deutschen Gartenzwerge-Museum (von links):
Oskar Lafontaine, Gerhard Schröder, Helmut Kohl, Theo Waigel und Joschka Fischer

gedacht, ich krieg das nicht mit. Ich wusste alles." Kohl beförderte Parteikarrieren, und er beendete sie, wenn es sein musste, brutal. Dem eloquent daherredenden Richard von Weizsäcker, den er in die Politik holte, dem er einen Bundestagswahlkreis besorgte und den er später zum Regierenden Bürgermeister in Berlin und zum Staatsoberhaupt machte, missgönnte er dessen Popularität. „Wenn ich gewusst hätte, was der do driwwe alles erzählt, wär' der nie Präsident geworden." – „Do driwwe", das war in diesem Fall Ost-Berlin, wo sich Weizsäcker als Regierender Bürgermeister nicht sehr freundlich über Kohl ausgelassen hatte – ohne freilich zu ahnen, dass die Stasi-Akten eines Tages auch von Helmut Kohl gelesen würden.

Rausrücken mit Einzelheiten wollte Kohl nicht: „Das wird alles noch bekannt werden." Doch als Bonner *Spiegel*-Kollegen, absprachewidrig, beim damaligen Innenminister Wolfgang Schäuble nachfragten, was „der Alte" in den Stasi-Akten von Weizsäcker gelesen habe, rollte Schäuble umgehend zum Kanzler, um zu erfahren, was er mir erzählt hatte.

Abends gegen 22 Uhr klingelte bei mir das Telefon. Ein wütender Helmut Kohl war dran, es sei doch Vertraulichkeit vereinbart gewesen. „Was immer du tust, bedenke das Ende", zitierte er aus der Bibel.

Es war das Ende, es kam zu keinen weiteren Begegnungen. Kohl nimmt übel, ist nachtragend, bestimmt am liebsten ganz allein, wer was und wann über ihn schreibt. Wie die Parteifreunde, so teilte er auch die Journalisten immer in zwei Gruppen ein: die gegen mich und die für mich.   **Hans Werner Kilz**

„Mein Elternhaus und das Milieu, aus dem ich kam, waren stockschwarz, das heißt christlich-katholisch geprägt, dabei zugleich liberal und patriotisch, ohne jemals der Gefahr zu erliegen, in ein nationalsozialistisches Fahrwasser zu geraten."

„Der Pfälzer ist zu allen Zeiten diesseitsfreudig und zugreifend, auf das Praktische gerichtet."

DIESSEITSFREUDIG UND ZUGREIFEND

Familie Kohl

**Mit Ehefrau Hannelore vor dem Haus
in Oggersheim, 1974**

oben: Fußball mit den Söhnen Walter (Mitte) und Peter im Garten in Oggersheim, 1973
unten: im Oggersheimer Garten mit den Söhnen Peter (links) und Walter

**Ehepaar Kohl beim Skilanglauf
auf der Sonnenalp bei Oberstdorf, 1978**

**Familie Kohl unterwegs
zum Wahllokal – Kommunalwahlen 1974**

Hannelore Kohl
an der Hammondorgel, 1974

Familie Kohl
auf der Veranda ihres Hauses, 1973

Zehn Pfälzer Spezialitäten

Saumagen
Schweinefleisch, Brät und Kartoffeln

Keschde
Esskastanien

Blutworscht
Schwarte, Speck, frisches Blut und allerlei Gewürze

Flääschknepp
Fleischknödel aus gemischtem Schweine- und Kalbshackfleisch
mit Meerrettichsauce

Dampfnudeln
mit süßlicher Vanille- oder einer aromatisch-herben Weinsauce

Schales
geriebene Kartoffeln und Zwiebeln, Eier mit Dörrfleisch

Grumbeersupp mit Quetschekuche
Kartoffelsuppe und Zwetschgenkuchen

Kesselfleisch
auch Metzelsupp' genannt

Zwetschgenknödel
auf einem Spiegel von Vanillesauce

Muorde un Klees
Möhren und Klöße – ein traditionelles Neujahrsessen

**Blick
ins Moseltal**

Deidesheimer Hof

Der Deidesheimer Hof, in den der Stammgast Helmut Kohl
immer wieder Staatsgäste einlud und wo es auch die „Kohl-Nische" gibt

Wie bei Kanzlers
die Butter zerlassen wird

1996, 17. Januar, SZ – Drei Dinge machen Helmut Kohl zu einem glücklichen
Menschen: Essen, Bücher und Geschichte. Der Bundeskanzler ist
deshalb in besonders guter Verfassung zu beobachten, wenn diese
Zutaten aufeinandertreffen und, mehr noch: quasi in Form einer Rezept-
anleitung für einen glücklichen Regierungschef unters Volk gebracht
werden. Es wird also mal wieder ausführlich gegessen in Bonn, und
es wird ein Buch vorgestellt, das gespickt ist mit Bildern und Texten
über Essen, aber auch über Bücher und Geschichte. Weil nun auch
noch der Regierungschef und seine Frau das Buch geschrieben haben,
weil darin außerdem des jungen Helmut Erlebnisse als Melker und
Schriftführer des „Herdbuchs" aufgezeichnet sind und weil schließlich
die prägende Wirkung einer Ritterburg auf die Entwicklung eines späteren
Staatsmanns analysiert werden kann – aus all diesen Gründen ist von
einem besonderen Bonner Ereignis die Rede.

    Hannelore Kohl hat also ein Kochbuch (zugunsten ihrer Stiftung
für die Rehabilitation Hirnverletzter) herausgegeben, in dem einige
hundert Rezepte aus allen Ecken des Landes versammelt sind. Es sind
dies vor allem einfache und schnell zu kochende Gerichte, die auch
noch typisch sind für die Regionen Deutschlands – was man zu Hause
eben so isst. (…) Frau Kohl gibt in dem Werk außerdem jede Menge
praktischer Tipps, zum Beispiel – um das Klischee gleich zu befriedigen
– zum angeblichen Leibgericht der Kanzlerfamilie: „Sollte etwas
vom Saumagen übrigbleiben, kann man den Magen am nächsten Tag
in Scheiben schneiden und in zerlassener Butter goldbraun braten."
Besonders verdienstvoll ist allerdings, dass es eines Tages den Kohls
zu verdanken sein wird, dass die pfälzisch-badische Nachtisch-Spezia-
lität Kerscheplotzer der Nachwelt erhalten bleibt – auch wenn dem
Rezept ein wenig Kirschwasser zur Verfeinerung nicht geschadet hätte.
Kohl nun – um zum literarischen Kern zu kommen – verfasste zu jeder
Region einen kleinen Begleittext. Wer die Diktion und den Anekdoten-

schatz des Kanzlers ein wenig überschaut, wird unschwer die Handschrift Kohls an den Texten erkennen. In der Tat hat der Kanzler einen ordentlichen Teil der Texte selbst verfasst oder zumindest diktiert, wobei für Biographen eine wichtige Erkenntnis aus dem Werk zu ziehen ist: Kohls Deutschlandbild formt sich zu einem nicht unmaßgeblichen Teil aus der Kombination von Landschaften, ihrer historischen Bedeutung, ihren prägenden Persönlichkeiten – und eben dem Essen. „Die meisten dieser Rezepte", so sagt Kohl bei der Vorstellung und meint wohl Gerichte, „würde ich auch gerne selbst essen – nacheinander allerdings." (…)

Ohne Frage hängt Kohls kulinarisches und damit auch emotionales Herz am Süden des Landes. In Franken verbrachte er als 15-Jähriger eine Zeitlang auf einem Bauernhof, wo er für die Milchkühe verantwortlich war und das „Herdbuch" um die neugeborenen Tieren ergänzte. Burgen, Schlösser, ihre Geschichten und die Geschichte ihrer Bewohner haben Kohl schon immer fasziniert. Er vermutet, dass der Grund dafür in einer Ritterburg zu finden ist, die er einmal zu Weihnachten geschenkt bekam. „Stundenlang konnte ich darin spannende Kämpfe austragen, und noch jahrelang habe ich mir immer wieder Zubehör für meine Burg gewünscht", schreibt Kohl, der heute seinen eigenen Hofstaat unterhält.

Vermeldenswert ist außerdem, dass Kohl bestätigte, eine zweite Anzuggarnitur für die Zeit nach den Abmagerungskuren bereitzuhalten, auch weil man damit „das Textilgewerbe ins Brot setzen" könne. Nicht genannt wurde das offizielle Gewicht des Regierungschefs – der Kanzler erklärt es zum Staatsgeheimnis.   **Stefan Kornelius**

Pfälzer Saumagen nach Hannelore Kohl

Zutaten

Für die Füllung
1 ½ kg Schweinefleisch (aus Nacken und Schulter), 1 ½ kg Kartoffeln,
1 ½ kg Mett (oder Bratwurstbrät)

Außerdem
1 Saumagen, Salz, 30 g Butterschmalz

Für die Würzmischung
2–3 EL Salz, ½ TL Pfeffer, ½ TL Muskat, 1 TL getrockneter Majoran,
½ TL Koriander, ½ TL Nelkenpulver, ½ TL Thymian,
½ TL Kardamon (gemahlen), ½ TL getrocknetes Basilikum, etwas
Lorbeerblatt (gemahlen), 50 g Zwiebeln (gewürfelt)

1. Das Fleisch in grobe Würfel schneiden. Kartoffeln schälen, in
ca. 1 cm große Würfel schneiden und blanchieren. Fleisch, Kartoffeln
und Mett vermischen, mit der Würzmischung abschmecken.
2. Saumagen unter fließendem kalten Wasser gründlich waschen, trocken-
tupfen. Zwei Ausgänge mit Küchengarn fest zubinden. Die Füllmasse
durch die dritte Öffnung in den Magen füllen. Diese Öffnung ebenfalls gut zubinden. (Den Magen nicht zu prall füllen, damit er nicht platzt.)
3. Reichlich Salzwasser zum Kochen bringen, Hitze reduzieren.
Saumagen in das Wasser geben und bei geringer Hitze 3 Stunden
garen, nicht kochen lassen.
4. Saumagen aus dem Sud nehmen, abtropfen lassen und servieren.
Erst am Tisch in Scheiben schneiden. Dazu frisches Bauernbrot, Sahne-
püree oder Pfälzer Kartoffeln, Weinkraut und Pfälzer Wein servieren.

Variante
Den Saumagen nach dem Garen in einem Bräter in heißem
Butterschmalz anbraten und im auf 200 Grad vorgeheizten Backofen
knusprig backen, wobei der Magen ruhig aufspringen darf.

Rezept aus *Kulinarische Reise*,
Zabert Sandmann Verlag

**Das Ehepaar Kohl
präsentiert sein Kochbuch, 1996**

„Ich lernte auch das Pflügen mit Zugochsen, ein äußerst mühevolles Tagwerk. An den Umgang mit sturen Ochsen habe ich mich in meinem ferneren Leben noch oft erinnert gefühlt."

2

DER AUFSTEIGER

GANZ UND GAR UNVERWECHSELBAR

„Ich habe mich für dieses Amt sorgfältig geprüft. Ich will Bundeskanzler werden."

DER AUFSTEIGER

Die Tricks des großen Steuermanns

Helmut Kohl und 50 Jahre CDU: Sein Weg nach oben, sein Herrschaftsstil

1995, 17. Juni, SZ – Helmut Kohl wollte immerzu etwas bewegen. Damit fing er schon in der Schule an. Einer seiner Mitschüler, Pfarrer Carl Kunz aus Böbingen in der Pfalz, erinnert sich, ihn im Jahr 1946 am Gymnasium im Ludwigshafener Vorort Friesenheim als den „großen Organisator" kennengelernt zu haben. In der Zeit, in der es nichts gab, gab es nichts, was der Sechzehnjährige nicht hätte beschaffen können – eine unter den damaligen Verhältnissen unschätzbare Fähigkeit. Kohl besorgte Farbe, Fensterglas und Türfüllungen zur Instandsetzung des schwer be-schädigten Klassenzimmers. Zur Hebung des Bildungsniveaus setzte er eine Klas-senfahrt samt Lehrer nach Paris zur Aufführung von Sartres „Fliegen" ins Werk. Auch der Anschauungsunterricht in Sachen Demokratie kam nicht zu kurz: Mit Jugendkameraden besuchte er einen Landgemeindetag in der Schweiz, in der die Urwahl praktiziert wurde.

Mit dem gleichen Einfallsreichtum gestaltete Kohl seinen Aufstieg. In gewis-ser Weise war seine erste Bewerbung überhaupt, die zur Aufnahme in die CDU, die schwierigste. Der Ludwigshafener Stadtrat Friedrich Nitsch half Kohl bei dem küh-nen Coup, mit dem er den Einstieg bewerkstelligte. Das ging so: Nitsch, Kohl und ein knappes Dutzend ihrer Gesinnungsfreunde trafen sich an jedem Sonntagnach-mittag zur Bibelstunde beim Pfarrer Johannes Finck im Pfarrhaus von Limburger-hof, einem Nachbarort von Ludwigshafen. Hochwürden, ein Mitgründer der Union, ergänzte die geistliche Wegzehrung mit selbstgebackenem Kuchen und Kaffee. Kurz vor Weihnachten 1946 kam Kohl auf die Idee, der Partei beizutreten, der sie alle

**Helmut Kohl wird als Ministerpräsident
von Rheinland-Pfalz vereidigt, 1969**

nahestanden. Er musste sich belehren lassen, dass er mit 16 Jahren zu jung war, da das Mindestalter in der Landessatzung auf 18 Jahre festgelegt war. Wie man sich denken kann, bedeutete das für Kohl kein Hindernis. Er gründete mit seinen Freunden, die alle älter waren als er, die Junge Union Ludwigshafen, ließ Nitsch zum Vorsitzenden wählen, gab der Jugendorganisation eine Satzung, die das Mindestalter auf 16 Jahre heruntersetzte, und bestimmte, dass derjenige, der in der JU war, ohne weitere Formalitäten auch Mitglied der Mutterpartei werden konnte.

Viele Jahre später, als er auf der Karriereleiter ziemlich hoch hinaufgeklettert war, wurde ihm das Unzulängliche dieses Vorgangs bewusst. Genaugenommen hatte er sich in die Partei geschlichen wie ein Pennäler, der sich an der Kinokasse auf die Zehenspitzen stellt, um größer zu erscheinen. Also holte er das Versäumte nach und ließ vom Kreisverband Ludwigshafen ein Aufnahmeformular ausfüllen, in dem als Beitrittsdatum zur CDU der 1. August 1948 angegeben wird. In den Siebzigerjahren – da war er Parteivorsitzender – zeigte er die Karteikarte seinem Parteisprecher Wolfgang Wiedemeyer, der ein Faksimile in seiner Kohl-Biographie abgedruckt hat. Das Formular ist ein Kuriosum. Denn es weist den 18-jährigen Bewerber als „Dr. Kohl" und als „Angestellten" aus, Kriterien, die er erst von 1960 an erfüllte.

Dass er gewillt war, sich tatkräftig in der Partei zu engagieren, in die er gerade gekommen war, bewies er dadurch, dass er noch im gleichen Winter 1946/47 bei Vorstandssitzungen der Jungen Union auftauchte, obwohl er dem Vorstand nicht angehörte. Seine Parteifreundin Susanne Hermans, die ihn damals kennenlernte, meint, sie hätten den jungen Mann nach anfänglichem Zögern freudig aufgenommen, weil er sehr anstellig gewesen sei, bei Wahlkämpfen an der vordersten Front gestanden und sich an allen Diskussionen lebhaft beteiligt habe. Dabei sei er amüsant, unterhaltend und gebildet gewesen, auch von einem unverwüstlichen Optimismus beseelt. War der Beitritt zur Partei noch ein spontaner Akt, lassen die späteren Stationen Kohls auf dem Weg nach oben auf eine ausgeklügelte Strategie und eine sorgfältige Vorbereitung schließen. Dabei darf man sich nicht von seinen biographischen Rückblicken täuschen lassen, in denen er seinen Aufstieg zu hohen Ämtern gern verharmlost. So, wie er kühn behauptet, er sei „im Alter von 16 Jahren" in die CDU gekommen, rühmt er sich, er sei in jedem Amt der Jüngste gewesen: der jüngste Landtagsabgeordnete in Rheinland-Pfalz, der jüngste Stadtrat in Ludwigshafen, der jüngste Fraktionsvorsitzende in beiden Parlamenten, schließlich der jüngste Ministerpräsident, der jüngste Bundesparteivorsitzende und natürlich der jüngste Bundeskanzler. Bei einigem Nachdenken kommt man darauf, dass ihm diese Ämter, genauso wie der Parteibeitritt, nicht in den Schoß gefallen sein können. Er sagt das gleiche mit dem verklausulierten Satz, es sei bei seinem Aufstieg keinesfalls so gewesen, „dass die Alten in der Partei sagten, seht, da kommt das junge Genie Kohl, breitet ihm den roten Teppich aus und räumt ihm die Ämter frei, die er verdient".

Der Historiker Karl-Martin Grass, der in Kohls Staatskanzlei in Mainz arbeitete, war bei der Kandidatur Kohls für das erste Parteiamt dabei. Nach seiner Erinnerung trat Kohl im November 1953 beim Parteitag der pfälzischen CDU in Neustadt ohne Vorankündigung gegen den betagten einheimischen Oberbürgermeister und Druckereibesitzer Alois Krämer an und schlug ihn, angeblich mit einer Stimme Mehrheit, aus dem Feld. Da war er Student im sechsten Semester an der Universität Heidelberg.

Von nun an saß er als Schriftführer im engeren Bezirksvorstand der pfälzischen CDU. Zwei Jahre später setzte er eine Stufe höher an. Er kandidierte auf dem Landesparteitag der rheinland-pfälzischen CDU im Januar 1955 in Ludwigshafen gegen den Bundesfamilienminister Franz-Josef Wuermeling, einen damals im Land und im Bund mächtigen Mann. Den Delegierten war der Bewerber so unbekannt, dass der Protokollführer seinen Namen mit „Pohl" schrieb. Gegen Wuermeling erzielte Kohl nur einen Achtungserfolg, aber aufgrund seiner Beziehungen und der komplizierten Parteiverfassung wurde er in den geschäftsführenden Landesvorstand delegiert und saß ganz oben an der Spitze, als er im Sommer 1958 seine Doktorarbeit ablieferte. Auch an der Universität Heidelberg betätigte sich Kohl mehr als Aktivist denn als Studiosus. Er berichtet, er habe sechs Monate im Hörsaal gesessen und den Rest der Zeit am Schleifstein des Ludwigshafener Chemiekonzerns BASF gestanden. Die Doktorarbeit verfasste er ebenfalls mehr am Ort, von dem sie handelt, als am Schreibtisch. Er entschied sich, über das „Wiedererstehen der Parteien nach 1945 in der Pfalz" zu schreiben.

Den Wert seiner Doktorarbeit spielt Kohl gern herunter. Seinem Doktorvater Walther Peter Fuchs schlug er viele Jahre später den Wunsch ab, die Dissertation zu drucken, da sie nicht dem neuesten Stand entspreche. Womöglich hindert ihn das Gerücht, bei der Abfassung des Werkes hätten ihm die Parteifreunde Bernhard Vogel und Waldemar Schreckenberger (erster Kanzleramtsminister Kohls) die Feder geführt. Was immer daran stimmen mag, die Feldarbeit stammt vom Autor. Niemand war in jener Zeit über die Parteien, vor allem die eigene, besser informiert als Helmut Kohl.

Offenkundig hatte Kohl früh die Eingebung, ein junger Mann müsse sehr schnell so hoch steigen, dass er sich in der eisigen Höhenluft des Gipfels einrichten

**Helmut Kohl in seinem Büro
in der Mainzer Staatskanzlei**

könne, ehe ihm andere Konkurrenz machen konnten. Im Grunde war seine Entwicklung zugleich mit dem Entschluss, in die Politik zu gehen und es in ihr sehr weit zu bringen, also mit etwa 17 Jahren, abgeschlossen; das einzige, was ihm fehlte, war die Erfahrung. Das mag einer der Gründe dafür sein, dass kein anderer Bundeskanzler oder Bundesparteivorsitzender so früh zum Karrieresprung ansetzte wie dieser frühreife junge Mann und dass sich keiner so lange relativ ungefährdet halten konnte wie er. Dass sich das „System Kohl" so dauerhaft in die bundesdeutsche Gesellschaft einnistete, liegt nicht zuletzt daran, dass sein Erfinder und Betreiber einen hochentwickelten Instinkt für künftige Entwicklungen besitzt und beweglich genug ist, sich ihnen rascher anzupassen als andere.

Im rheinland-pfälzischen Landtag begann er seine parlamentarische Karriere mit einer Handvoll Verbündeter, den „Kohlisten", wie sie genannt wurden. Die Bewegung erhielt Zustrom in dem Maß, in dem sie erfolgreich war. Der Grundgedanke dieser „verschworenen Gemeinschaft" war, in einem unaufhörlichen Diskussionsprozess die jeweils größtmögliche Übereinstimmung zu erzielen. Im Rückblick wird leicht übersehen, dass seine wechselnden Mannschaften hauptsächlich aus Personen bestanden, die dem Durchschnitt der Bevölkerung entsprachen. Glanzlichter wie Richard von Weizsäcker waren die Ausnahme. Auch wurde lange Zeit nicht erkannt, wie erfolgreich Kohls Gruppentherapie war, weil die Öffentlichkeit nur die Sauf- und Fressgelage wahrnahm, die damit verbunden waren.

Die CDU, wie sie sich auf der Höhe ihrer Leistungen Anfang der Achtzigerjahre präsentierte, ist das Ergebnis beharrlicher Anstrengungen. Der Parteivorsitzende Kohl unternahm sie gemeinsam mit seinen Generalsekretären Kurt Biedenkopf und Heiner Geißler. Dabei teilte er in den seltensten Fällen ihre Meinungen und Methoden, aber er ließ sie gewähren. In Kohls Amtszeit fällt die stürmische Entwicklung der Partei zur größten, schlagkräftigsten und angriffslustigsten Organisation der Bundesrepublik. Zusammen mit der CSU wuchs die Union unter ständigen Zerreißproben zu einer Parteienverbindung heran, die von der SPD und den Gewerkschaften ihrer Schlagkraft wegen beneidet wurde. Unter Kohl verdoppelte sich die Zahl der Mitglieder von 350 000 in der Adenauer-Ära auf 750 000. In Kohls Amtszeit wurden, ebenfalls von ihm weniger erdacht als geduldet, Programme verabschiedet, denen die anderen Parteien zu jener Zeit nichts Vergleichbares entgegensetzen konnten. Dazu gehören die „Vermögenspolitischen Leitsätze" von Hamburg, die „Mannheimer Erklärung zur Neuen Sozialen Frage", das erste Grundsatzprogramm, das in Ludwigshafen verabschiedet wurde, und die Essener Thesen zur Gleichstellung von Mann und Frau.

**Mit seinem Generalsekretär
Heiner Geißler beim CDU-Parteitag 1987**

Mit der gleichen Unbedenklichkeit, mit der Kohl im ersten Teil seines Lebens die Zukunft plante, nahm er in der zweiten Hälfte die Vergangenheit in Besitz. Der Journalist Werner A. Perger staunte nicht schlecht, als er bei Dreharbeiten zum 20. Jahrestag der 68er im Jahr 1988 bei Kohl anklopfte und einem aufgekratzten, redseligen Gesprächspartner begegnete. Keine Spur von Verbiesterung wie bei anderen Unionspolitikern. Im Gegenteil. Die 68er hätten viel bewegt, sprach Kohl in die Kamera, und daher hätten sie ihre Funktion erfüllt. „Außerdem" – fügte er wohlgelaunt hinzu und zeigte auf seinen Mitarbeiter Horst Teltschik, der neben ihm saß – „habe ich viele von ihnen zu mir geholt."

Perger begegnete ihnen ein paar hundert Meter weiter in der Karl-Arnold-Bildungsstätte, einem Basislager der Erneuerer in den späten Sechzigerjahren. Dort trafen sich zur Gedenkfeier die „alternativen 68er", wie sich der bürgerlich-konservative Ableger der Studentenbewegung nannte. Sie kamen ausnahmslos aus den akademischen Nachwuchskadern der CDU, dem Ring Christlich-Demokratischer Studenten (RCDS). Perger fand bestätigt, was Kohl ihm verhieß – die Wortführer der jungen konservativen Elite waren in der CDU untergeschlüpft: Peter Radunski, der Bundesgeschäftsführer in der Parteizentrale; Wulf Schönbohm, Leiter der politischen Abteilung; Warnfried Dettling, Vordenker der Linken unter den Rechten; Wolfgang Bergsdorf, der im Bundespresseamt unter Kohl den Titel des Professors nachgeholt hatte und der jetzt an der Bonner Universität den politisch interessierten Nachwuchs heranbildet; und eben Horst Teltschik, der beim RCDS an der Freien Universität in Berlin aktiv war.

Kohls Herrschaft beruht auf einer Robustheit, die zart besaitete Freundesseelen gelegentlich erschreckt. Von seinen Mitarbeitern trennt er sich, sobald sie ihm unbequem werden, es an Loyalität fehlen lassen oder ihm nicht schnell genug in die Zeitenwende folgen können. Dabei lässt er sich von keinerlei Sentimentalitäten leiten. Etwas mehr als ein Jahr nach dem Treffen in Bad Godesberg hatte Kohl alle alternativen 68er aus dem Konrad-Adenauer-Haus entfernt. Ihr Idol Geißler war der erste, der über die Klinge springen musste. Kohl verdächtigte ihn, im Herbst 1989 eine der vielen Parteirebellionen, denen er ausgesetzt war, gegen ihn angezettelt zu haben. Es war diejenige, die ihm am gefährlichsten wurde. Die Erfahrungen mit den jüngeren Parteimitgliedern hinderten ihn nicht daran, sich ihrer abermals zu bedienen. Im Gegenteil: Sie bestätigten ihn in seiner Auffassung, es sei vorteilhafter, sich mit den Enkeln als mit den Söhnen und Töchtern zu verbünden, da die Enkel weniger gefährlich sind als Politiker der eigenen Generation. Kaum war die gesamtdeutsche „Wende" eingeleitet, machte er sich daran, die neue revolutionäre Generation der 89er zu vereinnahmen. Im Wahlkampf 1990 rekrutierte er seine engagiertesten Helfer aus dem Lager der unter Dreißigjährigen. Er stattete die jungen Leute, die wieder vornehmlich aus dem RCDS kamen, mit Beihilfen aus der Parteikasse und Zeitverträgen aus und schickte sie zur Aufklärungsarbeit in die untergegangene DDR.

In einem Alter, in dem alle Taten – die glorreichen wie die verruchten – vollbracht sind, hat sich Kohl der Aufgabe verschrieben, die Parteihistorie neu zu schreiben. Während der Diskussion über ein neues, gesamtdeutsches Grundsatzprogramm im Jahr 1994 erklärte er zum Erstaunen seiner Zuhörer, die „geistigen Wurzeln der CDU" lägen nicht nur im „christlichen Menschenbild und in der Soziallehre und der Sozialethik der beiden großen christlichen Kirchen" – soweit entsprachen seine Ausführungen noch der herkömmlichen Selbstdarstellung –, sondern auch „in der Tradition der europäischen Aufklärung". Einmal in Fahrt, war er nicht mehr aufzuhalten. „Die CDU", bemerkte er, „war und ist ein Symbol des deutschen Neuanfangs. Sie ist eine Partei, deren Wurzeln tief in den deutschen Widerstand gegen die NS-Diktatur hineinreichen." Und als wäre ihm die Erwähnung dieses Tatbestands nicht genug, setzte er zur Wiederholung an: „Sie ist aus dem Kreis des Widerstands gegen Unfreiheit und Unterdrückung durch dieses verbrecherische Regime geboren." So unverblümt hat noch kein Parteiführer die Ereignisse der Nachkriegszeit neu interpretiert. Kohl reklamierte den Widerstand gegen die Nationalsozialisten kurzerhand für die Union. Es war in der Parteigeschichte bisher unbestritten, dass sich unter den Gründern der Union auch einige Männer und Frauen des 20. Juli 1944 befanden. Aber es war jahrelang üblich, die Gründerväter eher im Kölner Raum zu suchen und den Anteil der Berliner Partei zu verkleinern.

Während der 30-jährigen Trennung wurde verdrängt, dass der „Reichsverband" der sowjetischen Besatzungszone die Keimzelle der Union darstellte. Ihre Mitglieder traten vor allen anderen „Gründungskernen" auf den Plan. Ihre Unterwerfung unter die Herrschaft der SED, die Art, in der sie sich unter ihrem Vorsitzenden Otto Nuschke nahezu widerstandslos in die „Nationale Front" der Blockparteien einfügte, war der Union so peinlich, dass sie diesen Teil ihrer Geschichte in den Hintergrund drängte. Damit gerieten auch die Parteigründer Andreas Hermes, Jakob Kaiser und Ernst Lemmer, die sich sowjetischem Druck nicht beugten, nahezu in Vergessenheit. Kohl hielt sich streng an die Tradition aller Parteivorsitzenden seit Adenauer. Er weigerte sich, die CDU der DDR auch nur zur Kenntnis zu nehmen. Bei Kohl wirkte die Abschottung gegenüber dem Osten insofern gravierender, als sich in den Siebzigerjahren die anderen Parteien und die Gewerkschaften um eine Annäherung bemühten, während allein die CDU auf ihrem alten Kurs beharrte. Gerd Langguth, der Geschäftsführende Vorsitzende der Konrad-Adenauer-Stiftung, versuchte vergebens, Kohl während der Ära des Redneraustauschs zu Kontakten zur östlichen CDU zu überreden. Kohl nahm lieber in Kauf, als starrsinnig zu gelten, als darauf zu verzichten, der SPD ihre Verbindungen zur SED vorzuhalten.

Auch nach der „Wende" und der Eingliederung der fünf neuen Länder in den Geltungsbereich des Grundgesetzes änderte er seine Haltung nicht. Zur ersten Bundestagswahl im Dezember 1990 verschmolz er, argwöhnisch wie er war, die CDU/DDR mit dem Demokratischen Aufbruch und der Deutschen Sozialen Union zur „Allianz für Deutschland". Der erste Vorsitzende der Ost-CDU, Ministerpräsident Lothar de Maizière, der von Kohl zuerst misstrauisch beäugt, danach hoch dekoriert und schließlich brüsk aus allen Ämtern entfernt wurde, ist sich nie ganz klar darüber geworden, ob er „im Regen stand oder in den Regen gestellt wurde".

Erst spät warf der Vorsitzende das Ruder herum, dann allerdings gleich um 180 Grad. Nun machte er sich daran, die Ost-CDU einschließlich ihres Versagens während der roten Diktatur zu rehabilitieren. Mit den Worten, eine „nicht genau bekannte Anzahl von Menschen" habe sich entweder den Verfolgungen der Kommunisten widersetzt oder sei ihnen zum Opfer gefallen, rückte er ihre Verhaltensweise in ein neues Licht. Er lobte, mit ihrer „aufrichtigen Gesinnung und ihrem mutigen Vorbild" könnten die Verfolgten des DDR-Regimes der gesamten CDU zum Vorbild dienen. So, als seien sie die Vorreiter der Befreiung gewesen, postulierte er, die Ost-CDU habe sich „mit der friedlichen Revolution in der ehemaligen DDR aus der Umklammerung durch die SED befreit". Damit nicht genug, stellte es der Kanzler und Parteivorsitzende so hin, als seien jene, die lange Zeit als Anpasser, Mitläufer und Werkzeuge der Spaltung verschrien waren, doppelte Märtyer gewesen, die sich zuerst der braunen, danach der roten Diktatur widersetzt hatten.

Der Parteitheorie lässt der große Regisseur die praktische Anwendung folgen. Am 28. Juni darf das Volk mit Kohl auf dem Berliner Alexanderplatz die Auferstehung des vergessenen Parteiflügels feiern: Das Volksfest findet auf den Tag genau zum 50. Jahrestag des Gründungsaufrufs der Berliner CDU statt. Und an dem Ort, an dem die Gründungsversammlung der „Reichs-CDU" stattfand, dem Theater am Schiffbauerdamm, werden sich hochstehende Gäste zu einer Gedenkstunde versammeln.   **Klaus Dreher**

**Nach seiner Wahl
zum CDU-Vorsitzenden 1973**

„Über mein Verhältnis zu Adenauer ist viel Unsinn gesagt und geschrieben worden. Er war nie mein Vorbild, und ich sah mich auch nie als sein Enkel. Aber ich habe ihn zu Lebzeiten und noch mehr am Ende seines Lebens als Glücksfall für Deutschland begriffen."

„Ich war in der Leichtathletik Lang-streckenläufer. Und ein Schnellstarter."

GANZ UND GAR UNVERWECHSELBAR

Birnen

Ursprünglich aus Eurasien stammend, erfreute sich die Birne schon bei den alten Griechen und Römern großer Beliebtheit. Im Mittelalter verbreitete sie sich in ganz Europa und gehört heute zu den beliebtesten Obstsorten Deutschlands. Mehr als 1.000 verschiedene Sorten sind bisher verzeichnet, doch hierzulande trifft man nur auf wenige von ihnen, so beispielsweise neben der kleinen harten auch auf die große weiche Birne.

Birnen-Ratschläge
Die Birne sollte nicht zu reif sein. Der optimale Reifegrad ist erreicht, wenn von ihr ein angenehmer Duft ausgeht und sie bei leichtem Druck auf den Stiel nachgibt. Doch auch wenn mal keine reife Birne zu bekommen ist, stellt dies kein Problem dar. Die Birne produziert das Reifungsgas Ethen. Man packe die Birne unter eine Plastikfolie, und nach ein paar Tagen ist sie reif. Außerdem wird Birne beim Abnehmen gerne auf den Speiseplan gesetzt. Sie wirkt entwässernd und entgiftend.

Birnen-Redewendungen
Einen an der Birne haben.
Etwas in der Birne haben.

Gellerts Butterbirne; Frühherbstbirne
Sorte: Pyrus communis
Herkunft: Frankreich

Williams Christbirne; Sommerbirne
Sorte: Pyrus communis
Herkunft: England

Alexander Lucas; Herbstbirne
Sorte: Pyrus communis
Herkunft: Frankreich

Conference; Herbst- und Winterbirne
Sorte: Pyrus communis
Herkunft: England

Helmut Kohl; Kanzlerbirne von Hans Traxler
Sorte: Politiker
Herkunft: Ludwigshafen-Friesenheim am Rhein

„Ich wandle immer in meinen eigenen, ganz und gar unverwechsel- baren Spuren."

3

DER VORSITZENDE

PLÖTZLICH EIN PHÄNOMEN

„Wir können die Probleme, die heute im ökonomischen Bereich vor uns stehen, nicht ohne Besinnung auf Grundwerte lösen. Das meine ich mit ‚geistig-moralisch‘."

DER VORSITZENDE

Die Vision einer völlig neuen CDU

**Ein enger Mitarbeiter der ersten Zeit
erinnert sich an Kohls Art der Parteiführung.**

1993, 12 Juni, SZ – Hanns Schreiner lernte Helmut Kohl während des CDU-Bundes-
parteitags im Frühjahr 1964 in Hannover kennen. Er hatte seine Stelle als Pressesprecher der hessischen CDU-Fraktion in Wiesbaden gerade gekündigt und wollte
in den Journalismus überwechseln. Kohl hatte davon Wind bekommen und lud ihn
zum Frühstück ein. Beide waren von dem „nächtlichen Schwadronieren mit reichli-
chem Alkoholgenuss" (Schreiner) noch etwas benebelt. Zu diesem Zeitpunkt hatte
Schreiner keine Ahnung, dass Kohl Vorsitzender der CDU-Fraktion im rheinland-pfälzischen Landtag in Mainz war, obwohl zwischen ihren Arbeitsplätzen nur
der Rhein floss. Im Verlauf der Unterhaltung fragte Kohl seinen Gesprächspartner,
ob er „Lust hätte, noch einmal drei, vier Jahre für die Partei zu arbeiten". Die beiden
verabredeten sich zum Vorstellungsgespräch, bei dem Schreiner so von der Aufgabe,
die ihm angeboten wurde, noch mehr von dem, der sie ihm offerierte, „begeistert"
war, dass er – mit Einverständnis seiner Frau – zusagte. So wurde er als Pressesprecher zuerst des Fraktionsvorsitzenden, von 1969 an des Ministerpräsidenten, Kohls
engster Mitarbeiter der ersten Jahre.

Zur Einstellung seines Arbeitgebers zur Partei, so wie sie sich ihm beim Ein-
stellungsgespräch einprägte, sagt Schreiner: „Helmut Kohl hatte damals schon die
Vision einer modernen Volkspartei. Ihm schwebte ein funktionierendes Kommuni-
kations- und Dienstleistungsunternehmen vor, eine Partei mit konkreter Ziel- und
Aufgabensetzung, verwaltet von einem gut ausgebildeten Apparat. Das war die Vision einer völlig neuen CDU, einer modernen, offenen Partei, offen nicht nur gegen-

**Helmut Kohl begründet seine Trennung
von Generalsekretär Heiner Geißler, 1989**

über den Mitgliedern und untereinander, sondern offen auch gegenüber den Bür-
gern. Eine Partei, die auf den Bürger zugeht, seine Probleme erfahren will und diese
Probleme schließlich zu lösen versucht. Kohl wollte eine völlig neue, bisher für mich
in Deutschland nicht erkennbare evolutionäre Entwicklung einleiten." Zum Redestil
Kohls sagt Schreiner: „Die meisten seiner Reden hatten ein bestimmtes begrenztes
Repertoire, bei dem er die Versatzstücke immer wiederholte. Waren sie mehrmals
ohne Beanstandung durchgegangen, konnte er unbeschwert auf sie zurückgreifen.
Das war bei vielen Rednern so: Diese Versatzstücke werden erprobt und bleiben
dann klischeehaft viele Jahre oder gar Jahrzehnte im Gebrauch. Kohl hat sich mit
der Vorbereitung von Reden kaum beschäftigt. Er hatte eine besondere Abneigung
gegen Manuskripte, die nicht von ihm stammten. Diese Sorte von Reden wird ja,
wenn man so oft reden muss wie Kohl, immer mehr. Er hat sich beim Vortrag solcher Vorlagen geniert: Das waren zwar seine Ideen und Gedanken, aber es war nicht
sein Text. Er wollte nicht als Schauspieler gelten … Redete er frei, hatte er eine Art,
sich auszudrücken, die man nicht aufschreiben kann. Er hatte eine emotionsgelade-
ne Redesprache.

„Sie kommt im Augenblick an und wird von den Zuhörern verstanden, weil
dahinter ein ungeheurer Wille und eine politische Kraft, auch eine emotionsgelade-
ne Dringlichkeit steckt. Bei solchen Gelegenheiten hat sich gezeigt, dass Kohl eine
sehr ausgeprägte sentimentale Ader hat. Bei seinen freien Reden passierte es ihm oft,
dass ihn drei, vier Gedanken auf einmal überfielen. Die Folge war ein Redesalat, was
weniger beim Zuhören als vielmehr beim Nachlesen oder gar Redigieren auffiel.
Kohl-Reden zu redigieren, das war eine Strafarbeit! … Er konnte gespreizte, gestelz-
te und gedrechselte Reden und Worthülsen, gesuchte und gesetzte Kunstpausen
nicht ausstehen. Er wollte sein Ergebnis haben, denn es ist für ihn von größerem
Reiz, Macht auszuüben."

Über die Lust, Entscheidungen eher im Gespräch als mit dem Lesen von Akten vorzubereiten, sagt Schreiner: „Helmut Kohl suchte das Gespräch, weil er es ganz
notwendig brauchte. Es diente ihm zur Klärung seiner Gedanken. Im Gespräch und
nicht in den Akten oder auf dem Reißbrett kamen oder wuchsen Ideen, Pläne, Ziele.
Kohl war ein Mann des Dialogs und nicht ein Mann der ‚Vorlagen', auch wenn der
Dialog manchmal in einen Monolog ausartete. In diesen Gesprächen entstand Politik … Wenn er sich mit der Gruppe zusammensetzte, wusste er oft noch nicht,
worauf das Gespräch hinauslief. Er hat sehr genau zugehört und erst nach ausführlicher Diskussion entschieden. Das war im kleinen Kreis so, und so hielt er es auch
im Kabinett … Er hat bei Diskussionen nicht gern den Gesprächsfaden abgeschnit-

ten, aber es gab Situationen, in denen musste gesprungen werden. Es entstanden natürlich auch ‚Palaversituationen‘, bei denen er sagte: ‚Jetzt ist Schluss, so wird es gemacht.‘ Hatte er eine Entscheidung getroffen, dann waren laute Zweifel nur in Ausnahmefällen erlaubt.“

Der Bundeskanzler Kohl ist bekannt dafür, dass er seinen Terminkalender selbst führt. Er trägt ihn immer bei sich. Das war schon in Mainz so. Dazu sagt Schreiner: „Dieses schwarze Notizbuch ist ein von der BASF herausgegebener Jahreskalender. Da darf keiner außer ihm etwas hineinschreiben. In der Partei wurde immer behauptet, er habe in diesem Büchlein Aufzeichnungen auch vertraulicher Art über Gespräche oder Gesprächspartner gemacht. Das ist falsch. Es gab keine schwarze Liste oder dergleichen. Er hat aber in dieses Buch auch die Namen derer notiert, die ihm aufgefallen sind oder auf die er aufmerksam gemacht wurde. Kohl war immer neugierig auf Menschen. Auf diese Weise hat er die Zusammenarbeit mit Heiner Geißler eingeleitet. Ich hatte ihm nach einem Deutschlandtag der Jungen Union in Saarbrücken berichtet, mir sei da ein beeindruckender junger Mann aufgefallen, der die Gabe habe, Zuhörer stark zu emotionalisieren. Kohl hatte schon ein Auge auf ihn geworfen. Dann hat er mehrmals mit ihm gesprochen und ihn gleichzeitig mit Bernhard Vogel zum Minister gemacht, als er noch Fraktionsvorsitzender war. Das ging ganz schnell.“

Die Anekdote ist bezeichnend für Kohls Kunst der Improvisation. Schreiner ist sich „nicht hundertprozentig sicher“, ob Peter Altmeier, der schließlich in dem betreffenden Jahr 1967 noch Ministerpräsident war, Geißler überhaupt kannte, ehe er ihn auf Geheiß Kohls ernannte. Um ihn und Vogel ins Kabinett zu bringen, führte Kohl die Regelung ein, wonach die Fraktion über die neuen Minister abstimmte. Bei der Berufung neuer Staatssekretäre war „zustimmende Kenntnisnahme“ erforderlich. Als später einer der Nachfolger Kohls im Amt des Fraktionschefs nach der Satzung fragte, in der diese Bestimmung stand, musste ihm der Geschäftsführer mitteilen, dass es sie nicht gab: Kohl hatte es einfach so verfügt.

Beim Landesparteitag 1966 in Koblenz, auf dem er anstelle von Altmeier zum neuen Vorsitzenden gewählt wurde, brachte Kohl es fertig, Konrad Adenauer als Gastredner zu gewinnen. Kohl hatte Adenauer auf seinen Mitarbeiter aufmerksam gemacht, danach ging der Altkanzler auf Schreiner mit den Worten zu: „Passen Se jut auf auf den jungen Mann.“   **Klaus Dreher**

Alle Macht liegt beim Kanzler

Auf der Halbzeit-Heerschau 1985 erleben die Delegierten einen
Helmut Kohl, an dem sich auch als Parteichef Veränderungen vollzogen haben.

1985, 22. März, SZ – Manchmal hat er Rückschläge einstecken müssen, aber oft ist ihm
auf Anhieb geglückt, was er erreichen wollte, und jetzt steht für Helmut Kohl offenbar fest, dass keine Widrigkeit geeignet sein kann, sein Prestige abzunutzen. Er stellt
sich deshalb dar als ein Mann, der eine Aura höchster Selbstsicherheit verbreitet. Kohl
tut dies, indem er sich anders benimmt als sonst bei ihm üblich in vergleichbarer Lage
– nämlich dann, wenn Parteitage der Christlich-Demokratischen Union über seinen
Führungsanspruch zu entscheiden haben. Früher war er, kurz bevor die Abstim-
mungsprozedur in Gang gesetzt wurde, stets bemüht, als ein Gleicher unter Gleichen
zu erscheinen: Das Parteivolk kumpelhaft umgarnend, hatte er ein Ritual daraus gemacht, wie ein namenloser Delegierter mitten in der Menge Platz zu nehmen. Diesmal indes bleibt er einsam im Zentrum der Parteitagsbühne sitzen. Kohl lässt, während die Stimmzettel ausgefüllt und eingesammelt werden, seinen Blick mit prüfender
Wachsamkeit über die Arena schweifen. Er wirkt kühl und streng, fast erhaben.

    Grugahalle in Essen. 781 Delegierte, die hier zum 33. CDU-Bundesparteitag
versammelt sind, nehmen staunend die Veränderungen wahr, die sich an Kohl vollzogen haben. Er ist ruhiger geworden, ernsthafter, konzentrierter, souveräner. Kohl
kommt ohne Scharfmacherei aus, ohne Großspurigkeit und auch ohne politische Ro-
mantik. Andererseits zeigt er weder Zweifel noch Skrupel. Überzeugt von der Richtigkeit und Wichtigkeit all dessen, was er sagt, ist seine Neigung gewachsen, das eigene Urteil, durch niemanden überprüft, als höchste Instanz gelten zu lassen. Was
immer er sagt, hört sich wie Befehlsausgabe an. Kohl gibt dabei, gleichsam mit sei-

In einer Ministerpräsidentenkonferenz 1970 (oben links); vor einem CSU-Wahlkongress 1980 (oben rechts); Wahlredner in Dortmund 1987; Altbundeskanzler 2005; auf dem Bremer CDU-Parteitag 1998 (unten)

nem ganzen Wesen, eine Botschaft auf den Weg, die durchaus suggestiv wirkt: Alle Macht liegt beim Kanzler. Die Grugahalle passt zum Auftreten des Kanzlers. CDU-Bundesgeschäftsführer Peter Radunski hat eine Halle in der Halle errichten lassen, die kanzlerhaft ist: monumental, feierlich, strahlend. Der Umbau kam mit Hilfe von Baukastenelementen zustande, deren Besonderheit es ausmacht, dass sie wie Kulissenteile zu lagern sind und somit bei anderen Großveranstaltungen, jeweils variiert, wieder verwendet werden können. Ihre Grundfarbe ist ein durch Grautöne gedämpftes Weiß, auf dem schwarz-rot-goldene Streifen liegen. Aus diesen Elementen wurde eine Architektur zusammengefügt, deren Dimension so mächtig ist, dass es angebracht war, an der Stirnseite der Halle, jeweils links und rechts, zwei 24 Quadratmeter große Fernsehmonitore zu montieren, auf denen die im Original kaum wahrnehmbaren Akteure weithin sichtbar werden. Das Ganze hat einen Stick von staatsparteilicher Üppigkeit.

Radunski hat als Manager des Parteiapparats nicht gerade sparen müssen. Diese dreitägige Heerschau der Union, zwei Jahre nach Kohls Sieg bei der letzten Bundestagswahl inszeniert, wird mehr als 1,5 Millionen Mark kosten. Dieses Geld auszugeben, ist jedoch möglich, weil die Parteifinanzen endlich im Gleichgewicht sind. Die CDU hat keine Schulden mehr, zum erstenmal seit 14 Jahren. Die lange Verschuldung hatte zur Folge, dass insgesamt mehr als 13,5 Millionen Mark an Bankzinsen gezahlt werden mussten. Wäre die CDU strikt nach den Bestimmungen der Konkursordnung verfahren, so hätte sie bereits 1969 Konkurs anmelden müssen. Schatzmeister Walther Leisler Kiep, der hierüber Bericht erstattet, wird bei dessen Wiederwahl die erfolgreiche Sanierung gedankt mit einem Rekordergebnis. Die Delegierten sind als Repräsentanten von 726 000 Parteimitgliedern erschienen.

Seitdem Kohl die Partei vor zwölf Jahren als Chef übernahm, hat sich die Mitgliedschaft verdoppelt. Doch seit dem letzten Wahlgang geht es langsam abwärts. Die Mitgliederzahl vermindert sich jeden Monat um etwa 1500. Zwar ist das Gros davon durch Sterbefälle begründet, aber auch Protest von Enttäuschten schlägt sich nieder. Der Verschleiß der CDU als Regierungspartei wird als „heiß" bezeichnet.

Nicht wenige Delegierte sind angesichts dieses Abnutzungsprozesses nervös geworden. Kohl allerdings glaubt, dass seine Kanzlerschaft trotzdem unerschütterlich sei, stabil zumindest für die nächsten sechs Jahre.

„Wir sind auf dem richtigen Weg", hat er in seiner Parteitagsrede proklamiert, von der er sicher sein darf, sich damit jedermann verständlich gemacht zu haben. Kein frisches Ideengut und kein zündender Funke, wohl aber knappe Sätze und klare Gedankenführung. Alles Wolkige und Pompöse scheint sich bei Kohl verloren zu

Kursbestimmung

haben. Er ist bemüht, betont kunstlos zu sprechen, derart schlicht, als sei es wahre Könnerschaft, intellektuell kein höheres Niveau anzustreben. Neu auch, dass Kohl genug Disziplin aufbringt, sich strikt ans Manuskript zu halten, fahrige Gesten zu vermeiden, nicht atemlos zu werden. Ihm scheint über weite Passagen hinweg völlig egal zu sein, ob seine Rede emotional etwas ausrichtet: keine Parteitagsrhetorik, sondern Kammerton, keine Visionen, sondern nüchterne Rechenschaft. Als Bilanz drängt sich danach der Eindruck auf, dass Kohl sich von einer Devise leiten ließ, die etwa so zu umschreiben wäre: Wir wollen nicht viel reden – wir wollen regieren.

Kohls Prosa hat noch nie einen geistigen Schatten geworfen. Insofern wird er als Redner vom Parteivolk heimlich bewitzelt. Doch solche Spöttelei unterbleibt diesmal in den Wandelgängen. Verwundert wird stattdessen die Frage laut, warum Kohl wohl derart spröde darauf verzichtet hat, auch nur ein einziges Mal das Herz der Partei zu erreichen. Gewiss, einige Vokabeln, von denen er anscheinend meint, dass sie Wärme und Hoffnung ausstrahlen, bringt er auch in dieser Rede unter: Dienst, Chance, Kraft, Stolz, Tugend, Neubesinnung, Treue, Geborgenheit, Zuwendung, Sinnvermittlung. Aber als übergeordnetes Stilmittel fällt auf, wie sehr er das Wort „ich" liebt. Er benutzt es ungeniert so oft, als sei es ihm recht, einen autokratischen Zug seines Charakters auszuweisen.

Der Beifall bleibt lau. Er schwillt erst am Schluss an, und auch dann sehr zögernd, nachdem den Zuhörern bewusst geworden ist, dass sie Verpflichtungen gegenüber dem deutschen Fernsehpublikum haben: Demnächst, schon am 12. Mai, finden

Landtagswahlen in Nordrhein Westfalen statt – es gilt also, Zuversicht und Solidarität zu zeigen. Doch die meisten sind, wie sie draußen in den Foyers zugeben, im Hinblick auf den 12. Mai skeptisch. Meinungsforscher glaube, Verschiebungen in den tiefen Schichten des politischen Gefüges zu spüren; die Optimismus-Faktoren schwächen sich ab. Hinzu kommt, dass CDU und FDP gemeinsam nicht stärker werden, solange sie bloß untereinander Stimmen austauschen. Die CDU, so heißt es, muss besser als bisher in der Wählermitte greifen. Um dies zu erreichen, genüge es nicht mehr, sich ständig auf „die Erblast" zu berufen. Die demoskopisch ermittelte Mehrheit von CDU/ CSU und FDP macht derzeit in der Bundesrepublik 52 Prozent aus. Somit werde es nötig sein, sich nicht auf eine unanfechtbare Überlegenheit zu verlassen, sondern sich am Ende der zweiten Halbzeit auf eine „Durchsetzungswahl" einzurichten.

Diese siegreich zu bestehen, glaubt Kohl vor allem deshalb, weil die FDP sich konsolidiert habe und weil sie verheißt, als Partner verlässlich zu bleiben. Überdies pflegt Kohl bereits mit dem neuen FDP-Vorsitzenden Martin Bangemann einen freundlichen Umgang, der erspießlicher und lockerer ist als der mit Genscher. Dies trägt dazu bei, ein politisches Premierenereignis möglich zu machen. Bangemann darf als Gastredner erscheinen. Gut gelaunt und so entspannt, als sei seine Visite in Essen eine Selbstverständlichkeit, tut er den irritierten CDU-Delegierten kund, dass eine Koalition nicht unbedingt ein historisches Bündnis sein müsse, aber dass diese Bonner Koalition eine geschichtliche Aufgabe zu bewältigen habe.

Warum die Delegierten mehr benommen als erfreut reagieren, liegt auf der Hand. Sie sind überrumpelt worden. Die Idee, sich in der Halle blicken und vernehmen zu lassen, stammt von Bangemann, der dazu angeregt worden ist durch Vergleichbares in Italien. Kohl seinerseits hat den Gedanken sofort positiv aufgenommen. Er teilte dies kurz vor Parteitagsbeginn dem CDU Präsidium mit, ohne eine Diskussion darüber aufkommen zu lassen. Erst als der FDP-Vorsitzende bereits im Anmarsch war, setzte sich bei den wenigen Eingeweihten die Meinung durch, dass Bangemanns Idee diesem sicher nutzen werde, nicht aber unbedingt der Union. Bangemann sollte deshalb vom Plenum ferngehalten werden, sollte später Gast bei einem geselligen Abend sein. Doch dann war er plötzlich da, war nicht mehr zu stoppen. Intern nicht weniger umstritten bleibt das Experiment, 500 Frauen in die Grugahalle einzuladen. Sie haben hier die Chance, ihr für die Delegierten oft unbequemes Verhältnis von einer neuen Partnerschaft zwischen Mann und Frau darzustellen: ein strategisches Thema. Um dessen Bedeutung zu unterstreichen, ist sogar das Parteitagsmotto darauf abgestellt worden: „Die neue Partnerschaft". Kein Wunder, dass Parteifunktionäre, die Wahlkampf zu führen haben im Ruhrgebiet, wo die Arbeitslosigkeit in manchen

Ballungsgebieten mehr als 14 Prozent ausmacht, das Thema als verfehlt ansehen. Und vielen anderen, sehr vielen fällt es schwer, einen ganzen Sitzungstag lang geduldig hinnehmen zu müssen, dass ihnen Frauen, die emanzipierter sind, als dies herkömmliche CDU-Gesellschaftspolitik für sinnvoll hält, die Leviten lesen.

Heiner Geißler, der CDU-Generalsekretär, hat dies durchgesetzt. Er nimmt in Kauf, dass an verkrusteten CDU-Strukturen gerüttelt wird, weil er weiß, dass die jungen Frauen als Wählerinnen der CDU in Massen weglaufen. Aber so sehr er damit die Seinen verwirrt, so sehr sind sie zugleich bereit, ihm seinen Einsatz zu danken. Er wird als Generalsekretär, der sein zusätzliches Amt als Familienminister spätestens im Herbst abgeben wird, um fortan seine ganze Kraft als Wahlkampfleiter für 1987 einzusetzen, für weitere vier Jahre gewählt, wobei er ein besseres Ergebnis erzielt als der Parteichef und Bundeskanzler. Die Delegierten würdigen damit Geißlers treue Paladindienste. Ohne Geißlers kratzbürstige Mischung aus Schläue, Moral, Intelligenz, Bizeps, Pflichtgefühl und Bedenkenlosigkeit wäre Kohl, das weiß inzwischen jeder, beim Regieren erheblich behindert.

Geißler sitzt links neben Kohl auf einer 35 Meter langen Empore, die mit weißen Tulpen und zartgelben Margeriten dekoriert ist: das Allerheiligste der Oberpriester, die als erlauchte Gruppe von Leibwächtern abgesichert werden und vom Fußvolk isoliert sind. Da ist Alfred Dregger, der Fraktionschef. Da sind Ernst Albrecht, Lothar Späth und Eberhard Diepgen. Da ist Norbert Blüm, der sich blutig reibt als Arbeitsminister. Und da ist Gerhard Stoltenberg, der zweifellos stärkste Mann im Kabinett, von dem es heißt, dass er nachrücken würde, falls es einmal nötig wäre, dass jemand für Kohl einspringt. Sie alle scheinen darauf aus zu sein, das wohlgefällige Wir-Gefühl von Männern zu demonstrieren, die eine ziemlich reflektierte Betrachtungsweise für Ambitionen haben. Sie alle hat Kohl, soweit sie seine Rivalen waren, weit hinter sich gelassen.

Er kann, wenn es um die Wahrnehmung persönlicher Ziele geht, gleichermaßen genial wie brutal sein. Wie er das macht, das hat in Essen Kurt Biedenkopf fühlen lassen. Biedenkopf, der von 1973 bis 1977 Generalsekretär war, kam mit Kohl nicht zurecht, weil beide die Geistesdifferenz von Naturen trennt, die sich notwendigerweise abstoßen. Biedenkopf hat jene Phantasie, die sich unbekümmert erhebt über die erstarrten Gedanken von Leuten, denen es genügt, Politik von heute auf morgen zu machen, und für die jemand, der da sagt, dass mehr möglich sei, eine Bedrohung der Führung abgibt.

Dass dieser Professor Biedenkopf, der inzwischen den westfälischen CDU-Verband anführt, gegen den Willen Kohls wieder ins Parteipräsidium zurückkehren

**Mit Kurt Biedenkopf,
Ministerpräsident von Sachsen, 1993**

wollte, das war von vornehereim zum Scheitern verurteilt. Ein Platz für Biedenkopf
wäre frei gewesen, nachdem Richard von Weizsäcker ausgeschieden ist. Aber Kohl
bestand darauf, dass Walter Wallmann aus Hessen nachrückt. Und Kohls Bataillone
waren stark genug, seinen Willen durchzusetzen. Dazu ist beileibe keine maximale
Ausnutzung aller prozeduralen Kniffe notwendig gewesen: Kohl kann sich bei der
Basis immer noch auf eine ausreichende Mehrheit verlassen, weil er den Kontakt zur
Basis besser pflegt als je zuvor ein CDU-Chef: nach genauem Terminplan, mit viel
Zeitaufwand und in geschickter Einschätzung einer Infrastruktur, die eingerichtet ist
auf Geben und Nehmen.

    Strukturelle Veränderungen, wie sie Biedenkopf anstrebt, sind Kohl zuwider.
Ihm liegt vorsichtiges Beharren, bedachtsames Bewahren, Perfektionieren des gegenwärtig Bestehenden. Die Fähigkeit zum Konsens erscheint Kohl als die wichtigste politische Begabung. Wer ihm in dieser Beziehung Widerpart bietet, der
muss die Prügel einer Niederlage erwarten. Kohl kann misstrauisch und nachtragend seine sehr zänkische Autorität ausüben. Dass er Biedenkopf auf Distanz gehalten hat, wird ihm trotzdem nicht allseits als ein wirklicher Sieg angerechnet.
Denn Biedenkopf fehlten, nachdem er es gewagt hatte, den Fehdehandschuh auf-
zunehmen, am Ende nur 15 Stimmen. Nicht zu denen gehörend, die sich nach einer Niederlage verlorengeben, wird Biedenkopf künftig eine Pflicht daraus machen, sich unbequem zu benehmen. Zurück bleibt eine Frage, die vielfach gestellt
wird: ob die CDU-Spitze es sich leisten könne, auf einen unsteten, aber brillanten

Kopf zu verzichten, der in den Augen der Wählerschaft mehr verheißt als viele Blasse und Brave.

Die Stimmungslage ist zu schwankend, als dass sie weitere Erschütterungen vertragen könnte. Das Klima im Saal wird von Delegierten geprägt, die für die Rolle williger Erfüllungsgehilfen in einem Kanzlerwahlverein nicht mehr recht taugen. Sie nehmen das ihnen aufgenötigte Defizit an Diskussion ohne Murren hin. Sie bestätigen Kohl als Parteichef mit einem Stimmenanteil von 93,5 Prozent. Aber sie zeigen, als Kohl sich nach Bekanntgabe des Wahlergebnisses auf der Bühne hochreckt, keinen wahren Enthusiasmus. Nicht mehr die Honoratioren von ehedem sind bei den Delegierten tonangebend, auch nicht die Geschniegelten und die Gebügelten. So folgt auch dann kein fröhlich-lockeres Feldgeschrei, als der amtierende Tagungspräsident mit gespreizter Ehrfurcht das Signal gibt: „Helmut Kohl ist unser Vorbild.“

Kohl selbst scheint das alles nicht sonderlich wichtig zu nehmen. Er hatte schon bessere und auch schlechtere Resultate. Im Gegensatz zu früher bemüht er sich nicht, beglückt wie jemand auszusehen, der Mühe hat, mit dem Reiz einer Huldigung fertig zu werden. Auch wirkt er nicht so, als habe er Angst, dass sein Glück bald umschlagen werde. Für ihn scheint dieser Parteitag nichts weiter zu sein als eine Episode. Er beschränkt sich darauf, den Delegierten in seiner kärgsten Sprache zu danken. Bevor er dann mit großen Schritten so schnell abgeht, als wolle er vertrödelte Zeit aufholen, sagt Helmut Kohl, wozu ihn das Wahlergebnis verpflichte: „Zum Dienst an unserem Vaterland.“   **Hans Ulrich Kempski**

Die Partei und ihr Patriarch

Der Vorsitzende Kohl hat die CDU so stark geprägt, dass er sich
wie selbstverständlich mit ihr gleichsetzte.

1999, 23. Dezember, SZ – Es war ein langer Weg von jenem 12. Juni 1973, an dem
Helmut Kohl zum Vorsitzenden der CDU gewählt wurde, bis zum 22. Dezember
1999, an dem die CDU-Generalsekretärin Angela Merkel öffentlich befand, die
Partei müsse jetzt endlich ohne ihr altes Schlachtross Kohl auskommen. Ein Vierteljahrhundert lang hat Helmut Kohl die größte konservative Partei des Landes
geführt; kein anderer hat sie so sehr geprägt wie der heute 69-jährige Parteichef
und Kanzler a.D.

Fast alle, die jetzt in der erweiterten Führung der CDU sitzen, haben ihre
politische Sozialisation in der Partei und ihre Karriere unter Kohl absolviert. Sie
sind seine politischen Kinder. Angela Merkel hat dies durch den Satz deutlich gemacht: „Sie (die CDU) muss sich wie jemand in der Pubertät von zu Hause lösen,
eigene Wege gehen …" Zu Hause – das war für die CDU lange Zeit Helmut Kohl,
der sein Verhältnis zur Partei gerne so beschrieben hat: „Ich stehe auf den Schultern
von Hunderttausenden." Auch das ist ein richtiges, aussagekräftiges Bild: Der Patriarch, wie ihn sein Nachfolger Wolfgang Schäuble heute öffentlich nennt, blickt
auf die Masse seiner Untertanen; die Bodenhaftung wird durch die Last seiner
Schuhsohlen auf der ihn tragenden Partei gewährleistet.

Das „System Kohl", das er in der Partei entwickelte und im Kanzleramt per-
fektionierte, ist oft beschrieben worden. Seine Grundlage war „persönliches Vertrauen", das ihm, wie Kohl in seinem Schuldeingeständnis vom 30. November sagte, wichtiger gewesen sei als „rein formale Überprüfungen" – manchmal auch

wichtiger als geltendes Recht. Kohl führte ein strenges Regiment in der CDU. Er belohnte durch Zuwendung, er strafte ab durch Verstoßen. Wer ihm zu mächtig oder zu selbstständig wurde, bekam seinen Zorn zu spüren. Besonders hart konnte es jene treffen, die Kohl selbst „erfunden" hatte, wie die Generalsekretäre Kurt Biedenkopf und Heiner Geißler.

Bei alledem aber konnte er sich bis vor kurzem auf die Partei, die Landes-, Kreis- und Ortsverbände verlassen. Unter Kohl und seinem damaligen Generalsekretär Biedenkopf wuchs die Zahl der Parteimitglieder von 1973 an binnen drei Jahren gewaltig. 1976 zählte die CDU 625 000 eingeschriebene Mitglieder, 1973 waren es noch 450 000 gewesen. Diese Entwicklung von der Adenauerschen Honoratioren-Partei zur „Mitglieder-Partei" war ein für die CDU kaum zu überschätzender Schritt. Aber es war auch der Erfolg des Parteichefs Kohl, der es zudem über die Jahre stets verstanden hat, seine Präsenz bis in die Ortsverbände spürbar zu machen – ein Brieflein hier, ein Anruf dort, und manchmal auch, wie man heute weiß, etwas Geld.

Das Konrad-Adenauer-Haus wurde unter Kohl zur wirklichen Parteizentrale; man hielt in allen CDU-Gliederungen Ausschau nach jungen Leuten, die der Partei, aber später auch dem Regierungsapparat des Kanzlerparteichefs von Nutzen sein konnten. Viele Karrieren, die während der Ära Kohl ins Kanzleramt und in die Ministerien führten, begannen dank dieser Personalpolitik in jenen Jahren, da Kohl noch nicht Kanzler war. Auch das gehörte zum System Kohl. Der konservative Journalist Herbert Kremp hat das Ineinandergreifen von Partei- und Staatsapparat unter Kohl jüngst so charakterisiert: „Modern war die Organisation, alt die Treue, das Lehen, die Vergabe, der Entzug." In der Hochzeit von Helmut Kohls Kanzlermacht änderte sich auch die Funktion der Partei. So simpel der Begriff „Kanzlerwahlverein" ist, so zutreffend beschreibt er Kohls Verständnis von der Rolle der CDU. (Es kommt nicht von ungefähr, dass auch der amtierende Bundeskanzler Gerhard Schröder seine Rolle als SPD-Vorsitzender in erster Linie im Hinblick auf sein Amt als Kanzler definiert.) Für Kohl war die Partei in den Siebzigerjahren das Vehikel, das ihn zur Macht in Bonn transportieren sollte. Als dies erreicht war, diente die CDU ihm als Stütze und Personalreservoir. In seiner langen Zeit als Vorsitzender hat sich Kohl offenbar so sehr mit seiner Partei identifiziert, dass er heute nicht versteht, wie sehr er der Partei durch sein Verhalten in der Spenden-Affäre schadet. Das deutlichste Anzeichen dafür ist, dass Schäuble seinen Vorgänger Kohl nun öffentlich aufgefordert hat, im Interesse der Partei doch endlich die Namen der Spender preiszugeben.

Kurt Kister

„Wir müssen
Führerschaft zeigen, die
in die Zukunft führt."

„Ich habe eine Neigung, Widerspruch schwer zu ertragen."

PLÖTZLICH
EIN PHÄNOMEN

Imagepflege

Brillenträger und Pfeifenraucher
(von links oben im Uhrzeigersinn) 1973, 1973, 1971 und 1974

**Helmut Kohl 1976 mit neuem Image,
die Haare locker auf links getrimmt und mit neuer Brille**

**Helmut Kohl vertritt sich
auf einer Fahrt nach Kreisau die Füße, 1989**

**Vor dem Kanzleramt,
1994**

Die Strickjacke

Helmut Kohl hat sich seinen Traum erfüllt, mit einem Gegenstand, der ihm gleichermaßen das Herz und den Bauch wärmt, im Zeughaus der neueren Geschichte vertreten zu sein. Es ist die Strickjacke, von der die Leitung des Hauses versichert, sie sei vom Kanzler an jenem 11. Februar 1990 getragen worden, an dem ihm der damalige Sowjetführer Michail Gorbatschow den ‚Schlüssel zur deutschen Einheit' (so schrieb die *SZ* damals) übergab. Das Kleidungsstück liegt in einer Glasvitrine im Haus der Geschichte in Bonn. Die Strickjacke und der blaue Pullover, den der weltgewandte Gorbatschow in Paris gekauft und bei jener Begegnung im Kaukasus getragen hatte, liegen, lässig drapiert, auf den behauenen Holzklötzen, auf denen die beiden Staatsmänner saßen. Sie war Helmut Kohls wichtigstes Staatsinsignium, Roger Federer machte sie im Sport bekannt und David Beckham zum neuen Modeaccessoire: die Strickjacke. Seit Herbst 2008 nun schwören namhafte Designer auf das Kleidungsstück.

**Spaziergang mit Michail Gorbatschow
und dessen Frau Raissa im Kaukasus, 1990**

Helmut Kohls Strickjacke und Michail Gorbatschows Pullover –
Ausstellungsstücke im Bonner Haus der Geschichte

**Im Gespräch mit Michail Gorbatschow
bei der Begegnung im Kaukasus und in großer Runde, 1990**

„Ich weiß gar nicht, wie meine Entwicklung sein wird."

(nach der Wahlniederlage 1980)

4

DER WAHLKÄMPFER

NUN MUSST DU WIEDER

„Wenn wir mit einem Brett vor dem Kopf aufeinander losgehen, gibt es ein klapperndes Geräusch, aber keinen Dialog."

DER
WAHLKÄMPFER

Der Kanzler kämpft mit aller Kraft

Wahlkampf 1994: Angestrengt, aber siegesgewiss will Helmut Kohl
die Wahl auch zu einem Plebiszit über sich selbst machen.

1994, 13. Oktober, SZ – Gleich wird Helmut Kohl seinen ganzen Zorn mobilisieren, um die Störer niederzumachen, die draußen mit roten Fahnen aufmarschieren, doch noch sitzt er sehr vergnügt und aufgekratzt vor einem Stück Obsttorte in der kleinen Konditorei am Versammlungsplatz und erzählt von seiner Katze. Er genießt es zu zeigen, wie gemütlich er sein kann als Alleinunterhalter. Seine Katze, so berichtet Kohl der ihm respektvoll lauschenden Lokalprominenz, sei dank guter Pflege sowie veterinärmedizinischer Kunst jetzt 18 Jahre alt, daheim in Oggersheim allseits als „Mieze Kohl" bekannt. „Das einzige Wesen in unserem Haus, das tun kann, was es will", sagt der Bundeskanzler.

Endspurt im Wahlkampf. Als Spitzenmann der Union ist Kohl dabei, eine flächendeckende Deutschlandtournee zu Ende zu bringen mit dem Ziel, sich und den Seinen noch einmal, noch ein letztes Mal zu beweisen, was er als Schlachtross taugt. Dieser Versuch hat ihn viel Kraft gekostet. Noch nie zuvor ist Kohl – oder einer seiner fünf Vorgänger im Kanzleramt – als Wahlkämpfer vergleichbar beansprucht gewesen: 102 Auftritte seit Ende August, fast alle im Freien, und dann nach jedem Tageseinsatz gleich nachts zurück nach Bonn, weil Kohl sich nicht nachsagen lassen will, einem Wahlkampf zuliebe Regierungsgeschäfte versäumt zu haben. „Zwei Punkte", so hat er sich jetzt vorgenommen, will er der SPD im Finale dieser Tage „noch zusätzlich abjagen". Kohl: „Es macht immer Spaß, den Sozialisten aufs Haupt zu schlagen."

Der Kanzler als Stimmungskanone: frotzelnd, geräuschvoll, optimistisch – einer, der Kleinmut, Zweifel und Ängste beiseite schiebt und demonstrieren will,

Jagd auf den roten Keiler

dass er in Bombenform ist. In Wahrheit jedoch, das gibt er zu, sind Wahlen für ihn nicht mehr die Würze des Lebens. Kohl ist älter geworden – und Deutschland größer: „Da stehst du da und denkst, mein Gott, nun musst du da wieder." Er hat Schmerzen im Knie und Beschwerden mit der Wirbelsäule, er ist anfällig für Erkältungen geworden. „Aber", sagt Kohl, „dann geht es dir wie einem alten Militärgaul – wenn der die Musik hört, schmeißt er den Kopf hoch und marschiert."

Auch sein Publikum ist anders geworden. Zwar füllt Kohl nach wie vor Marktplätze und Hallen, aber nirgendwo empfängt ihn jene gewaltige Geräuschkulisse von ehedem, als Hell-mut-Hell-mut-Jubelchöre die schier verzückte Begeisterung einer in gleichgerichteten Gefühlen vereinten Masse ausgedrückt hatten. Diesmal gibt es keine Ekstase. Und es gibt vergleichsweise eher gezügelten Beifall. Aber es gibt überall dort, wo Kohl spricht, ein jeweils vieltausendköpfiges Publikum, dessen gemeinsames Merkmal eine ganz außergewöhnlich konzentrierte Aufmerksamkeit ist, bis hin zu gebannter Stille. „Wenn ich die fragenden Gesichter sehe", sagt Kohl, „dann weiß ich, was die Leute wissen wollen: Wie ist er, was sagt er, wie sieht er aus?" Kohl ist sich sicher, dass er die Neugier der Masse treffend empfindet: „Ich studiere Menschen wie andere Leute Bücher."

Auf ihn selbst wirkt enger Kontakt mit Menschen stimulierend. Kohl sucht solche Stimulanz unterwegs, indem er etwa an Baustellen haltmacht oder unangemeldet in einer Schule einfällt oder den Hubschrauber vor einem einsamen Gasthof landen lässt, zu einer Tasse Kaffee und einem Plausch mit der Wirtin. Er will ein „Kanzler zum Anfassen" sein, nicht einer „unter der Bonner Käseglocke". Kohl nimmt die Chance hierzu bei jeder Versammlung wahr, indem er auf dem Weg zum Rednerpult plötzlich ausbricht und sich dann zum Entsetzen der Sicherheitsleute quer durch eine unkontrollierbare Menge nach vorne zwängt. Kohl ergreift Hände, gibt Zurufe zurück, lässt sich herumstoßen, lacht beglückt. Dass dies nach Meinung seiner Leibwächter eine Fahrlässigkeit ist, nimmt er fatalistisch hin. „Ich brauche Wärme", sagt der Kanzler.

Kanzler-Wahlkampf. Die Strategie dafür ist schon zu Jahresbeginn festgelegt worden. Kohls politische Generalstäbler – eine Handvoll ihm eng verbundener Mitarbeiter in seinem „Küchenkabinett" – ordneten sich mit ihrer Strategie einem Bundeskanzler unter, der in einem demoskopischen Stimmungstief festsaß. Doch Kohl war schon damals unbeirrt überzeugt, als Stimmenfänger bald wieder fit genug zu sein, um erfolgreich die plebiszitäre Bestätigung zu suchen. Kanzler-Wahlkampf, wie ihn Kohl gewollt hat, verlangt, dass der Bundeskanzler riesengroß ins Bild kommt, größer als je zuvor, überlebensgroß, ein Kanzler ohne Mannschaft und Rivalen. Der Kanzler der Bundesrepublik Deutschland als dienstältester Regierungschef der Welt. Der Kanzler als persönlicher Freund aller Granden. Aber auch der Kanzler in seiner Einsamkeit. Diese Strategie will einer mehr und mehr verunsichert unter Veränderungsdruck stehenden Wählerschaft einen klaren Orientierungspunkt anbieten – den Kanzler.

Kohl selbst begleitet den auch ihm offenbar bisweilen wundersam erscheinenden Erfolg der Strategie mit amüsiertem Staunen. Er scheint sich, wenn er darüber spricht, gleichsam wie ein Boxer vorzukommen, der eben noch ausgepumpt auf der Matte lag und der jetzt wieder als Favorit im Ring steht. „Jetzt bin ich plötzlich ein Phänomen", strahlt Kohl, der beobachten kann, dass es gelungen ist, das Wahlvolk auf ihn ähnlich neugierig zu machen wie auf einen Champion im Boxring. Und in der Tat: Wie einen Champion starren ihn die Leute an, wenn er massig vor ihnen steht, 1,93 Meter groß, hoch oben auf dem riesigen weißen Podest, in einen weiten und langen graublauen Wettermantel gehüllt, mit geballter Faust und empörter Körpersprache, die heisere Stimme dröhnend verstärkt durch die Lautsprecheranlage, Schweiß auf der Stirn und Furor im Blick – ein Mann in scheinbar wilder Emphase. In dieser Rolle stellt sich der Kanzler dar, wenn er seiner Zuhörerschaft suggerieren will, wie ernst die Lage im Hinblick auf eine „Richtungswahl" sei, die über das Glück der „deutschen Mitte" entscheiden werde. Die „deutsche Mitte", das Umfeld des „normalen deutschen Bürgers", macht Kohls Zielgruppe aus. Ihr will er mit einer höchst bedrohlichen Alternative Angst einjagen, aber er hütet sich dann doch, auch nur ein einziges Mal „Freiheit oder Sozialismus" zu sagen.

**Nach seiner Wiederwahl als
CDU-Vorsitzender beim ersten gesamtdeutschen Parteitag 1990**

**Wahlplakat
Bundestagswahl 1983**

Als Schauspieler ist er allererste Klasse. Genauso schnell, wie er sich exaltieren kann, vermag er seine Empörung abzuschütteln. „Ich bin ja nie ein großer Schimpfer gewesen", behauptet Kohl, der über lange Passagen seiner Rede hinweg leise und nachdenklich bleibt, vorsichtig und maßvoll, geradezu gütig wie ein Patriarch seiner Sippschaft Mut macht. „Wir haben doch viel Grund, wirklich glücklich zu sein in Deutschland", pflegt er zu sagen, „was wollen wir eigentlich mehr!" Er lässt eine Fülle positiver Daten folgen, aber er sagt auch dies: „Wir haben etwas Dynamik verloren, wir müssen wieder besser werden." Und er kommt dann zu einer ihn scheinbar stets aufs neue überraschenden Erkenntnis: nur noch sechs Jahre bis zur Jahrhundertwende – nein, bis zum Ende des Jahrtausends. Kohl legt an dieser Stelle eine Pause ein und scheint kurz in sich hineinzuhorchen, bevor er kundtut, was ihm durch den Kopf geht: „Wenn man alles zusammen bedenkt, dann waren die letzten zehn Jahre wahrscheinlich das glücklichste Jahrzehnt der Deutschen."

Warum er sich zuvor beim Thema „Richtungswahl" jedes Mal so furchtbar aufregt, dafür nennt er eine Begründung: „Die Sozialdemokraten wollen gemeinsam mit den Kommunisten an die Macht, weil sie es aus eigener Kraft nicht schaffen." Er beschuldigt die SPD-Führung, „den Pakt der Demokraten aufgekündigt" zu haben, er spricht von Verrat, von Schande. „Wer mit der PDS zusammengeht, ist nicht wählbar", ruft Kohl, und er fordert „die SPD-Traditionswähler" auf, sich genau zu überlegen, wem sie diesmal ihre Stimme geben. Das Ganze entspannt sich allerdings schnell, wenn Kohl plötzlich seine hitzige Schelte wie beiläufig beendet: „Das müssen

**Unter CDU-Anhängern
1990 in Dresden**

die drei starken Männer der SPD ertragen." Spätestens an dieser Stelle wird Protest laut. Irgendwelche Störer gibt es fast immer, zumeist ein paar plärrende Pennäler. Starke Trupps rücken indes in jeder Universitätsstadt an, die eine geisteswissenschaftliche Fakultät hat. Kohl begrüßt sie anfangs als „verehrte Andersdenkende", und er bezeichnet sie dann bald als „diese glückliche Generation, die alles bestreitet, außer ihren eigenen Lebensunterhalt". Er zitiert dabei auch gerne Rosa Luxemburg: „Freiheit ist immer die Freiheit der Andersdenkenden." Schon kleiner Krawall belebt ihn. Zu großer Form läuft er auf, wenn Eier und Tomaten fliegen, wenn wütendes Gejohle laut wird, wenn das Konzert der Trillerpfeifen losgeht. „Da sind die Fußkranken der sozialistischen Völkerwanderung unterwegs", bellt Kohl die Störer an, oder er schreit: „Da sind sie, diese Sozialisten mit ihren freudlosen Gesichtern, diese freudlosen Gesellen, die sie immer waren und bleiben werden." Und er hat eine ganze Latte von Bosheiten parat, die er, während sein Publikum dabei außer Rand und Band gerät, sorgsam dosiert steigert, bis er schließlich wie angeekelt von den Buben abläss: „Dieser Pöbel ..."

Zu Handgreiflichkeiten kommt es selten. Dies bewirkt nicht zuletzt eine meisterhafte Regie, die in den Händen von Karl Schumacher liegt, einem seit 22 Jahren erprobten CDU-Organisator. Schumacher ist bei jedem Kanzlerauftritt persönlich präsent, er überlässt nichts dem Zufall. Imposant dekorierte, einheitlich gestylte Rednertribünen überall in Deutschland, gut ausgesteuerte Übertragung, geschickte Scheinwerferbestrahlung, schmetternde Blechmusik und schmissige Big-Bands, Fah-

nen, Blumen, Zubringerbusse, Propagandaschnickschnack in bunter Fülle. Ein beeindruckendes Aufgebot von Polizei ist darauf spezialisiert, anrückende Störtrupps gleich
wegzudrängen in abgelegene Zonen, wo sie, ohne es sofort zu bemerken, isoliert sind.
20 Großlautsprecher können mit Hilfe einer mobilen 16 000-Watt-Anlage so verstärkt und so gezielt aufgedreht werden, „dass denen die Ohren wegfliegen".

28 Mal ist Kohl seit der Sommerpause in Deutschland-Ost aufgetreten. Seine
Anziehungskraft hat dort im Vergleich zum Jahr 1990 erheblich nachgelassen, wenn-
gleich Kohl nach wie vor eine jedem überlegene Zugnummer abgibt. „40 Jahre Teilung sind viel tiefer gegangen, als viele geglaubt haben – auch ich", sagt Kohl in den
neuen Bundesländern, wobei er andererseits Wert auf die Feststellung legt, dass die
„blühenden Landschaften" in Deutschland-Ost im Entstehen sind, „voll unterwegs".
Kohl gibt in diesem Zusammenhang eine seiner wenigen Versprechungen für die
nächsten vier Jahre ab: „Der Aufbau-Ost wird Vorfahrt haben." Wenn Kohl über die
Probleme in Ostdeutschland spricht, dann wirkt er eigentlich nicht wie ein Stimmenfänger. Er wirkt derart ernsthaft und zugleich bedrückt, als belaste ihn ein Gefühl
unerfüllter Pflicht. Er sagt kein einziges Wort über seinen Anteil am Prozess der
deutschen Einheit, die für Kohl „ein Geschenk der Geschichte" ist. Er spricht ohne
Manuskript, nur bei Zahlen schaut er auf einen Zettel. Er spricht niemals kurz, in der
Regel etwa 75 Minuten. Sein Vokabular hat eine bemerkenswerte Bereicherung erfahren. Dies fällt besonders auf, wenn Kohl selbstkritisch kundtut, dass er Fehler
gemacht hat. Kohl hat gelernt, dass das Volk es mag, wenn man sich selbst anklagt.
Und so sind von ihm viele Sätze wie diese zu hören: „Einer wie ich, der täglich wie am
Fließband Entscheidungen treffen muss, macht Fehler." Oder: „Da steht meine Un-
terschrift unter manchen Gesetzen, die wir besser nicht gemacht hätten." Oder:
„Mein Hauptdefizit ist, dass die Nachdenklichkeit in der Hast der Zeit zu kurz
kommt." Oder: „Ich akzeptiere Kritik, denn ein Bundeskanzler steht nicht zur allgemeinen Anbetung auf einem Denkmalssockel." Und dann folgt ein Satz, mit dem es
den vier Redenschreibern des Bundeskanzlers wahrhaftig gelungen ist, die Sprache
der Dichtung in Kohls Prosa einzuführen: „Der Bundeskanzler ist vergleichbar mit
dem Hahn auf dem Kirchturm, der von jedem Wind angeweht wird."

Niemand, der Kohl oft gehört hat, wird dem Kanzler nachsagen können, dass
dieser sich mit einer Aura Sich-berufen-Fühlens umgeben würde. Aber seinen Herausforderer Rudolf Scharping ignoriert er. Scharping findet bei Kohl keine Erwähnung,
kommt allenfalls ganz kurz und herablassend vor. „Der ist mir wurscht", sagt Kohl
beispielsweise oder: „Ich glaube ihm kein Wort." Der Kanzler will augenscheinlich
den Eindruck erwecken, als ob dies für ihn ein Wahlkampf ohne Widersacher sei.

**Mit dem damaligen SPD-Vorsitzenden Rudolf Scharping
als Redner in der Haushaltsdebatte des Bundestags, 1995**

Anders noch im vergangenen März, als die erste Runde des Duells zwischen Kohl und Scharping anlässlich der Niedersachsenwahl in Gang kam. Damals hat man Kohl nicht lange bedrängen müssen, sich über Scharping zu äußern. Kohl im März 94: „Ich habe meine Freunde gewarnt, Scharping zu unterschätzen. Er hat ein ausgesprochen intensives Verhältnis zur Macht, ein Mann, der enorm fleißig ist, der sich auch seine Erfolge erarbeitet. Ein respektabler Gegner." Darauf angesprochen, gibt Kohl mit unwirschem Schnaufen zurück: „Da fällt mir nichts ein." Für Kohl, so sagt dieser selbst, gibt es keinen Zweifel mehr, dass die kleine Koalition zwischen der Union und den Freien Demokraten nach dem 16. Oktober fortgesetzt werden kann. Seine Begründung: „Die Deutschen wollen keine absolute Mehrheit, sie wollen ein Regulativ haben." Anderslautende Aussagen von Meinungsforschern sind für ihn „Quatsch". Er weiß, dass sich öffentliche Meinung nur in Aktionen und Ereignissen dokumentiert, nie aber in einem errechneten Durchschnitt. Insofern vergleicht er das Zahlenwerk der Demoskopie mit den „Wasserstandsmeldungen von Rheinböllen".

Der Kanzler auf der Siegesstraße? Kohl liegt solche Fragestellung nicht. Für ihn ist Politik die Kunst, im richtigen Augenblick das Richtige zu tun. Politik ist für ihn auch ein Spiel, bei dem es darum geht, möglichst viele Punkte zu machen. „Wenn der Rausch der jetzigen Wahlschlacht verzogen ist …", so weicht Kohl Fragen über denkbare Folgen der Wahl aus. Aber er lässt sich schließlich darauf ein, seine Meinung über die Große Koalition zu Protokoll zu geben: „Ich halte eine Große Koalition überhaupt nicht für sinnvoll in der jetzigen Situation der Bundesrepublik. Im übrigen sind, erstens, Koalitionen prinzipiell eine Frage der praktischen Vernunft. Zweitens, Koalitionen entscheiden darüber, wo ich im Sinn einer bestimmten Politik etwas erreichen kann oder nicht. Drittens, ich schließe Koalitionen unter demokratischen Parteien grundsätzlich nicht aus."

Heimflug am Ende eines Wahlkampftages. Kohl hat das durchgeschwitzte graue Sakko abgelegt, streift sich einen blauen Pulli mit grünem Dekor über und zieht sich die schweren, ihn im Stehen gut stützenden Wanderschuhe aus, bevor er eine Ruhestellung findet, wozu er in dem kleinen zweistrahligen Luftwaffen-Jet vom Typ *Challenger* zwei Sessel benötigt. „Das war ein Tag, der Stimmen gebracht hat", sagt Kohl, „jetzt brauche ich eine schöne Rosé-Schorle." Aber er schüttet nur viel Wasser in sich hinein. Dies ist ein anstrengender Tag für Kohl gewesen, oft quälend bis an die Grenze seiner Kraft. Erstaunlich deshalb, wie schnell Kohl danach imstande ist, seine Energien wieder anzukurbeln. Er sei, sagt er, gelassener geworden, aber er fühle sich auch älter: „Wenn man so lebt wie ich, dann muss man sich über seine Gesundheit wundern." Er ist 64 Jahre alt, seit 34 Jahren als Abgeordneter im politischen Geschäft, seit 22 Jahren CDU-Vorsitzender, seit 12 Jahren Bundeskanzler. „Da fragt man sich schon", sagt Kohl, in seiner schlichten Grundstruktur unverändert und jederzeit zu einem abrupten Themawechsel fähig, der ihn jetzt beispielsweise von deftigen Kochrezepten seiner Mutter schwärmen lässt, „warum eigentlich ein Amt mit Arbeit übernehmen."

Er kann sich, so ist in einem mehr privaten Gespräch von ihm zu hören, den politischen Feierabend gut vorstellen. Er habe daher genau überlegt, ob er „nochmal antreten" solle. „Was mich umtreibt", sagt Kohl, „ist die Sorge, ob es uns vor lauter deutscher Einheit womöglich nicht gerät, das europäische Haus wetterfest zu machen." Er denkt, wenn er von „wetterfest" spricht, an Umsturz, Krieg und Chaos in naher Nachbarschaft. Nach etwa zwei Jahren, so Kohl, werde es wahrscheinlich möglich sein, im Rahmen der Verhandlungen über den Vertrag von Maastricht Methoden zu finden und festzulegen, die sicherstellen, dass man in Europa miteinander auskommt. „Da will ich dabei sein", sagt der Kanzler. Aber er will bis dahin kein Kanzler auf Abruf sein. Kohl lässt deshalb offen, ob er womöglich noch länger weitermachen will als einst Konrad Adenauer mit seinen 14 Kanzlerjahren: „Das weiß niemand, das muss man dem Herrgott überlassen."

Im März, zu Beginn des Dauerwahljahres, fiel es bei einem ähnlich angelegten Gespräch noch schwer, den Kanzler mit dem Hinweis zu konfrontieren, dass jeder Staatsmann doch auch über seine Rolle in der Geschichte nachdenke. „Natürlich", hatte da Kohl gesagt, „alles andere ist ja Heuchelei." Inzwischen ist der Kanzler bereit, auch auf die Zusatzfrage Antwort zu geben, was in seinen Augen ein subjektives Merkmal historischer Größe sei: „Dass man versucht hat, einen Beitrag zur Menschlichkeit zu leisten zu seiner Zeit, und dass man dabei die Chance wahrgenommen hat, vielen Menschen zu persönlichem Glück zu verhelfen." Helmut Kohl reibt sich prüfend die Nasenflügel, wie er es manchmal gerne tut, wenn er Gedankenfreiheit gewinnen möchte, bevor er trocken hinzufügt: „Das geht ohne Heldenpose." **Hans Ulrich Kempski**

„Oft schon bis zum Bauch im Wasser"

Ein Gespräch mit dem Bundeskanzler, der in widriger Zeit
seine alte Selbstinszenierung als starkes Schlachtross aufs neue vorführt

1997, 6. Oktober, SZ – Manchmal musste er Rückschläge einstecken, aber meistens ist
ihm schließlich geglückt, was er sich vorgenommen hat, und jetzt steht Helmut Kohl
vor der schwierigsten Kraftprobe seines Lebens. Wie sehr ihn das innerlich in Anspruch nimmt, ist dem Bundeskanzler anzumerken. „Dieses Jahr wird kein Spaziergang", sagt er. Alle Termine, die unterwegs für ihn wichtig sein mögen, sind ihm
präsent. Kohl spricht darüber immer wieder, beinahe zwanghaft. Er wirkt dabei so
konzentriert, als habe er eben erst in seinem Kopf eine schicksalhafte Frage geklärt,
endgültig und für immer. „Ich werde vollen Einsatz fahren", sagt er.

Das Gespräch darüber findet im Bundeskanzleramt statt, im zweiten
Stockwerk, wo Kohl seit 15 Jahren in einem hellen, holzgetäfelten, weitläufigen
Raum amtiert: schwarzes Leder, hohe Regale mit Prachtstücken einer weißschim-
mernden Mineraliensammlung und als besonderer Blickfang das grünlich illumi-
nierte Zierfischaquarium. Kohl, um den sonst immerzu Bewegung und Tempo
ist, nimmt sich Zeit. Er will offenkundig Gelassenheit demonstrieren. Der ganze
Wahlkampf, so Kohl in Gedanken an den langen Weg bis zur nächsten Bundestagswahl am 27. September 1998, werde gegen seine Person gerichtet sein. Man
werde ihn verteufeln. „Mir soll's recht sein", sagt der Kanzler, „die Rechnung
wird nicht aufgehen."

Kohl hat sich wieder gut im Griff – anders als noch vor sechs Wochen. Damals war er bei seinem ersten öffentlichen Auftritt, nach einem unruhigen, durch
Bonner Turbulenzen ständig gestörten Sommerurlaub, deutlich reduziert erschienen:

zerstreut und lustlos, nicht frei von Selbstmitleid. Bei einer Rede vor Männern der deutschen Wirtschaft in Berlin ließ ein geschwächter Kohl vernehmen, dass er zunehmend geneigt sei, manche seiner Aufgaben als „törichten Kram" anzusehen; immer öfter frage er sich, „was tue ich hier eigentlich?". Dass er inzwischen sich und den Handlungsablauf wieder kontrolliert, das hat Kohl dann Mitte September in St. Martin, einem hübschen Weindorf in der Pfalz, vor 200 zu einem Wochenendschmaus geladenen Journalisten mit einem fröhlich-frotzelnden Spruch manifestiert: „Der alte Kater ist wieder da. Das tut den Mäusen gut."

Seitdem führt Kohl auf Reisen quer durch Deutschland vor, dass er in Bombenform ist. Kundgebungen, Kongresse, Konferenzen. Kohl trifft allemal im Sturmschritt ein, nimmt Treppen im Sprung, begrüßt die Leute mit kernigem Handschlag. Er steht stets unter Dampf, ganz so, als wolle er verlorene Zeit einholen. Er wirkt behende, obwohl er 1,93 Meter groß ist und ein Gewicht von mehr als zweieinhalb Zentnern mit sich herumschleppt. Kohl scheint sich in einen Wirbel von Vergnügungen zu stürzen. Ängste und Zweifel beiseite schiebend, stellt er sich dem Publikum in seiner altbewährten Selbstinszenierung als starker Mann dar, der zeigen will, was er auch in widriger Zeit als Schlachtross wert ist.

Sein Einsatz als Redner ist Test und Training zugleich. Geprüft und geübt wird Kohls Massenwirkung, die auf dem CDU-Bundesparteitag nächste Woche in Leipzig strahlend sein soll. Kohl soll in Leipzigs Neuer Messe einer verunsicherten, unter Veränderungsdruck stehenden Wählerschaft abermals als fester Orientierungspunkt angeboten werden – als Kanzlerkandidat der Union für die Bundestagswahl. Eine Abstimmung über Kohls Kandidatur wird es in Leipzig nicht geben; ein zugunsten Kohl vorliegendes Votum des Parteivorstands soll genügen. Ursprünglich hatte Kohl seine Entscheidung darüber, ob er noch einmal, ein allerletztes Mal antritt, davon abhängig machen wollen, dass seine Partei ihn „erhebend" in die Pflicht nimmt. „Warum keine Abstimmung, Herr Bundeskanzler?" Kohl weicht der Frage mit einem unwirschen „Nein" aus. Er will wohl keinen Gedanken enthüllen, der besser unter Verschluss bleiben soll.

Seine Kanzlerkandidatur war in strittiges Gerede geraten, nachdem er am 3. Oktober 1994, wenige Tage vor der letzten Bundestagswahl, in einer Minute der Schwäche erklärt hatte, ein weiteres Mal werde er als Kandidat nicht verfügbar sein. Diese Aussage hatte Kohl ein Jahr später in einem *SZ*-Gespräch korrigiert: „Noch einmal die ganz große Schlacht." Inzwischen ist er bescheidener geworden. Für seine abermalige Motivation nennt er zwei Gründe: Er wolle dabei sein, wenn es um die entscheidende Weichenstellung für Europa geht. Und er wolle mithelfen, die innere Einheit Deutschlands zu stabilisieren. „Es geht darum, wer den besseren Weg für die Zukunft anlegt", sagt er, „darum trete ich an."

1000 Delegierte in Leipzig, 10 000 Ortsvereine der CDU, 650 000 Mitglieder. Kohl führt die Partei seit 1973 und ist Parteimitglied seit 50 Jahren. Er kommt ins Schwärmen, wenn er über seine „politische Heimat" und von „großer emotionaler Bindung" spricht: „Ich stehe auf den Schultern von Hunderttausenden." Und er glaubt zu wissen, welches Bild die Seinen von ihm haben: „Der ist nicht abgehoben, mit dem kann man reden, der ist einer von uns geblieben." Er hat indes bei seinen jüngsten Reisen genug Witterung aufgenommen, um zu spüren, dass Skepsis und Pessimismus beim Parteivolk zugenommen haben. Kohl gibt deshalb für Leipzig eine Parole aus, die er mit der ganzen Autorität einer knappen Kanzler-Anweisung vorbringt: „Ich erwarte von jedem, dass er um jede Stimme kämpft."

Wer ihn während der vergangenen Wochen begleitet und beobachtet hat, der wird wahrnehmen können, dass Kohl eine Kunst daraus macht, die Leute zum Zuhören zu bringen. Gewiss, sie haben bestimmt kein Wahlkampffieber. Kohl wird anfangs überall recht reserviert begrüßt, höflich zwar, aber kühl. Doch nach und nach erobert er eine Zuhörerschaft, deren gemeinsames Merkmal ganz außergewöhnlich gespannte Aufmerksamkeit ist, gespannt bis zu gebannter Stille. Entlassen wird Kohl dann mit starkem Applaus, der freilich nichts gemein hat mit jener Verzückung von ehedem, als die Helmut-Helmut-Chöre kein Ende nahmen. Routinierte Regie auch diesmal. Wo immer Kohl auftritt, wird das Publikum schlagartig stimuliert, indem ein Vorredner den Bundeskanzler als „Kanzler der deutschen Einheit" begrüßt, wobei nie der Hinweis fehlt, dass Kohl nicht nur der Kanzler der Einheit war, sondern für immer bleiben werde. Kohl selbst nimmt solche Elogen bescheiden hin, frei von Imponiergehabe. Für ihn ist die Wiedervereinigung ein Geschenk der Geschichte. „Aber wir haben diesen Weg auch mit Hilfe Gottes gefunden", sagt er, und er fügt mit einem gewissen Trotz hinzu: „... auch wenn das mancher etwas altmodisch findet".

Er spricht weitgehend frei, schaut nur bei Zahlen und Zitaten ins Manuskript, so wie bei veredelter Kanzlerprosa, die ihm seine vier Ghostwriter aufgeschrieben haben. Er spricht normalerweise gut 60 Minuten, er will ein großes Zwiegespräch mit den Deutschen aufnehmen: grüblerisch, besorgt, vorsichtig. Kurze Sätze, klare Gedankenführung, sparsame Gestik. Er spricht mit leiser Stimme, wobei seine Sprechweise am Schluss immer lässiger wird, mehr und mehr ins Mundartliche umschlagend. Konkrete Versprechungen vermeidet Kohl, auch präzise Pläne und materielle Daten. „Ich bin der letzte, der beschönigt", sagt er. „Jeder weiß, es kann so nicht

**Mit Banklehrlingen
im Park des Bundeskanzleramts, 1988**

bleiben." Kohl: „Viele Menschen suchen Antworten von der Politik, die die Politik nicht geben kann." Insofern bleibt er als Fragesteller weitaus besser als beim Antwortgeben. Er greift Fragen über Fragen auf, dreht und wendet sie, breitet sie aus. Er glaubt, seine Zuhörer richtig einschätzen zu können. „Ich studiere Gesichter wie andere Leute Bücher", so Kohl, der sofort zu sagen weiß, was er derzeit in den Gesichtern deutscher Menschen lese: „Ich stelle fest, dass ich ausgesprochene Zustimmung bei jungen Leuten finde, ich spüre eine Grundstimmung der Sympathie." Er verschweigt nicht, dass er, allen ihm schmeichelnden Eindrücken übergeordnet, gesteigerte Lebensangst ausmache: „Angst vor einer ungewissen Zukunft, Angst vor Verlust des eigenen Arbeitsplatzes." Er horcht an dieser Stelle eine Weile in sich hinein, bevor er, seine Wahrnehmungen ergänzend, mit rationaler Kühle sagt: „Da ist weniger Solidarität mit den Arbeitslosen, Solidarität sehe ich nicht."

In der Tat, Kohl zieht derzeit bemerkenswert viele von den Jüngeren an, die ihn teils staunend, teils andächtig begaffen. Zahlreich aber auch die jugendlichen Störer. Sie mundtot zu machen, gelingt dem Kanzler recht schnell in Binz auf Rügen, wo er den Ordnungskräften zuruft: „Schaffen Sie da bitte Ruhe!" Anders in Hamburg am Gänsemarkt, wo die Randalierer mit Trillerpfeifen und Gejohle sich auch durch ein starkes Polizeiaufgebot nicht abdrängen lassen. Und Kohls alterprobter höhnischer Schlachtruf: „Das sind die Fußkranken der sozialistischen Völkerwanderung", steigert den Furor derart, dass nun auch die Großlautsprecher einer 16 000-Watt-Anlage damit nicht mehr fertig werden. „Ich weiß", sagt Kohl, „wie Hass gegen mich erzeugt wird."

**Am Schreibtisch,
1991**

Deutschland im Umbruch. „Nicht mehr Freizeit, sondern mehr Schaffen ist angesagt", erklärt der Kanzler, der überall ein paar schlichte Regeln parat hat: „Wir müssen unsere Hausaufgaben machen. Unser Land muss früher aufstehen. Wir brauchen
junge Menschen, die an das Abenteuer des Lebens glauben. Wir dürfen nicht die
Zukunft unserer Kinder und Enkel verraten." Solche Mahnungen markieren einen
bemerkenswerten Kontrast zu dem strahlenden Deutschlandbild des Kanzlers vor
erst drei Jahren, damals im Wahlkampf: „Wir haben doch viel Grund, glücklich zu
sein in Deutschland, was wollen wir eigentlich mehr!"

   Die Bedingungen für einen erfolgreichen Wahlkampf haben sich seit 1994
nach Einschätzung von Kohl stark verändert: Wir müssen zum Wähler kommen
und dürfen nicht mehr erwarten, dass der Wähler zu uns kommt. Die Wähler wollen, dass wir uns um ihre Stimme abrackern. Wir werden einen großen Kampf führen." Kampf – das ist bei Kohl eine häufige, stets mit Verve vorgebrachte Vokabel,
die er so oft benutzt, als fühle er sich permanent unter dem Zwang, kämpfen zu
müssen. Sogleich gibt er zu, dass Wahlkampf für ihn persönlich kein Lebenselixier
mehr sei: „Wahlkampf ist das Höchste nicht. Wahlkampf ist Pflicht." Wenn Kohl
über Deutschland im Umbruch spricht, dann wirkt er so bedrückt, als belaste ihn
ein Gefühl unerfüllter Pflicht. Er hat gelernt, dass das Volk es liebt, wenn man sich
selbst anklagt. So räumt er ein, dass auch ihm immer wieder Fehler zustoßen, Fehler
über Fehler, ein Haufen Bockmist. „Wenn man täglich wie am Fließband Entscheidungen trifft, muss man Fehler machen", sagt Kohl, für den die chronische Überlas-

tung der Akteure das Hauptdefizit jeder politischen Führung ist: „Wir haben die Fähigkeit zu Muße und Rast verloren und damit zur Kontemplation."

Scheinbar völlig entspannt kann sich Kohl über das demoskopische Stimmungstief auslassen, in dem er gerade festsitzt. „Meinungsumfragen sind wie Blitzlichtaufnahmen – erst am 27. September 1998 um 18 Uhr steht das Ergebnis der Wahl fest." Gestützt auf Meinungsumfragen seien deshalb alle, „die seit Jahren meinen Untergang und Fall prophezeit haben, mit ihren Prognosen gescheitert". Kohl: „Sie brauchen ja nur die Hamburger Magazine zu lesen. Da lesen Sie in regelmäßigen Abständen, der Kohl ist weg – und er ist immer noch da." Bemüht um gesteigerte Eindringlichkeit, offeriert der Kanzler ungewöhnliche Beschwörungsformeln: „Versuchen wir, die Wahl zu gewinnen, wir können es schaffen, auch wenn der Wind mit Sturmstärke von vorne kommt", sagt er beispielsweise, oder er sagt auch dies: „Warten wir mal in Ruhe ab, wo die nächsten Unwetter der Geschichte niedergehen." Und er beschreibt amüsiert, in welch bedrohlicher Lage er sich nicht nur einmal befunden habe: „Oft schon bis zum Bauch im Wasser."

Kohl sieht Parallelen zum Jahr 1989. In einer auch damals für ihn widrigen Zeit schien er gleichsam ausgepumpt auf der Matte zu liegen. Ein Jahr später – inzwischen war die Wiedervereinigung vollzogen – stand Kohl erneut als Favorit im Ring. „Ein Phänomen", so sagte er damals. Insofern geht Kohl, der sich als Baumeister eines starken Europas fühlt, heute davon aus, dass der Prozess der europäischen Einigung im kommenden Jahr „irreversibel" gemacht und somit zum dominierenden Wahlkampfthema wird. Kohl glaubt, dass er und die Union von einer solchen Entwicklung profitieren.

Auffallend jedoch, wie sehr sich Kohl neuerdings bemüht, einem zunehmend verunsicherten Meinungsklima gerecht zu werden. Wenn er über eine europäische Währungsumstellung spricht, beteuert Kohl sein Verständnis und seinen Respekt für die Ängste der Deutschen, die zwei Inflationen in diesem Jahrhundert hinter sich haben und die stolz auf ihre D-Mark sind, deren 50. Geburtstag im kommenden Jahr gefeiert wird. Er werde, verspricht der Kanzler, nichts mit seinem Namen „querschreiben", was den Wert der Garantie für einen harten Euro mindern könnte. Durchaus möglich, dass der Kanzler mit Hilfe einer sich betont sicher gebenden Ausdrucksweise die Schwächen einer besonders unsicheren Sachlage kaschieren will. Nicht undenkbar aber andererseits, dass Kohl, falls die vielbeschworenen Euro-Qualitätskriterien im Wahljahr 1998 ausbleiben sollten, den Mut aufbringen wird, die Währungsumstellung aufzuhalten. Befragt, ob er sich traue, im Notfall damit vor die Wähler zu treten, antwortet der Bundeskanzler ohne Zögern: „Natürlich."

Der Versuch einer Zugabe

Helmut Kohl, der Machtmensch. Macht ist für ihn zur Gewohnheit geworden. Er gebraucht sie, ohne sie zu demonstrieren. „Macht und Gestalten gehören zusammen." So gesehen, hat er mit der Macht nie Probleme gehabt, sie ist für ihn die Würze des Lebens. „Alles andere wäre doch Heuchelei", sagt er. Man muss deshalb an Verbindungsfäden zu einer tieferen Deutung denken, wenn man von Kohl erfährt, welcher Vorgang ihn im Rückblick auf all die Jahre seiner Machtausübung am meisten enerviert habe. Dazu Kohl nach längerem Grübeln: „Das war 1989, als sich vor dem Bremer CDU-Parteitag eine ganze Fronde zusammengetan hatte, um mich zu stürzen. Dieser Coup, das war eine schwierige Sache."

Was ist für einen Mann wie ihn die bislang wichtigste Lektion seines Politikerlebens? Kohl reibt sich bei seiner Antwort prüfend die Nasenflügel, wie er es bisweilen gerne tut, wenn er nachdenkt: „Die enorm verstärkte Erfahrung, dass man immer einsamer wird und dass die Zahl derer, die uneigennützig guten Rat geben, immer geringer wird, je höher man steigt." Kohl nennt noch eine ihm wichtig erscheinende zweite Erfahrung: „Dass man Geduld, Geduld und nochmal Geduld braucht, dass man seine Ungeduld immer bezähmen muss."

Niemand, der ihm oft zugehört hat, wird Kohl nachsagen können, dass er sich mit einer Aura des Sich-Berufen-Fühlens umgeben würde. Aber seine Herausforderer an der Spitze der SPD, Oskar Lafontaine und Gerhard Schröder, werden von ihm weitgehend ignoriert. Er behandelt sie allenfalls als Randfiguren. Unübersehbar, dass Lafontaine dabei besser wegkommt als Schröder. Bisweilen kommt deshalb der Eindruck auf, dass Kohl sich insgeheim Lafontaine als Gegenkandidaten wünscht, weil er wohl denkt, es mit Schröder schwerer zu haben. Darauf angesprochen, will der Kanzler von einer solchen Sicht nichts wissen: „Ich verschwende keine Zeit darauf, was nun günstiger oder weniger günstig sein mag. Die Sozialdemokraten sind erfahrene Leute, die nominieren den, den sie für richtig halten."

Die SPD insgesamt ist für ihn zwar „die andere große Volkspartei", aber als Wahlredner bedenkt Kohl die SPD mit Polemik und Häme. „Die Sozialdemokraten sind das Schlusslicht Europas", befindet Kohl, der seit dem Scheitern der Steuerreform richtig befreit wirkt. „Die Sozialdemokraten", so Kohl neulich in Magdeburg, „haben aus nacktem Machttrieb die Zukunft Deutschlands blockiert – eine Schande." Und er unterstellt der SPD, sie wolle nach der Wahl zusammen mit den Grünen und der PDS die Macht in Bonn übernehmen. „Wenn sich die Chance ergibt, dann werden sie es tun, ohne eine Minute zu zögern." Ein Übermaß an Feindseligkeit soll jedoch vermieden werden, und so wechselt Kohl mit einem scheinbar lustigen Schlenker abrupt das Thema: „Lasst uns gemeinsam tun, was ein gutes Werk ist – den Sozialdemokraten aufs Haupt schlagen."

Mit
Volker Rühe

Kein Auftritt des Kanzlers ohne Ausblick auf das Jahr 2000. Die Magie der Zahl fasziniert ihn, auch die historische Dimension. Das Jahr 2000 scheint für Kohl ein Höhepunkt zu sein, auf den alles zustrebt. Das große Jahr, in dem sich die Geschichte verdichtet. Wenn Kohl, fixiert auf das Jahr 2000, über die Zukunft spricht, dann wird er euphorisch: „Das hat eine große Magie, und die wird in den nächsten zwei Jahren noch zunehmen. Da schwingt etwas mit vom Säkulum, ein gewaltiges Zeitmaß."

Die Nacht zur Jahrtausendwende will er in Berlin erleben, im neuen Kanzleramt. Das Architekturbüro von Axel Schultes und Charlotte Frank ist angewiesen, den 400-Millionen-Mark-Bau bis Ende 1999 bezugsfertig zu machen. Achtmal, so wird berichtet, haben die Architekten ihren Entwurf den Änderungswünschen des Kanzlers anpassen müssen: ein Kubus aus weißem Sichtbeton, 36 Meter mit neun Stockwerken, flankiert von flachen Verwaltungsbauten am Rande des Tiergartens und am Ufer der Spree, nahe dem Reichstag. Die Chefetagen werden als gläserner Zylinder über vier Stockwerke hinweg in den Zentralbau eingelassen. Niemand bestreitet, dass Kohl sich mit diesem Bauwerk ein Denkmal setzen lässt.

„Es geht um Stil und Würde unseres Staates", sagte Kohl bei der Grundsteinlegung Ende September. Flimmerndes Sonnenlicht, frisch geharkter, heller Sand, zwei weiße Festzelte, Fahnen, Jazzmusik, Polizei en masse, des Kanzlers schwerer Arm um die schmale Schulter des behelmten Poliers, ein Gebet. Mit der ganzen

Autorität einer knappen Kanzlermitteilung, auf deren Haltbarkeit Verlass ist, versprach der Kanzler, dass sein Neubau bis Ende des Jahres 1999 bezogen werde: „Die spannende Frage, von wem, lass ich mal offen."

Erstmals nimmt Kohl das Wort „Nachfolger" in den Mund, als er über künftige Kanzler spricht und dabei „Generationen von Kanzlern" sagt. Die Frage, wer vielleicht einmal ihm nachfolgen wird, die bleibt auch bei dieser Grundsteinlegung ein Tabu. Kohl will kein Kanzler auf Abruf werden. Keiner von denen, die dereinst vielleicht nachrücken könnten, wird von Kohl jemals ins Rampenlicht gestellt. Volker Rühe etwa, der unlängst in Hamburg am Gänsemarkt eine Stunde lang dicht hinter Kohl auf der Tribüne stand, wurde vom Kanzler weder mit Lob noch mit Dank bedacht noch sonst wie einer Erwähnung wert befunden. Der Kanzler ist in vollkommener Harmonie mit sich selbst, als er launig erzählt, was seine Frau ihm, wenn er sich ärgert, zu bedenken gibt: „Es hat dich niemand gezwungen, Kanzler zu werden." Kohl kommentiert: „Sie hat ja recht. Aber ich bin immer noch Kanzler, und ich will es noch eine Weile bleiben." Endzeit einer Ära? Erbfall? „Nein", befindet Kohl mit schiefem Grinsen, „das ist kein Thema." Wer ihn so hört, der glaubt zu wissen, wie lange Kohl bleiben will: solange Kraft in ihm ist.

Was ist sein Kraftquell? Kohl gibt Auskunft. Er hat die Fähigkeit, sich von außen zu betrachten: „Wichtig ist, dass man eine gute Konstitution mitbekommen hat und ein glückliches Naturell. Hilfreich ist auch die lange Erfahrung. Ich reg mich zwar auf, aber ich reg mich schnell wieder ab. Und vieles regt mich überhaupt nicht mehr auf." Außerdem: „Ich kann abschalten. Ich kann schlafen, wo ich geh und steh." Trotzdem verbraucht Kohl bei jedem Rednereinsatz erkennbare Energiereserven. Er gerät schnell ins Schwitzen, wird kurzatmig und kommt, wenn er überanstrengt ist, sprachlich ins Stolpern. Aber immer wieder gelingt es ihm schnell, seine Vitalität neu anzukurbeln.

Schon vor Jahren hat er behauptet, dass er sich politischen Feierabend vorstellen kann. „Ja", sagt er heute, „damit habe ich keine Probleme." Dann werde er sich zurücklehnen, sagt Kohl, die Politik mehr als Betrachter und Ratgeber verfolgen. Er werde mehr lesen, sich um die Familie kümmern sowie die vielen Freunde, die lange vernachlässigt worden sind. „Dann lass' ich den lieben Gott einen guten Mann sein." Aber Kohl sagt das nicht so animiert, als würde er bereits den Vorgeschmack seiner Pensionierung genießen. Politischer Feierabend klingt bei ihm so, als habe er sich auf etwas eingelassen, das unter seinem Wert liegt. Helmut Kohl blickt besitzergreifend um sich, ist jetzt voller Unrast. „Ich trau mir was zu", sagt der Bundeskanzler.   **Hans Ulrich Kempski**

Er will es wissen, ein letztes Mal

**Ziemlich jugendlich wirkt Helmut Kohl in seiner unsichersten Schlacht,
aber ein alter Mann ist er eben auch – den Widerspruch sehen nur die anderen.**

1998, 19. September, SZ – Die Blaskapelle spielt falsch, der Regen ist eklig, und kalt ist es auch. Keinen Hund würde man an einem solchen Tag auf den Stuttgarter Marktplatz jagen, höchstens einen Elefanten. Sogar Helmut Kohl blickt anfangs unlustig vom Podium herab, aber dann ist er schon wieder fröhlich, vielleicht, weil er sieht, wer alles hier oben für ihn Spalier steht: Ein Ministerpräsident ist gekommen und ein VfB-Präsident, zwei Staatssekretäre, zwei Bundestagsabgeordnete, sogar die Unternehmersgattin Bauknecht – sie alle wissen, was Bundeskanzler wünschen beim kurzen Staatsbesuch aus gegebenem Anlass. Es geht nämlich darum, sagt jetzt der Ministerpräsident Teufel, „dass die erste Hälfte des 21. Jahrhunderts genauso erfolgreich wird wie die letzten 50 Jahre: Deshalb brauchen wir Helmut Kohl."

Für die ganzen 50 Jahre? Vielleicht wird ja wegen dieser Aussicht weiter hinten so nervenzerreißend in die Trillerpfeifen geblasen? Freilich zerreißen die Pfeifen nur die Zuhörer-Nerven. Vorne der Staatsgast hat damit kein Problem, und er sagt auch gleich, warum ihn „dieser intellektuelle Beitrag des DGB–Kreisausschusses" gar nicht stört: „Die Mikrophone sind in Ordnung, die Lautsprecher sind in Ordnung, die Veranstaltung wird ordentlich durchgeführt."

Und wie sie das wird. Ordentlich ist gar kein Ausdruck, dynamisch wäre das bessere Wort, vor allem für den Mann, auf den hier alles ankommt. Wenn man ihn jetzt auf sein Rednerpult steigen sieht, sehr entschlossen, sehr zufrieden, glaubt man plötzlich zu wissen, warum Helmut Kohl sich das alles noch antut und dabei immer besserer Laune wird: Er ist seit Wochen auf Droge – mit jenem Extrastoff für Spitzenpolitiker, der gemixt ist aus Jubel und Trubel und der Ehrerbietung all der Honoratioren und Höflinge, die wieder einmal für ihn haben antreten müssen, ob sie es wollen oder nicht. Überall müssen sie das in diesen Tagen, im ganzen Land; das muss einfach fröhlich machen, selbst wenn man jetzt gleich zum 35. Mal dieselbe Rede herunterspulen wird, die man schon im Schlaf halten könnte. Oder in Trance.

In Wahrheit ist Helmut Kohl hellwach, den ganzen Wahlkampf über schon. Wieder einmal – das wievielte Mal in seinem politischen Leben? – ist er groß in Form; wieder einmal ist er hochkonzentriert, das merken zuerst seine Mitarbeiter, die derzeit nur im Telegrammstil mit ihm kommunizieren können. Auch sieht er wieder sehr viel gesünder aus als im vergangenen Oktober noch, beim Parteitag in Leipzig, wo sich mancher in seiner Nähe gefragt hat, wie lange ihm seine Ärzte den Stress noch empfehlen können.

Nicht, dass er im Wahlkampf schlanker geworden wäre; das ist jedenfalls nicht die erste Vokabel, die dem Reporter einfällt, als er – das ist Mitte vergangener Woche – plötzlich neben seinem Kanzler in dem kleinen Flugzeug sitzt, das Helmut Kohl derzeit quer durch Deutschland fliegt, dieses Mal von Ingolstadt nach Weimar. Bemerkenswert entspannt aber ist der Mann, der soeben als erste Maßnahme Schuhe und Sakko ausgezogen hat und freudvoll zu „Goldfischli" greift; und auf eine kindlich-sympathische Art stolz ist er, wenn er nun laut darüber nachdenkt, dass er inzwischen („seit es Brandt und Schmidt und Strauß nicht mehr gibt") der einzige deutsche Politiker sei, der noch die großen Plätze der Republik zu füllen imstande sei. Das stimmt zwar nicht ganz, weil auch der Gegenkandidat gelegentlich vor 10 000 Leuten im Freien spricht; aber wahr ist schon, dass Helmut Kohl es wie kein anderer riskieren kann, fast ganz auf Auftritte in der Halle zu verzichten. Eine halbe Million Leute, sagt er, würden ihn am Ende des Wahlkampfs live erlebt haben, viele darunter, die nur gekommen seien, um ihn einmal aus der Nähe sehen, vielleicht sogar anfassen zu dürfen. Anfassen ist gut, auch Helmut Kohl fasst gerne an; sogar der überraschte Reporter bekommt – als sein Gesprächspartner erst einmal in Fahrt ist – schon mal einen vertraulichen Knuff in den Oberarm.

Ziemlich jugendlich ist Helmut Kohl in diesem Wahlkampf – aber ein alter Mann ist er eben auch, wie soll er das verleugnen? So viele Wahlkämpfe hat er inzwischen hinter sich gebracht, dass alle Marktplätze und Jugendblasorchester der Republik vor seinem Auge verschwimmen müssen; so viele Siege hat er gefeiert – und nur Niederlagen erlitten, die irgendwie auch Siege waren: „48,6 Prozent habe ich 1976 gegen den Schmidt herausgeholt, das glaubt mir ja heute auch keiner mehr." So einen kann nicht mehr viel erschüttern, so einer hat aber – zwei Heizstrahler über

Im Oggersheimer Wahllokal,
1974 und 1983

Im Oggersheimer Wahllokal,
1998

dem Rednerpult – auch nicht mehr den Ehrgeiz, seine Zuhörer mit erschütternden Reden mitzureißen zu neuen Ufern. So ist seine Standard-Rede nicht angelegt.

Wenn ein Denkmal reden könnte, spräche es ungefähr so, wie Helmut Kohl es in diesen Wochen tut: Ein erfahrener Staatsmann ergreift das Wort, einer, der den Leuten erst einmal ausführlich erklären möchte, „woher wir kommen und wohin wir gehen," und dabei seinen Erinnerungen aus mehr als 60 Jahren nachhängt. Manchmal, wenn er vom großen Krieg erzählt, in dem es „in jeder Familie bei uns in der Pfalz einen Toten gegeben hat", dann hört sich das so anrührend an, als versuche der Großvater den Enkeln sehr alte Geschichten zu erzählen, die sie ihm ja doch nicht abnehmen werden. Es hat etwas Trauriges, wenn dann 200 Meter vom Rednerpult entfernt fünfzig Weimarer Jugendliche ungerührt ihre Sprechchöre skandieren: „Helmut, Helmut, ha, ha, ha." Und es hat etwas Tröstliches, dass der Großteil der Zuhörer sowieso ältere Leute sind, die sich freuen, wenn ihnen ein großer Mann ihr eigenes Leben vorerzählt und was sie alles geleistet hat, „diese ganz und gar großartige Generation".

Gewiss, diese Erinnerungen sind auch ein rhetorischer Kunstgriff, mit dessen Hilfe um so dramatischer „das neue Jahrhundert, ja Jahrtausend" ins Spiel gebracht werden kann, in welches hinein der neue Bundestag amtieren werde. Das Wort Zukunft streut Kohl in diesem Zusammenhang planmäßig über die Rede. Und doch wird man die ganze Zeit über den einen Gedanken nicht los: dass da einer im Unterbewusstsein den Abschied probt, den er gerade kraftvoll zu verhindern glaubt; dass da ein Wahlkämpfer die Gelegenheit benutzt, über die verlorene Zeit zu trauern, die so viel besser war: die Zeit, in der „die Autorität noch etwas galt", in der „die Familie die wichtigste Kernzelle war" und in der niemand auf die Idee gekommen wäre, Männer von 51 Jahren („Wie bescheuert muss eine Gesellschaft sein?") in die Rente zu schicken, weil man sie nicht mehr braucht.

Dabei braucht man sie doch wirklich – und einen ganz besonders, einen, der gerade 52 war, als er vor 16 Jahren Bundeskanzler wurde. Das muss er noch ein wenig bleiben, auch damit er es „denen" noch einmal zeigen kann: den Medien „in ihrem jammervollen Zustand", den Sozis, „die schon ein Zelt für ihre Siegesfeier gemietet haben". Erbärmlich, sagt er, finde er so etwas, aber das schreibe ja niemand. Sehr plausible Motive sind das, die eine lebenslange Kämpfernatur in Kampfeslaune bringen, aber sehr private sind es auch. Weil er das selber merkt, schiebt Helmut Kohl im Gespräch jetzt schnell ein paar staatspolitische Gründe dafür ein, warum er wirklich noch einmal antreten müsse. „Drei, vier Schlachten" gelte es noch zu schlagen, sagt er: Das Dach des Europäischen Hauses müsse noch

**Im Wahlkampf
auf der Insel Rügen, 1998**

dicht gemacht, die Osterweiterung vollendet, der Wasserkopf der europäischen Bürokratie bekämpft werden. Freilich kommen diese Schlachten in seiner Rede nur am Rande vor, schließlich gewinnt man die Wahlen eher mit den Ausländern, die, „wenn sie sich nicht an unsere Gesetze halten, aus dem Land geschmissen werden." Warum, zum Beispiel, redet er nicht viel über den Euro? Der sei doch kein Thema mehr, sagt, kurz verärgert, sein Miterfinder Helmut Kohl. Was ist dann aber das Thema, was erwarten die Leute von der Politik und von den Staatsmännern? Was möchten sie hören? Dass in komplizierten Zeiten auch der Wahlkampf schwieriger geworden ist, das weiß Helmut Kohl besser als andere, und gerne erläutert er auf Anfrage die Unterschiede zu den alten Zeiten: dass die Wähler viel flexibler geworden seien, sagt er, weshalb sich „der Verkäufer" auch „sehr viel mehr um sie kümmern" müsse. Im Jahre 1957, das hat er einmal gelesen, hätten die Erstwählerinnen fast immer genau das gewählt, was der Vater gewählt habe. Viel habe sich geändert, „Grundlegendes". Und bleibt doch offenbar so, wie es immer war: Politik bleibt Politik und ist faszinierend, vor allem für die, die sie betreiben und wenig Zeit haben, mit all den anderen ins Gespräch zu kommen, die sich für ihre Politik immer weniger interessieren.

Der Reporter, neben seinem entspannten Kanzler im Flugzeug sitzend, versucht vorsichtig das Gespräch auf das Thema Politikverdrossenheit zu bringen, redet von den vielen jungen Leuten, mit denen Kohl wohl nicht so viel zu tun habe („Woher wissen Sie das?", fragt der gleich), Leuten, die mit dem Politikbetrieb nichts mehr anfangen könnten, nichts mit den nervenden Parolen über immer noch eine Schicksalswahl und vielleicht auch nichts mehr mit ihm selber, mit Helmut Kohl.

Da kommt der Frager aber an den Falschen. Für das Interesse an der Politik, diktiert Helmut Kohl in den Notizblock, gebe es nur eine Messlatte, nämlich die Wahlbeteiligung, und die werde diesmal ganz gewaltig sein, „eine der höchsten in der Geschichte der Republik". Und die Einwände über das Missverhältnis zwischen dem Kampfgetöse der Politiker und ihren schwindenden Möglichkeiten? ... Ist „dummes Gebrabbel, das hat es immer gegeben".

Da brabbelt der Reporter lieber leise vor sich hin, wie er das sieht: dass die Wahlbeteiligung deshalb so hoch sein wird, weil der Ausgang der Wahl so ungewiss ist, und dass das mit den politischen Inhalten am wenigsten zu tun habe, dafür umso mehr mit den Techniken des Wahlkampfs. Und dass in dieser Beziehung Helmut Kohl gerade wieder einmal für eine Überraschung gut ist.

Fast vier Jahre lang war es ja so gewesen, dass der Bundeskanzler sich souverän den schreibenden Medien entzogen hatte und sich fast nur in den elektronischen Medien präsentierte: in sogenannten Diskussions-Sendungen bei Sat 1 als meist allein sprechender Fachmann, später in tausend Personality-Shows vor allem als Mensch: einer wie du und ich, jemand, der sich für Fußball interessiert und – das war weniger eine Überraschung – für Essen und Trinken. Ziemlich genau vor zwei Jahren, als er Adenauers Regierungsrekord eingestellt hatte, hatten diese Bemühungen ihre schönsten Früchte gezeigt. Danach ging es mit der Popularität wieder bergab – und das mag dann auch der Grund sein, warum sich seit ein paar Monaten in Kohls Umgang mit den Zeitungen und Zeitschriften eine Wende abzeichnet. So wenig Helmut Kohl nach wie vor die großen Druckerzeugnisse mag oder gar die „gierigen" Medienbesitzer („Die verdanken", sagt er, „dem Helmut Kohl Milliarden"), so genau weiß er, dass er gegen eine völlig geschlossene Front der Zeitungen keine Chance hätte und dass er gerade dort etwas tun muss, wo er sich nicht unbedingt auf heimischem Spielfeld bewegt.

Also redet in diesem Wahlkampf Helmut Kohl geradezu unermüdlich mit Journalisten: nicht gerade mit dem *Spiegel* („Da würde man sagen", sagt sein Medienberater Fritzenkötter, „er hat es wohl nötig"), auch mit dem *Stern* nur beinahe; aber doch – erstmals seit mehr als zehn Jahren – (überraschend unkonventionell) mit der *Zeit*, eher melancholisch mit Günter Gaus und (ziemlich witzig) mit dem Feuilleton der *FAZ*, mit dem *SZ-Magazin* oder sogar mit der *SZ*. Nicht nur den Reporter freut das, sondern offenbar auch den Kanzler, weil er beim Abendessen in Weimar wieder einmal einen Journalisten bei einer Bildungslücke erwischt: „Wie, Sie wissen nicht, warum der Göring so oft in Weimar gewesen ist? Zum Schmusen natürlich …“

Kommunikativ ist Helmut Kohl und guter Dinge – weil sehr optimistisch; das war er übrigens schon vor der Bayern-Wahl, deren Ergebnis, sagt er in Stuttgart, ihn nicht überrascht habe, anders als die klugen Beobachter, die nun dächten, es sei „nichts mehr so wie vorher“. Nein, er hat doch schon lange eine Menge Gründe für seinen Optimismus: Hat nicht Frau Noelle-Neumann für Kohl (und die *FAZ*-Leser) exklusiv herausgefunden, dass die Meinungsführer des Landes in der Mehrheit bereits für ihn sind? Hat nicht endlich auch die leidige Partei-Diskussion darüber aufgehört, für wie lange er denn wohl kandidiere? Auch Wolfgang Schäuble wird sich zu dieser Frage garantiert nicht mehr äußern, seitdem er kurz nach seinem letzten Interview in der *Woche* vom Kanzler offenbar heftig zur Brust genommen worden ist. Wenn nicht gerade die Ministerin Nolte aus Versehen die Mehrwertsteuer erhöht – worüber Helmut Kohl kurzfristig seine gute Laune gründlich verloren haben soll –, zieht die Partei an einem Strang. Wenn jemand die Erfolge nicht erkennen will, sagt Helmut Kohl, dann die Medien, die den Leuten einreden wollen, es sei schon alles für die Gegenseite gelaufen.

Das ist es mit Sicherheit nicht, aber natürlich auch nicht für Helmut Kohl, selbst wenn der noch so oft sagt – gewiss auch aus Gründen der Kräfte spendenden Autosuggestion –, „dass wir natürlich die stärkste Partei werden“. Wenn es so kommt, sagen seine Medienberater, liegt es an niemandem so sehr wie an ihm. Und weil er das selbst ganz fest glaubt, auch weil er sich nicht vorstellen kann, dass die Leute ihm in der Wahlkabine wirklich seinen doch ganz unerfahrenen Herausforderer vorziehen könnten, deshalb vergleicht er sich nun immer öfter mit dem. Und läuft so womöglich – das sagen dann wieder die Kohl-Beobachter in der SPD-Zentrale – „uns genau in die Falle“: Diese Zuspitzung zwischen Kohl und Schröder, die wollten sie ja gerade.

Mindestens ist das die schwache Stelle: Kohl weiß erkennbar nicht so recht, wie er mit seinem Rivalen umgehen soll. Vielleicht hängt auch das mit seinem Alter zusammen: dass es ihm immer schwerer fällt, sich künstlich aufzupumpen, wenn er – wie nun schon ein halbes Menschenalter lang – Deutschland davor warnen muss, sich den Sozis auszuliefern und damit dem Werteverfall. Manchmal denkt man, wenn man ihm so zuhört, er glaube es sich selbst nicht mehr, was er da manchmal vortragen muss an Absurditäten über den Vorsitzenden Lafontaine zum Beispiel, der einmal gesagt habe, „Toleranz und Menschlichkeit“ seien „Tugenden, mit denen man auch ein KZ führen kann“. In Wahrheit hat Lafontaine damals von „Sekundär-

**Als Gartenzwerg im Boxring (rechts),
mit Gerhard Schröder als Gegner**

tugenden" wie der Pünktlichkeit gesprochen; das ist aber auch egal. In Wahrheit hat ja auch Kohl gar nicht so viel gegen die Sozen, vor allem dann nicht, wenn sie aus dem Ausland sind oder tot und Mitterrand heißen oder Gonzales oder Willy Brandt.

Was den Lafontaine angeht, so kann Kohl, heißt es, mit dem gut über private Dinge reden; und sogar Schröder findet er womöglich gar nicht so grässlich, seitdem der einmal – als der Kanzler zufällig seinen Geburtstag in Hannover verbracht hat – frühmorgens mit einer Schützenkapelle vorbeigekommen ist, um ihm zu gratulieren. Vielleicht merkt er ja auch, dass er mit dem Herausforderer mehr gemeinsam hat, als ihm lieb ist: Der ist doch auch so jemand, der nicht mit dem goldenen Löffel im Mund geboren wurde, auch einer, der seit seiner Jugend immer etwas werden wollte und dabei sehr pragmatisch vorging, auch einer, der schon mal ein paar Leute aus der eigenen Partei beiseite räumt, wenn es nötig ist: ein Machtmensch eben, sowas imponiert schon.

Andererseits, der Mann muss bekämpft werden – nur wie? Eine gewisse Ratlosigkeit ist mit Händen zu greifen, die ganze Zeit schon: Einmal sagt Kohl, der Schröder sei „das Charakterloseste", was er bisher als Herausforderer gehabt habe, dann wieder erklärt er dem ZDF, das sei aber nicht persönlich gemeint gewesen, sei nur bezogen gewesen auf Schröders Politik; die sei in den meisten Punkten diametral anders als seine. Auch diese Behauptung würde sich, wenn überhaupt, nur in einem Fernseh-Streitgespräch beweisen lassen, aber darauf lässt er sich nicht ein, das würde den Mann nur aufwerten. Nie hat er das mit seinen Gegenkandidaten anders gehalten, den Scharping damals hat er kaum zur Kenntnis genommen. Nur geht das diesmal nicht so gut: Der Unterschied ist, dass der Herausforderer als Favorit gilt. Da kann sich der Titelverteidiger nicht lässig ins Ringseil lehnen.

Das tut er auch nicht, im Gegenteil, er will es ja unbedingt wissen, das sagt er gerne. Aber was genau will er wissen? Zu allererst wohl, was er noch alles kann: ob er immer noch die Massen auf die Straßen bringt; ob er es immer noch aushält, nach einem anstrengenden Tag, vor seiner zweiten langen Wahlrede, erst einmal ins Restaurant zu stürmen, in zwanzig Minuten einen Teller Pfifferlinge in Rahmsauce samt Semmelknödeln („und bitte drei Spiegeleier") zu essen, um dann eineinhalb Stunden gegen die PDS-Schreier auf dem Weimarer Marktplatz eine tadellose Rede durchzuziehen. Macht doch Spaß, wenn seine erschöpften Reisebegleiter sich gar nicht mehr Einkriegen können vor Staunen.

Er will es wissen, ein letztes Mal, dies eine vor allem: ob sie wirklich alle glauben, ohne ihn auskommen zu können – seine Partei, das Land, die komischen Journalisten. Ob sie ihm in der CDU am Wahlabend nicht wenigstens dann zujubeln werden, wenn sie es – ausschließlich wegen seines Kampfesmuts – wieder einmal geschafft haben sollten, stärkste Partei zu werden. Danach könnte er, wenn es nur zu einer großen Koalition reichen würde, mit Anstand abtreten. Vielleicht will er aber auch noch etwas anderes wissen, etwas, das er noch nie erlebt hat: wie es sich anfühlt, von einem Tag auf den anderen ganz ohne Macht zu sein.   **Herbert Riehl-Heyse**

„Wer gegen mich antreten
möchte, soll aus der
Herrentoilette kommen
und sich stellen."

(nach der Wahlniederlage 1980)

„Die wollen dorthin, wo wir sitzen, und wir wollen nicht, dass sie da sitzen – so einfach ist das."

NUN MUSST DU WIEDER

„Wahlkampf ist das Höchste nicht"

1967	1971	1971	1972
Landtagswahl	Landtagswahl	Landtagswahl	Bundestagswahl

1975	1976	1976
Landtagswahl	Bundestagswahl	Bundestagswahl

1978	1980	1980
Bundespressekonferenz	Bundestagswahl	Bundestagswahl

1980
Bundestagswahl

1983
Bundestagswahl

1983
Bundestagswahl

1983
Bundestagswahl

1990
Bundestagswahl

1994
Bundestagswahl

1994
Bundestagswahl

1994
Bundestagswahl

1998
Bundestagswahl

„Wahlkampf ist Pflicht"

1979
Europawahl

1979
Europawahl

1984
Europawahl

Helmut Kohl – Kanzler der Europäischen Einigung

VERS UNE NOUVELLE TERRE DE PAIX.

18 JUIN · ÉLECTIONS EUROPÉENNES.

Der französische Staatspräsident François Mitterrand und Bundeskanzler Helmut Kohl reichen sich über den Gräbern von Verdun die Hand. Die deutsch-französische Freundschaft ist Wegbereiter und treibende Kraft für die Zukunft Europas.

Der französische Staatspräsident François Mitterrand und seine Partei werben im Europawahlkampf mit der Person des deutschen Bundeskanzlers. Helmut Kohl – als großer Europäer angesehen in ganz Europa.

Es ist vor allem sein Verdienst, daß Europa wieder neue Perspektiven hat und der große europäische Binnenmarkt verwirklicht wird.

Großes Europa, große Zukunft.

Christdemokraten bauen Europa

CDU

1989
Europawahl

Europa auf dem richtigen Kurs.

CDU sicher sozial und frei

1989
Europawahl

Für deutsche Interessen in Europa

Helmut Kohl

Bernhard Sälzer

CDU

1989
Europawahl

Im deutschen Interesse: Ja zu Europa.

Christdemokraten bauen Europa

CDU

1989
Europawahl

Im Spiegel

1975/20

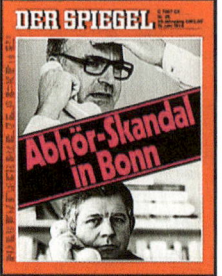

1975/25

1976/7

1976/35

1976/42

1976/50

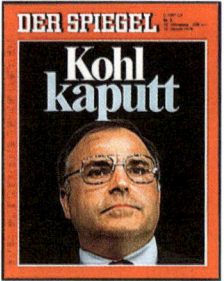

1979/3

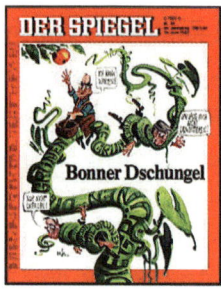

1982/24

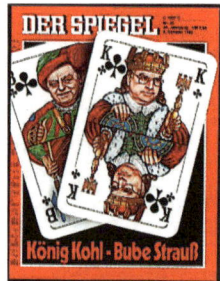

1982/40

1982/42

1983/9

1983/10

1983/11

1983/12

1983/26

1983/40

1984/5

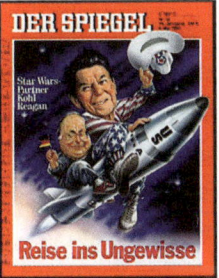

1985/19

1985/21

1985/24

1986/9

1986/11

1986/25

1986/40

1986/46

1987/2

1987/4

1987/5

1987/6

1987/16

1987/40

1988/46

1989/6

1989/12

1990/8

1990/12

1990/21

1990/30

1990/32

1990/47

1990/49

1991/16

1992/16

1992/19

1992/26

1992/38

1993/49

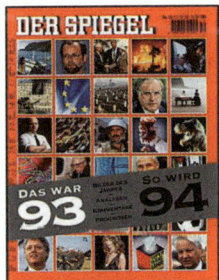

1993/52

Auf der Titanic

1982/11

1984/3

1985/1

1986/2

1986/11

1987/9

1988/9

1989/5

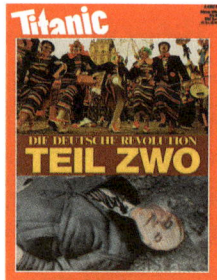

1990/2

1990/10

1991/1

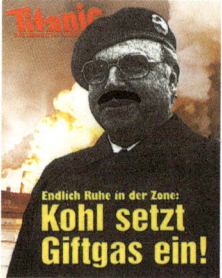

1991/5

1991/6

1991/7

1992/1

1992/3

1992/4

1992/5

1992/6

1992/7

1992/9

1992/10

1993/1

1993/10

„Soz bleibt Soz, da hilft auch kein Zylinder."

5

DER MACHTMENSCH

IMMER MEIN EIGENER CHEF

„Ich war seit 1963,
mit 33 Jahren, immer
mein eigener Chef."

DER
MACHTMENSCH

Behaglichkeit vor der Kamera

Helmut Kohls wundersamer Weg vom Buhmann zum Medienstar

1996, 24. Oktober, SZ – Am Montag war die große Rede, und wer nicht dabeisein konnte beim Parteitag in Hannover, grübelte tags darauf über den Zeitungen, was denn genau passiert sein könnte und wie es dem ergangen ist, um den sich alles drehte: *Bild* hat „donnernden Beifall" registriert für Helmut Kohl, beim *Tagesspiegel* wollte „der Funke nicht überspringen", die *Welt* beschreibt ein „Hochamt", von welchem die *SZ* sagt, es habe gar nicht stattgefunden. Auf jeden Fall hat die Rede gezeigt – das schreibt nun wieder die *FAZ* –, „wie aus einem routinierten Parteipolitiker ein Staatsmann geworden ist". Oder vielleicht auch nicht – das macht die Demokratie ja aus, dass es jeder ein bisschen anders weiß.

Was freilich Helmut Kohl selbst angeht, so könnte es gut sein, dass ihn das alles nicht so brennend interessiert; er wird in dieser Woche deutscher Nachkriegs-rekord- Kanzler und hat in 36 Jahren Politik schon so viel über sich gelesen, gehört und gesehen, dass ihn Einschätzungen von Journalisten inzwischen nur noch selten irritieren. Sehr viel, sagen Kenner, hält er von Medien-Leuten schon lange nicht mehr, so sehr er andererseits wisse, dass er manchmal auch auf sie angewiesen ist. Bei manchen Symbiosen schnalzt der Verhaltensforscher mit der Zunge, so kompliziert sind sie.

Helmut Kohl und die Medien, das ist eine lange Geschichte und eine, mit deren Hilfe man viel lernen kann über den Zustand der deutschen Bundesrepublik über mindestens zwei Jahrzehnte hinweg. Aber erst einmal besteht sie aus vielen kleinen Geschichten, die in vielen Journalisten-Biographien eine Rolle spielen.

Süddeutsche Zeitung Magazin

Nummer 10   12. März 2010

80 Jahre Helmut Kohl

Von Heribert Prantl

Süddeutsche Zeitung Magazin, März 2010
80 Jahre Helmut Kohl

Ungefähr jeder deutsche Medienmensch, der sich mit Bundespolitik befasst, hat seine eigenen Erfahrungen mit Helmut Kohl und tauscht sie gerne aus im Kreis der Kollegen. Wenn der Kameramann vom WDR ins Reden kommt, dann erzählt er, wie der Kanzler jedesmal wieder vor einem Interview eine launig-bissige Bemerkung macht („Ihr seid ja schon wieder so viele, geht bestimmt trotzdem alles schief"). Ist einer Chefredakteur, dann hat er irgendwann bei einem Staatsbesuch in China spät nachts im Hotel mit dem deutschen Regierungschef einen riesigen Teller Bratkartoffeln verspeist. Und auch dem *SZ*-Reporter fällt natürlich ein, was er in größeren Abständen mit Kohl so erlebt hat: Wie er im Bundestagswahlkampf 1976 mit dem Kandidaten K. im Wahlkampfauto fuhr und sich von ihm die vergnüglichsten Geschichten über den Kollegen Strauß hat erzählen lassen; wie er acht Jahre später beim missglückten Israel-Besuch des Kanzlers ein paar recht ungelenke, vermutlich auch verlegene Bemerkungen des Mannes mit der Gnade der späten Geburt in nächster Nähe gehört und zu dessen Verdruss aufgeschrieben hat; wie er dann zwei Jahre später, es war wieder Wahlkampf, vom Kanzler eigenhändig von der Liste derjenigen gestrichen wurde, die der Pressereferent für ein kurzes Interview vorgesehen hatte: „Mit dem will ich nicht", soll er gesagt haben – und auch das war ganz gewiss des Kanzlers Menschenrecht. Und es war ja auch so, dass Helmut Kohl damals längst ein paar Gründe hatte, misstrauisch zu sein, seit zehn Jahren schon. Vorher, als er noch Ministerpräsident in Mainz war, hatte er, sagen Leute aus jener Zeit, ein entspanntes Verhältnis zu Journalisten. Eine Weinstube in der Staatskanzlei spielte eine große Rolle, und die Tatsache, dass ihr Betreiber in Rheinland-Pfalz wenig Grund hatte, misstrauisch zu sein, auch nicht gegenüber Korrespondenten, die ihm politisch nicht so nahestanden. Dann kam er nach Bonn, genoss zuerst noch den Bonus, Strauß als Kanzlerkandidaten verhindert zu haben – und hatte ihn schon wieder verloren, als er selber antrat: Immerhin wurde er dem sozialdemokratischen Amtsinhaber gefährlich, und es hat wenig Sinn zu bestreiten, dass das vielen Journalisten nicht ganz recht war: Man verstand sich damals als Journalist manchmal ein wenig zu sehr als Ersatz-Politiker. Unbestreitbar ist natürlich auch, dass Kohl es in seinen ersten Jahren seinen Kritikern und Beschreibern – also uns – ziemlich leicht gemacht hat, ihn als den dummen Provinzonkel zu behandeln, der auf keinen Fall Bundeskanzler werden dürfe, weil man sich sonst im Ausland furchtbar genieren müsse. Dass der Betroffene das zu Recht für unfair hielt, machte die Sache nicht besser. Im Rückblick lässt sich leicht rekonstruieren, was sich da hochgeschaukelt hat, auf beiden Seiten, mit bemerkenswerter Automatik. Eine der Schlüsselszenen dieser Jahre – Kohls Partei-Pressesprecher Pruys hat das später in einem Buch beschrieben – hatte ausgerechnet mit dem Versuch Helmut Kohls zu tun, Punkte zu sammeln, gleichzeitig bei der Intelligenzija des Landes und dem gehobenen Bildungsbürgertum. Die Tatsache, dass dieser Versuch daneben ging, hatte gewaltige Folgen.

Es war im August des Jahres 1976, als die Hamburger *Zeit* auf die Idee kam, den Schriftsteller Walter Kempowski zu Kohl zu schicken, damit sie miteinander über Bücher reden und über die Lieblingsautoren des Helmut Kohl. Kohl fühlte sich wohl, redete nach Maßgabe seines Pfälzer Gemüts und erzählte irgendwann die Geschichte, wie einmal auf einer Chinareise der chinesische Außenminister „Hyperions Schicksalslied" zitiert habe und wie er dann, mitten in der Strophe, das Gedicht zu Ende aufgesagt habe, was ihm ein leichtes gewesen sei, weil: „In Hölderlin war ich gut."

Genauso wurde der Satz dann auch gedruckt, es war ja allzu offensichtlich Originalton – und außerdem war es eine Katastrophe für den Hölderlin-Kenner, der offenbar dachte, dass ein Dichter so etwas wie ein Schulfach sei. Spätestens von diesem Tage an und viele Jahre hindurch war Kohl nicht mehr nur der „Oggersheimer" – Oggersheim bei Ludwigshafen ist offenbar der einzig provinzielle Platz in einer ansonsten durchwegs weltläufigen Republik. Er war vor allem für den deutschen Intellektuellen erledigt, weshalb sofort klar war – kaum war er sechs Jahre später Kanzler –, dass mit Kohl ein „sprachloser Schwätzer" an die Macht gekommen war, wie im Oktober 1982 Hellmuth Karasek im *Spiegel* schrieb: Jemand, bei dessen Reden man sich nach Lübke sehnte. Beweis, unter anderem: „In Hölderlin war ich gut."

Zwei Jahre später schrieb Hermann Glaser in der *Frankfurter Rundschau* einen Artikel, dessen Fazit war, dass „das Mittelmaß an die Macht gekommen war", „der Schaumberg", das personifizierte Peter Prinzip, mit dessen Hilfe einer, der „unfähig und inkompetent ist", nun auch noch bis zum Bundeskanzler befördert wird. Der richtungweisende Aufsatz, der eine ganze Zeitungsseite lang mit der „wortreichen Gedankenleere", dem „neu-alten Spießertum" des Helmut Kohl aufräumt, liest sich im Abstand von zwölf Jahren so, als rechne eine ganze Klasse nicht nur mit dem Bundeskanzler ihres Landes ab, sondern gleich auch noch mit dem Volk, dessen Mehrheit sich mit Kohl „durchaus in innerer Übereinstimmung befindet" (Glaser). An sich hätte der Vorschlag nahegelegen, auch dieses Volk aufzulösen und ein neues zu wählen.

Es waren die Jahre der Birne, es waren die Jahre, in denen auch Rechts-Intellektuelle an Kohl verzweifelten: meist weil er sich – das war ja nicht gelogen – so verschwurbelt ausdrückte, manchmal auch, weil er ihnen nicht schön genug war, weshalb sich der Publizist Karl Heinz Bohrer in der Zeitschrift *Merkur* vor Kohls Körperbau (und auch gleich noch dem von Genscher und Strauß) ekeln musste, „diesen

**TV-Diskussion nach der Wahl 1976 mit Willy Brandt,
Hans-Dietrich Genscher und, zugeschaltet, Franz Josef Strauß**

CSU Münch

Landschaften aus Fleisch und Fett". Was generell ein wenig zu kurz kam bei solch geschmäcklerischen Einwänden, war die Auseinandersetzung mit der weniger spannenden Sachpolitik, mit der Frage, ob die Regierung Kohl entschlossen genug die Probleme anging – Staatsfinanzen, Steuern, Renten –, die auch schon Mitte der Achtzigerjahre erkennbar gewesen wären. In dieser Beziehung machten es schon damals viele Journalisten dem Kanzler Kohl leicht, weil sie sich – das taten wir gerne – vielleicht zu sehr darauf konzentrierten, wie oft Kohl in einer Rede seine Lieblingsfloskel „in diesem unserem Lande" unterbrachte.

Das größte Medienproblem des Helmut Kohl war nun in seinen ersten Jahren, dass er nicht einfach den Zeitungen ausweichen und sich auf das Fernsehen konzentrieren konnte, weil er sich nämlich gerade davor fürchtete. Das erste traumatische Erlebnis dieser Art war die berühmte Elefantenrunde im Wahlkampf 1976, bei der Kohl sich vom ständig schnupfenden Schmidt derart provozieren ließ, dass er gegen Mitternacht die Nerven verlor („Sie mit Ihrer Arroganz, Sie" …), und nach der er schnell wusste, dass er die Wahlen verloren hatte. Natürlich wurde jetzt das Misstrauen nur noch größer. Weil die Niederlage ziemlich knapp ausfiel, glaubte Helmut Kohl um so lieber den Untersuchungen der Mainzer Kommunikationsforscherin Elisabeth Noelle-Neumann, die herausgefunden haben wollte, alles habe daran gelegen, dass ihn die Fernseh-Redakteure samt ihren Kameraleuten so schlecht behandelt hätten. Und schon sann man auf Konsequenzen: Im Mai 1977 erläuterte die Forscherin ihre Thesen vor der Medienkommission der Rundfunkanstalten, und wer genau zuhörte, wusste, was jetzt passieren würde. Kurt Biedenkopf sagte am unverblümtesten, dass sich die CDU von den Fernsehsendern einiges nicht mehr länger gefallen lassen würden. Sie tat es dann auch nicht.

Die ganzen Achtzigerjahre waren dann ein einziger Kampf. Soweit es um die Printmedien ging, wurde die Welt immer deutlicher eingeteilt in Freunde und Feinde: in *FAZ*-Herausgeber und gewisse *SZ*-Redakteure, in Nahesteher und „Sozen", wobei besondere Nahesteher schon mal die Regierungserklärung vorab zur Lektüre ausgehändigt bekamen, während die allerschlimmsten Sozen, die von der „Hamburger Kumpanei", wahlweise auch „Kloake" genannt, damit bestraft wurden, dass sie 20 Jahre lang kein Interview mit Kohl mehr bekamen.

In Sachen Fernsehen begannen die Zeiten der Medien-(Personal-)Politik spätestens nach dem Februar 1979. Da hatte ein Auftritt Kohls vor aggressiven holländischen Bürgern ein weiteres Mal dazu geführt, dass er vor Millionen Zuschauern die Fassung verlor. Von diesem Tag an ging Helmut Kohl viele Jahre nicht mehr in eine derartige Sendung. Stattdessen wurde nun, auch von Kohl persönlich, viel in

der Republik herumtelefoniert, damit die richtigen Leute auf die richtigen Fernseh-
posten kamen oder gerade nicht.

Darüber gingen dann die Jahre ins Land, Jahre, in denen mehr als einmal
Helmut Kohls baldiges politisches Ende von *Zeit* oder *Stern* vorhergesagt, manchmal
vom *Spiegel* in Zusammenarbeit mit Lothar Späth sogar vorangetrieben wurde. Das
politische Ende erlebte dann Späth und nicht Kohl – pikanterweise wieder mit Hilfe
des *Spiegel,* freilich einer anderen Abteilung. Dann kam sowieso bald die Wiedervereinigung, nach deren glücklichem Zustandekommen Helmut Kohl fürs erste allseits
heiliggesprochen wurde. Rudolf Augstein schrieb damals den etwas verräterischen
Satz, man werde „den Staatsmann Kohl … nicht mehr von der politischen Landkarte tilgen können" – was den Verdacht nahelegte, genau das habe man sich früher
vorgenommen. Helmut Kohl seinerseits – so hat er es für ein neues Buch den
Bild-Journalisten Diekmann und Reuth erzählt – „genoss die Freundlichkeiten, die
mir nach der Rückkehr aus dem Kaukasus von unterschiedlichster Seite zuteilwur-
den". Schließlich habe bis dahin noch nie jemand behaupten können, er sei „ein
ausgesprochener Liebling der Medien". Seit damals sind schon wieder fast sieben Jahre vergangen, und in denen sieht es nun immer öfter so aus, als sei er genau das geworden: ein Liebling der Medien. Wie sehr sich der Wind gedreht hat, das fällt offenbar vor allem Beobachtern von außen auf – dem emeritierten Bundespräsidenten
Weizsäcker zum Beispiel, der das gelegentlich leicht irritiert zu Protokoll gibt, oder
auch jener amerikanischen Journalistin, die dieser Tage in Bonn für das Kohl-Jubilä-
um recherchiert und erstaunt herumgefragt hat, woher es denn komme, dass der
deutsche Journalismus den Kanzler nicht mehr kritisiere.

Im Kanzleramt, wo seit einigen Jahren Andreas Fritzenkötter, ein smarter
Stratege, die Pressearbeit koordiniert, nimmt man mit gelassenem Staunen die
Freundlichkeiten zur Kenntnis, die erst unlängst Rudolf Augstein wieder dem Kanzler gewidmet hat, ohne dass man deshalb im Amt („das ist doch inzwischen ein
Markenzeichen für Kohl") daran dächte, dem Magazin vielleicht doch wieder mal
ein Interview zu gewähren. Ansonsten wundert man sich dort offenbar ein wenig
über die neue Generation Bonner Journalisten, die „ein Stück unpolitischer" sei als
ihre Vorgänger (Fritzenkötter), „sehr viel weniger Kampfpresse als früher". Aber man
muss eben wohl auch hinzufügen: manchmal ein wenig uninformierter und leichter
zu handhaben.

Wenn manche Journalisten heute ein Interview führen dürfen mit dem Kanzler anlässlich der Jubiläumsfeierlichkeiten, dann fragen sie für die *Hamburger Mor-
genpost* nach dem „Humor in der Politik", und am Schluss, welche Fragen Helmut

Kohl jetzt selber an sich stellen würde, wäre er Journalist. So wäre es ihm wohl am liebsten. Im übrigen haben sich ganz einfach die Verhältnisse sehr zum Positiven geändert. Unter 40 bis 50 Interview-Wünschen hat Helmut Kohl in diesen Wochen auswählen können, alle wichtigen Fernsehanstalten haben angestanden und sind bedient worden, weil Kohl viel selbstsicherer geworden ist und auch sonst schon lange keine Angst mehr vor Kameras haben muss, seitdem es die Privaten gibt und unter denen das Sat.1 seines Freundes Leo Kirch. Dem hatte er im vergangenen Wahlkampf eine Serie von Diskussionssendungen zu verdanken, in denen er vor allem alleine sprach. Jetzt endlich ist alles gut; Kohl ist nämlich, sagt Fritzenkötter, nicht mehr auf die schreibenden Journalisten angewiesen, „die die Faszination seiner Person vielleicht nicht so sehr vermitteln können".

Stattdessen geht er zu Biolek und lässt sich investigativ befragen, was wohl auf seinem Türschild in Oggersheim stehe („Kohl", sagte Kohl), oder er geht zu Hans Meiser bei RTL, der dem Kanzler beim Regieren zuschauen und feststellen darf, dass er auch dabei ganz Mensch ist. Bei den beiden Terminen kann auch nicht viel schiefgehen: Am 25. Oktober sendet Arte das Kohl-Porträt eines freundlichen Nahestehers, in dem der Kanzler über seine Schulzeit, die Kriegsgefahr und sein Verhältnis zu Frauen („Mädchen waren schon immer etwas Besonderes") Auskunft gibt. Am 30. Oktober interviewt ihn Johannes Gross, von dem Fritzenkötters Vorgänger Eduard Ackermann in seinen Memoiren berichtet, er habe 1982 Kohls Regierungserklärung fürsorglich gegengelesen und es seien von ihm „einige gute Anregungen gekommen".

Soweit ist also alles in Ordnung zwischen Helmut Kohl und den Journalisten: Nur dass die ersten – von der *Woche* bis sogar zu *Bild am Sonntag* – gerade nachzudenken beginnen, ob Kohl angesichts der immer größer werdenden Probleme wirklich noch der rechte Mann am rechten Platz ist. Es ist vielleicht mit des Geschickes Mächten doch kein ewiger Bund zu flechten. Nicht einmal mit den Medien.

Herbert Riehl-Heyse

**Mit Heiner Geißler
bei den Koalitionsverhandlungen, 1982**

Mahlzeit beim Meistesser

Bonn muss ohne Prunk und Protz auskommen; deshalb haben ganz andere Zeichen Gewicht – und nur Helmut Kohl beherrscht sie wahrlich meisterhaft.

1996, 29. Juni, SZ – An einem dieser endlosen Tage im Parlament, an denen die Zahl der Redner nicht kleiner und die Bedeutung der Worte nicht größer werden will, an denen Dutzende von Anträgen wie mechanisch zugunsten der Regierung erledigt werden, während das Sonnenlicht auf den Gesichtern der Deputierten seine Schattenspiele treibt – an einem dieser Tage sitzt auch der Abgeordnete Kohl im Kreis der Kollegen und versieht das Geschäft seiner Macht. Hinten sitzt er, im Kuchenstück der FDP-Fraktion, wo ihn die Fernsehkameras und die Objektive der Fotografen recht gut erfassen können. Neben ihm hat der Abgeordnete Schwarz-Schilling Platz genommen, der als Mitglied des Unterausschusses für Menschenrechte wegen der Tibet-Politik der Bundesregierung große Aufmerksamkeit genießt. So ist es wohl auch kein Zufall, dass der Kanzler die Reihen der Liberalen für sein kleines Gespräch aussuchte, weil die Parteistiftung der FDP und ihr wankelmütiger Außenminister die wichtigsten Rollen im sich aufschaukelnden Verhältnis zu China spielen. Nein, Zufälle gibt es nur wenige im öffentlichen Leben des Helmut Kohl. Die Unterredung dauert nicht lange, lange genug allerdings für ein paar Fotos und die Botschaft an die Öffentlichkeit, dass sich Kohl der Probleme mit China und Tibet angenommen hat. Dann kehrt der Kanzler auf seinen Platz zurück, verfolgt von aufmerksamen Augenpaaren aus seiner Fraktion.

Von hinten nähert sich unterdessen ein Beamter aus dem Kanzlerbüro. Er überbringt eine Nachricht, oder besser: In geduckter Haltung, den Kopf tiefer geneigt als der seines Chefs, wagt er sich heran und entweicht auch ebenso gebeugt

**Chinas Premier Li Peng empfängt
Helmut Kohl mit einer Ehrenformation, 1995**

wieder an den Rand des Saals. Kohl wendet nun den Kopf, erkennt in den Augen-
winkeln Hans-Ulrich Klose, der am Präsidententisch Platz genommen hat und die
Sitzung leitet. Klose wartet schon einige Augenblicke auf diesen Moment. Jetzt nickt
er dem Kanzler zu, glücklich fast, dessen Aufmerksamkeit für eine Sekunde zu binden. Kohl lächelt zurück, springt aber gleich wieder von seinem Platz auf und geht
auf Wolfgang Schäuble zu, den Fraktionsvorsitzenden. Aufmunternd und freundschaftlich legt er die Hand auf dessen Arm, wieder verfolgt von den Augenpaaren
aus der Fraktion, die auch so gerne den Blick des Regierungschefs erhascht hätten.
Kohl aber verlässt das Plenum ohne weitere Gunstbeweise und steuert dem Ausgang
am Rhein zu, den die Pförtnerin für ihn öffnet. „Wiedersehen", sagt der Kanzler,
und im Hinausgehen dreht er sich noch einmal auf dem Absatz um und fragt – als
ob ihn in diesem Moment nichts brennender interessierte –, „habt ihr eigentlich
auch sonntags auf?"

Sonntags? Geöffnet? Nein, Kohl kann nicht ernsthaft wissen wollen, wann
der Bundestag für Besucher geöffnet ist. Aber er wollte der Saaldienerin die Botschaft vermitteln, dass er sich für sie und ihre Arbeit interessiert. Die Frau war ge-
schmeichelt, künftig wird sie sich Kohl gegenüber verpflichtet fühlen. Instinktiv
stellte Kohl die Frage, instinktiv, so wie er die anderen Zeichen und Signale setzt, die
seine Größe und Autorität unterstreichen, die Bindungen wecken. Zeichen und
Symbole, Gesten und Hinweise – Kohls Leben ist voll dieser kleinen Botschaften;
kein anderer entlockt der Klaviatur der Macht solche Tonfolgen wie Kohl, kein an-

derer ist derart getrieben von der Sucht zu beherrschen, vom bedingungslosen Willen zur Überlegenheit. Instinktiv gehe er damit um, sagen seine Vertrauten, instinktiv reagiere er auf Menschen, handele, rede, entscheide – und allem wohnt das Ziel inne, die Autorität zu festigen und die Macht zu erhalten.

Szenenwechsel, Kanzleramt, nachmittags um zwei: Eine Schulklasse aus Ingolstadt hat sich zur Besichtigung angemeldet, zehnte Klasse, Sozialkunde. Die jungen Leute sollen durch die Regierungszentrale geführt werden, aber der metallfarbene Gebäudeblock im Bonner Regierungsviertel kann ihnen keinen Respekt abnötigen. Eine seltsame Unnahbarkeit strahlt der Bau aus, die kühle Langweile der Bürokraten. Selbst im Kabinettssaal mit seiner nüchternen Arbeitsatmosphäre stellt sich kein Gefühl von Größe ein. Die Führerin deutet auf den Sessel des Kanzlers: Eine höhere Lehne hat er als die Ministerstühle und als einziger Rollen an den Füßen, „damit er schneller flüchten kann", wie ein Schüler vermutet.

Es ist schon schwierig, in dieser Stadt die Symbole der Herrschaft zu entdecken, wo es eben keine prunkvollen Paläste und geschwungenen Auffahrten gibt, wo kein Staatsgast endlose Treppen steigen und hallenartige Büros durchqueren muss, ehe er vorgelassen wird. Die Stärke des Staates und seiner Gehilfen ist in Bonn nicht auf den Fluren zu begreifen, Macht vermittelt sich nicht durch Prunk und Protz. Sie kommt vielmehr leise daher. Macht zeigt sich in Personen oder Ämtern, in Gesichtern und Gesten – und keiner spricht ihre Sprache besser als Helmut Kohl.

Auch Adenauer, der die rheinische Beschaulichkeit liebte, wollte auf die Symbole nicht ganz verzichten. Er behalf sich im alten Palais Schaumburg mit einem Trick und ließ die Besucher über den Wintergarten und ein angrenzendes Vorzimmer in seinen Arbeitsraum führen – einmal im Kreis um das Büro herum, damit der Weg länger erscheine. Der Zugang zu Kohl ist dagegen einfach: Einen Stock über dem Kabinettssaal liegt seine Bürotür, was die Schüler aus Ingolstadt aber auch nicht weiter beeindrucken kann.

Heute ist im Kanzleramt immer wieder die gleiche Szene zu beobachten, wenn etwa eine Besuchergruppe plötzlich dem Regierungschef begegnet. Aus „dem Kohl" oder „dem Dicken" gar wird der Herr Bundeskanzler, die lärmende Unruhe verstummt, der Mann wird umdrängt. Wie ein Star tritt Kohl inzwischen in Menschenmengen auf. Als er kürzlich in Wien im Kaffee saß, bildete sich schnell eine 200-köpfige Menge um den Tisch. Bei Kanzlerfesten wird seine Tafel regelmäßig von einer gaffenden Schar umzingelt. Nach den Wahlkampfauftritten im Frühjahr war Kohls Körper von blauen Flecken übersät – die Menschen sind wie getrieben vom Bedürfnis, ihn anzufassen, ihn zu berühren. Ein fast schon beängstigender

Kult entsteht um den Mann, ein Bann, eine Aura der Überlegenheit strahlt er aus. Kohls Macht scheint unantastbar, unanzweifelbar zu sein. Wenn er in die Fraktion wandert, fällt es selbst den hartgesotten wirkenden Journalisten schwer, Distanz zu halten. Freundlich lächeln sie ihm zu, nach einem Blick oder einem frotzelnden Spruch gierend. Auf einer der jüngsten Pressekonferenzen zitterten einem Radio-Korrespondenten die Hände, als er von Kohl persönlich angesprochen wurde. Geredet hat der Kanzler fast zwei Stunden, gesagt hat er allerdings nicht viel bei diesem Ereignis, weil er wie kein zweiter die Gabe und die Autorität besitzt, Fragen auszuweichen oder erst gar nicht zu beantworten. Je mehr er antwortete, desto mehr würde er sich unterwerfen.

Kohl und Unterwerfung – das Paar geht nicht zusammen. Der Mann beherrscht, und keiner soll es ihm gleichtun. Hunderte kleiner Indizien gibt es für diese Herrschaft, Hunderte Geschichten und Anekdoten. Kohl ist immer in der Offensive: Er duzt, wie es ihm in den Sinn kommt; er weist im Hubschrauber Plätze zu; er bestimmt die Sitzordnung im Flugzeug. Bis ins Detail kümmert und interessiert er sich – manchmal bis ins Groteske. Als sich der Ehrenfraktionsvorsitzende Alfred Dregger während einer Gremiensitzung der Partei mit den regelmäßig zur Besänftigung aufgefahrenen Torten abmühte, fuhr Kohl unwirsch in die Runde: „Habt ihr den Kuchen nicht angeschnitten?"

Aber selbst das System Kohl ist noch steigerungsfähig – gerade in seiner komplizierten Beziehung zu den Journalisten. Beim Besuch des amerikanischen Präsidenten Clinton in Berlin mussten sich die Planungsleute des Kanzleramts belehren lassen, dass Journalisten in der Regel zu sitzen hätten, wenn sie auf den Präsidenten träfen. Dann nämlich müssten sie sich zum Zeichen der Ehrerbietung erheben. Ständig Auge in Auge mit dem Regierungschef – das sei nicht möglich.

Schon immer ließ es Kohl nicht zu, dass ein Stern heller strahlte als sein eigener. Verstößt jemand gegen den Komment, wird er – am liebsten vor versammelter Mannschaft – gemaßregelt. Aber selbst ohne Verstoß gegen die Regeln kennt Kohls Dominanz keine Grenzen. Während einer Nahost-Reise besichtigte die Delegation ein Amphitheater im jordanischen Jerash. Kohl nötigte den FDP-Abgeordneten Irmer in die Mitte und wollte ihn zur Demonstration der Akustik gebrauchen. Irmer musste – kurz nach dem Revolten-Parteitag der FDP in Gera – erklären, wem seine Loyalität in der Partei gelte. Eine demütigende Prozedur. In der Kathedrale von Santiago de Compostela ging der Witz auf Kosten Theo Waigels: Er habe dem Finanzminister geraten, zur Buße seiner schweren Sünden den Jakobsweg zu gehen, aber er sei wohl zu schwach dafür, frotzelte Kohl im Beisein Waigels. Aus Kohls

**Mit Bundesfinanzminister Theo Waigel
bei einer Pressekonferenz im Kloster Andechs, 1997**

Mainzer Regierungszeit wird berichtet, der Ministerpräsident habe einen engen Vertrauten nachts beim Weingelage mit den Worten „Mach de Aff!" auf den Tisch zum Tanzen beordert. Dem Mann sei nichts anderes übriggeblieben.

Schon gar nicht kann Kohl ertragen, wenn er öffentlich in die Defensive gerät. Vor der Kreuther Klausur der CSU-Landesgruppe Anfang des Jahres brüstete sich der Parteivorsitzende Theo Waigel, Kohl genau 20 Jahre nach dem Separationsbeschluss zum Besuch bewegt zu haben. Kohl, der daneben saß, konnte sich nicht zurückhalten: „Der Erfinder der Idee sitzt hier", sagte er und deutete mit dem Finger auf sich. Waigel war die Spitze genommen.

Kritik an Kohl vor Dritten ist selten. Selbst enge Mitarbeiter vermeiden die Konfrontation – es wäre auch zwecklos, Kohl würde einen Fehler nicht zugeben. Kaum kommt es vor, dass er ein Argument direkt übernimmt und den Urheber damit adelt. Als Lob gilt bereits, wenn sich eine Formulierung Tage später im Repertoire des Kanzlers wiederfindet. Wer sich allerdings mit diesem Erfolg brüstet, hat verspielt. Kohl verlangt bedingungslose Loyalität und Verschwiegenheit – die gleiche Verschwiegenheit, die er selbst beherzigt. Niemals würde er einem Zuträger gegenüber zugeben, dass er eine Information bereits erhalten habe. Vielmehr vergleicht er die Informationen und zieht daraus Rückschlüsse auf den Überbringer der Botschaft.

Kohl spielt auf den gleichen Herrschaftsinstrumenten wie fast alle Großen dieser Welt: Selbst in seiner engsten Umgebung – so heißt es – teile keiner den Wissensstand des Kanzlers. Divide et impera – verteile das Wissen, stifte Unfrieden

**Mit Bonner Journalisten,
1994**

unter den Untergebenen und herrsche. Dennoch hat sich um den Kanzler der Kreis der Mitarbeiter geschlossen; in ihrer Abhängigkeit sind sie alle gleich, duzen sich und fühlen sich fast schon freundschaftlich verbunden. Wie in einer Wagenburg rückt der Hofstaat zusammen, wenn schwere Wetter aufziehen. Kohl beherrscht den engsten Zirkel wie eine Familie. Er verlangt ihre Arbeitsbereitschaft zu jeder Zeit. Unbotmäßig wäre es etwa, Essensrunden am Abend auszuschlagen. Kohl fragte sofort nach dem Grund, müsste einer die Verpflichtung absagen.

Wenn Kohl Akten studiert, lässt er häufig die Berater rufen und fordert sie auf, nebenbei Neuigkeiten zu erzählen. Kohl sammelt Nachrichten wie andere Briefmarken. Er gewichtet und speichert, unterhält ein weitgespanntes Netz von Zuträgern, lässt ein dickes Buch mit Geburtstagen und Merkdaten führen. Der tägliche Briefausstoß ist enorm, die Telefonwut inzwischen sprichwörtlich. Kohl gründet eine gehörige Portion seiner Macht auf einem breiten Fundament von Abhängigkeiten. Kaum ein Feld, wo er nicht Karrieren befördert oder Positionen geschaffen hätte. Bis in die kleinsten Verästelungen der Partei lässt er die Aufsteiger wissen, wem sie ihre Karriere zu verdanken haben. Immer erkundigt er sich nach den Gehältern, weiß um die Bezahlung. So wie er sie alle in die Pflicht genommen hat, so schnell lässt er sie auch wieder fallen. Kohl beherrscht perfekt die Signale der Missgunst. Einen neuen Mitarbeiter, gerade in den engeren Zirkel aufgerückt, strafte er während eines Empfangs mit Nichtbeachtung, obwohl der Mann sich so auffällig auf dem Weg zum Buffet postiert hatte. Keiner kann so penetrant Menschen übersehen wie Kohl. Seine Umgebung nimmt die Signale auf, kopiert sie und bricht damit den Stab über Menschen.

Im Gegensatz zu den meisten anderen Politikern hat Kohl nie um Spitzenwerte in der Beliebtheitsskala gefochten. Allerdings widmet er seinem Stand in der Partei die allerhöchste Aufmerksamkeit. Die Macht des Kanzlers wäre ohne die Rolle des Parteivorsitzenden Kohl nicht denkbar. Seine Autorität in der Union ist ungebrochen – auch dank einer schonungslosen Aggressivität allen Kontrahenten gegenüber. Kohls Lust am Konflikt – bis hin zu einer latenten Gewaltbereitschaft wie bei dem Eierwerfer in Halle – ist Quelle der Furcht. Missfällt ihm eine Presseerklärung oder ein Auftritt, ruft er den Übeltäter an und stellt ihn zur Rede. In direkten Gesprächen setzt er seinen gewaltigen Körper ein, rückt mit dem spitzen Zeigefinger näher oder brüllt, ohne die stechenden Augen nur eine Sekunde von dem Gegner zu lassen. Die Mitarbeiter sagen, die Brüllorgien gehörten zum Gesundheitsprogramm des Kanzlers, der aufgestaute Ärger müsse raus. Demütigungen seien im Gehalt inbegriffen. Bei einem besonders lautstarken Telefonat mit Franz Josef Strauß musste Kohls Vertraute und Vorzimmerchefin Juliane Weber die Türen schließen, weil der Lärm im ganzen Kanzlertrakt zu hören war.

Besonders liebt es Kohl, sein Gegenüber zu überrumpeln. Am Presseabend während des Karlsruher Parteitags flüsterte ihm ein Mitarbeiter ins Ohr, dass ein Korrespondent des *Spiegel* am Tisch Platz genommen habe. „Ich weiß es doch, dass einer vom *Spiegel* da ist", posaunte Kohl daraufhin zurück und brüskierte nicht nur den Mitarbeiter, sondern warf den verduzten Reporter auch gleich in die Defensive. Umgekehrt nehmen die Schmeicheleien zu, die Versuche, ihn zu umgarnen, ihm zu gefallen. Bernhard Vogel, der thüringische Ministerpräsident, lieferte da nur ein Beispiel am Rande, als er zu Beginn der jüngsten Ministerpräsidenten-Tagung nach dem Kanzler in den Saal kam und sich mit Gewalt seinen Weg an den Kameras vorbei bahnte – hin zu Kohl, der jeden per Handschlag willkommen hieß. „Lasst mich durch, sonst verpasse ich die Begrüßung durch den Kanzler", presste er atemlos hervor.

Auffällig ist allerdings, dass Kohl im politischen Tagesgeschäft – zumindest öffentlich – nie ein Freund der harten Schläge war. Kooperation und Ausgleich, Entscheidungsunfreude und Zögerlichkeit kennzeichneten seinen Weg, bis: ja, bis zu diesem Frühjahr, als er in ungewohnter Härte und entgegen seinen Prinzipien für das Sparpaket eintrat, samt Steuer- und Rentenreform bis zu den Bundestagswahlen. Ein hohes Risiko, sagen selbst seine Berater. Eine Ausweichstrecke gibt es nicht mehr, Kohl hat jetzt das Land frontal angenommen und zwingt es unter seine Autorität. Eine Autorität, die bis in die täglichen Tischrunden zu spüren ist. Kohl isst gerne und viel, das ist bekannt, und er liebt Gesellschaft. Fast schon traurig und besorgt reagiert er, wenn einer aus seiner Umgebung die Mahlzeit verweigert. Gleichzeitig bestimmt er, was gegessen wird: In Hamburg auf dem Parteitag orderte er für den ganzen Tisch Labskaus – weil Labskaus und Hamburg für ihn zusammengehören. Widerspruch zwecklos. Teilnehmer seiner Tafelrunden im Kanzlerbungalow berichten, Kohl habe immer eine Schale mit Nachschlag vor sich stehen. Den Tischnachbarn wird indes das Essen serviert. Für den pater familiae gehört es sich auch, als einziger die Weinflasche neben dem Teller placiert zu haben.

Der Philosoph Elias Canetti widmet in seinem Werk „Masse und Macht" ein Kapitel der Psychologie des Essens und schreibt über die Figur des Meistessers: „Er isst und zecht mit ausgewählten Leuten seiner Umgebung, und was er ihnen vorsetzen lässt, gehört ihm. Wenn er schon nicht selbst der stärkste Esser ist, so müssen doch seine Vorräte die größten sein ... Er überträgt das Behagen des Vollseins auf seinen Hof, auf alle, die mit ihm zu Tische gehen ... Die Figur des meistessenden Königs ist nie ganz ausgestorben."

Kohl, der Franz Josef Strauß und selbst Joschka Fischer wegen ihres Machtstrebens und nicht zuletzt wegen ihrer prallen Lebenskraft und Esslust respektiert, hat hier seinen schärfsten Beobachter gefunden. Canetti weiß übrigens auch: „Er könnte, wenn er nur wollte", so schreibt er über den Typus, „immer der Meistesser sein."   **Stefan Kornelius**

**Gemeinsame Brotzeit bei einer Wanderung
mit Franz Josef Strauß, 1984**

Ein Herrscher,
der nicht mehr regiert

**Wie Konrad Adenauer hat Helmut Kohl den
günstigsten Zeitpunkt für seinen Rückzug von der Macht verpasst.**

1996, 19. Oktober, SZ – Das Jahr 1996 sollte eigentlich das Jahr sein, in dem Helmut Kohl – freiwillig – seinen Abschied nimmt. Die Diskussion darüber wurde von ihm vor zwei Jahren selber entfacht und dann schnell wieder erstickt. Kronprinz Wolfgang Schäuble, der davon ausgehen durfte, jetzt Nachfolger zu werden, muss den Kanzler irgendwann wieder aus einem vagen Versprechen entlassen haben.

Ende des Monats regiert Kohl 14 Jahre, länger als Konrad Adenauer. Das Ausland nähert sich ihm in Heiligenverehrung, im Inland werfen sich die publizistischen Gegner von einst, die ihn verhöhnten, ohne ihn wirklich zu kennen, ehrerbietig in den Staub. Kohl triumphiert über alle Widersacher innerhalb und außerhalb seiner Partei. Die Delegierten des CDU-Parteitages werden ihn am Montag in Hannover zum zwölften Male zu ihrem Vorsitzenden wählen. Eine Alternative gibt es in der Union nicht mehr. Es grummelt zwar in der eigenen Fraktion. Wer aber wagte, am Denkmal zu rütteln, beginge politisches Harakiri. Kohl straft alle ab, die nicht parieren, erst mit Liebesentzug, dann mit politischer Kaltstellung.

Kohl ist vielleicht kein phantasievoller, aber ein außergewöhnlich geschickter Politiker. Er akkumuliert Macht, sie scheint ihm wichtiger zu sein als Menschen. Obwohl (oder gerade weil) er innenpolitisch gar nichts bewegt, mögen ihn die Leute. Kohl ist der personifizierte Status quo. Das bedeutet Stillstand und sichert Mehrheiten. Als Kanzler verschafft er den Bürgern ein Wohlgefühl. „Solange er regiert", sagen junge Menschen in Diskussionen, „haben wir noch nie richtig Angst gehabt." Dabei geht von diesem Kanzler, was die politische Zukunft des Landes betrifft, kaum eine Orientierung aus. Die Geborgenheit, die er vermittelt, lullt ein. Einer wie Kohl, der selber sagt, dass er immer wissen muss, was hinten dabei rauskommt, setzt sich nicht gern an die Spitze einer Bewegung, deren Ziele und Erfolgsaussichten ungewiss sind. Abwarten, nach allen Seiten absichern, aus dem Hintergrund Entwicklungen beeinflussen, das liegt ihm mehr, als vorne für alle sichtbar zu marschieren, wo das Banner getragen wird.

Kohls Regierung liefert keine Analysen und Konzepte zur neuen Rolle Deutschlands: etwa die Bundesrepublik als Leitmodell eines modernen Staates, ein immer noch reiches Land, das keine Kriege führt und Klassenkonflikte zügelt, das Geld in Universitäten und Zukunftstechnologien investiert, seine sozialen Errungenschaften verteidigt und als stabile Demokratie ein verlässlicher Partner wird. Außenpolitisch endlich ein Deutschland, das nicht mehr zwischen seinen Bestimmungen schwankt: eine in der Einheit Europas verankerte Nation oder doch unerklärte Erbin imperialer Ambitionen, die der Hohenzollern oder die der Habsburger.

Kohl denkt in Begriffen der Geschichte, er hat deutsche Geschichte prägend mitgestaltet. Doch aus Sorge um den Machterhalt verzichtet der Historiker Kohl auf Entwürfe. Persönliche Animositäten, auch wahltaktische Scharmützel halten ihn davon ab, rechtzeitig das Richtige zu tun. Er verschleppt unnötig die Versöhnung zwischen Tschechen und Deutschen, wie er damals nach dem Mauerfall Polens Westgrenze – so schmerzlich es für einen deutschen Kanzler gewesen sein mag – sehr spät und nur auf Druck der Alliierten akzeptierte.

In der Innen- und Wirtschaftspolitik fehlt dem Kanzler das Gespür für heraufziehende Probleme. Viel zu spät hat er erkannt und ernstgenommen, welche finanz- und sozialpolitischen Reformen notwendig sein würden, um den Standort Deutschland zu sichern. Im Streit der Gewerkschaften und Arbeitgeber um die Lohnfortzahlung wussten seine Berater offenbar gar nicht, wie viele soziale Vergütungen tariflich gesichert und damit schwer anzutasten sind. Im nachhinein erscheint der Kanzler als wankelmütiger Ratgeber und Rückversicherer, der erst die Unternehmen zu schmerzlichen Kürzungen ermuntert und dann, bei reichlich Gegenwind, vor einer Aushöhlung des Sozialstaats warnt.

Krisen, die durch Aussitzen nicht zu beheben sind, geht er gar nicht erst an. Länger als ein Jahr lagen die Steuerreformvorschläge der Bareis-Kommission auf dem Tisch des Finanzministers, der sie für politisch nicht durchsetzbar hielt und angstvoll wegsteckte. Kohl reagierte erst, als der öffentliche Druck zu stark wurde. Im Streit um die Haushaltssanierung sieht Kohl zu, wie sich seine Koalitionspartner FDP und CSU zermürben, wartet auf den ihm passenden Zeitpunkt für den goldenen Schnitt. Der König herrscht, aber er regiert nicht. Hinter allem, was Kohl nicht anpackt, vermuten seine Zulieferer und Bewunderer noch eine besondere Führungskunst. Entscheidungsschwäche wird als geschickte Taktik interpretiert, Ideenmangel als weise Zurückhaltung ausgegeben. Und seine Passivität, das Aussitzen, gilt als Ausdruck besonderer Integrationskraft. Kritik in jeder Form, auch wenn sie klug und besorgt daherkommt, wird ignoriert oder abgetan.

Diese empfindliche Ungeduld offenbart Kohls größte Schwäche. Wer stark ist, fordert Widerspruch heraus, hält ihn auch aus. Wer nur noch seine Macht sichert, verarmt. Der Sonnenglanz des Einheitskanzlers ist verblasst, die wachsende Kluft zwischen den Deutschen in Ost und West trübt sein Lebenswerk. Beim Kampf um die Einheit Europas, die er bewundernswert ausdauernd vorantreibt, sind ihm zwei zuverlässige Mitstreiter, François Mitterrand und Felipe Gonzales, abhanden gekommen. Zwei Jahre vor der nächsten Bundestagswahl (und seiner sechsten Kandidatur) bestimmt Kohl, der letzte Eurosaurier, nicht mehr die politische Agenda. Der undurchsichtige Chirac, der gelähmte Major (und wer regiert eigentlich in Italien?) – alles keine Partner, die ihn seinem Lebensziel, der Schicksalsgemeinschaft Europa, garantiert näherbringen.

Was aber dann, wenn der Aufbau Europas ins Stocken gerät, wenn die Wirtschafts- und Währungsunion verschoben werden muss? Wird dann Kohl, der überzeugte Europäer, sein Amt der Überzeugung opfern? Kohl sitzt in der Adenauer-Falle: Er hätte glorreich abtreten können, hat aber den günstigsten Zeitpunkt zum Ausstieg verpasst. Alle kurzfristig denkbaren Nachfolger wurden von ihm verschlissen. Helmut Kohl fehlt die Weltläufigkeit und Internationalität Helmut Schmidts, die Brillanz und intellektuelle Diskussionsfreude Willy Brandts. Solche Eigenschaften bewahren Politiker nach dem Machtverlust vor Vereinsamung. Brandt füllte noch 15 Jahre nach seinem Kanzler-Rücktritt die Marktplätze. Schmidt, dem international geachteten Ökonomen, trauen die Deutschen bis heute viel eher als Kohl zu, mit den Problemen der deutschen Einheit fertig zu werden. Helmut Kohl ist von Beruf Kanzler, das hat er von der Pike auf gelernt.

Regierungschefs werden nicht abgewählt, weil die Opposition verspricht, es besser zu machen, sondern nur, wenn das Volk seiner überdrüssig ist. Nur wenn er 1998 wieder antritt, darf sich die SPD überhaupt eine Chance ausrechnen, den ersten Bundeskanzler in der Hauptstadt Berlin zu stellen.   **Hans Werner Kilz**

Rutschpartie

Baum unter Büschen

Helmut Kohl war ein Großer, gemessen an seiner Statur und
an seinen politischen Erfolgen. Er ist aber auch ein Großer geworden,
weil alle um ihn herum sich kleinmachten oder er sie kleinmachte.

2010, 3. April, SZ – Am liebsten hätte Helmut Kohl die Bundesrepublik Deutschland von
Mainz aus regiert. Dort saß er jahrelang, als unangefochtener Ministerpräsident von
Rheinland-Pfalz, im barocken Zeughaus des seligen Kurfürsten Philipp Karl von
Eltz und residierte wie der Pfalzgraf bei Rhein, großmütig und machtbewusst, mit
einer glaubhaften Jungenhaftigkeit, die ihn populär, erfolgreich und beliebt gemacht
hat. Damals war er vierzig, rauchte Pfeife, trank Wein aus allen Pfälzer Lagen und
hechtete fünfmal vom Drei-Meter-Brett, bis auch alle Fotografen und Kamera-
männer das Bild für den bevorstehenden Wahlkampf im Kasten hatten. Er heimste
absolute Mehrheiten ein und das Lob der „Sozen" (Kohl), die seinen Aufstieg insgeheim bewunderten. „Er war", auch für die Sozialdemokraten, „der Baum unter
Büschen." Helmut Kohl wurde mit 29 Jahren jüngster Abgeordneter im Landtag,
mit 33 jüngster Fraktionschef in einem westdeutschen Parlament und dann mit 39
der jüngste Ministerpräsident eines Bundeslandes. Er zog von Mainz rheinabwärts
nach Bonn, und er sagte frühzeitig allen, auch jenen, die es nicht hören und glauben
wollten: „Ich will Kanzler werden."

Bis es soweit war, musste er Enttäuschungen und Demütigungen hinnehmen,
die nur mit strotzendem Selbstbewusstsein zu verkraften waren: die Niederlage gegen den öligen Rainer Barzel um den Parteivorsitz 1971, die Kanzlerkandidatur von
Franz Josef Strauß 1980, seinem ärgsten Feind innerhalb der Union, der Kohl „die
charakterlichen, die geistigen und die politischen Voraussetzungen" absprach, um
Kanzler zu werden. „Er ist total unfähig", wetterte Strauß vor der Jungen Union

Bayerns, „ihm fehlt alles dafür." Strauß scheiterte als Kanzlerkandidat, zog sich schmollend nach Bayern zurück. Kohl stürzte, im Verbund mit dem wendigen Freidemokraten Hans-Dietrich Genscher, zwei Jahre später den Sozialdemokraten Helmut Schmidt und war am Ziel seiner Träume.

Helmut Kohl, der an diesem Samstag 80 Jahre alt wird, war 16 Jahre lang Bundeskanzler und 25 Jahre Vorsitzender der CDU. Krisen in seinem politischen Leben bewältigte er mit Geduld und langem Atem, durch Aussitzen eben. „Wer ihn hat, der hat ihn lange", sagte seine Ehefrau Hannelore einmal über das Beharrungsvermögen ihres Mannes.

Doch die Hauptstadt veränderte den Menschen aus der Provinz, er wurde misstrauisch und unzugänglich. Was ihm in Mainz bei Weck, Worscht unn Woi spielerisch gelang, ging in Bonn von Anfang an daneben. Die heimatliche Mundart, die der Rheinländer Konrad Adenauer als sein Markenzeichen kultivierte, geriet dem Pfälzer Kohl zum Malus, weil sie so unbeholfen wirkte. Seine Zunge ging langsam, die schleppenden Konsonanten klangen, als habe er sich beim Sprachtraining eine Kehlkopf-Anomalie antrainiert, wie selbst der von Kohl sehr geschätzte Willy Brandt unkte. „Die wollten mich zum Dorfdeppen machen", sagt er noch heute gekränkt, weil er bei aller Robustheit nie die herablassende Art von Journalisten (wie Rudolf Augstein) und Politikern (wie Helmut Schmidt) verwinden konnte, die ihm nicht zutrauten, sich auf der Weltbühne angemessen zu bewegen.

Sie irrten, wie viele Journalisten der „Hamburger Mafia" (so Kohl über *Spiegel*, *Zeit* und *Stern*), die ihn unterschätzten und schmähten, als Birne karikierten und zur Witzfigur stilisierten, weil sie Oggersheim, Saumagen und Ferien am Wolfgangsee für den Inbegriff des Provinziellen hielten. Obwohl viele von ihnen selber in Bonner Randgemeinden ihren Vorgarten mit der Rasenschere pflegten. Kohls Wahlergebnisse zeigten, wer näher am Gemüt der Deutschen war.

Journalisten, die aus seiner Heimat kamen (wie der Autor dieser Zeilen), wurden von Kohl im Kanzleramt empfangen, auch wenn sie für Blätter schrieben, die er in Wahrheit verachtete. Wer ihm vertraut erschien, dem vertraute er. Dann erlebten seine Gesprächspartner eine zugewandte Art der Gastlichkeit, wie sie Helmut Kohl auch bei Staatsgästen zelebrierte. „Juliane", sagte er dann zu seiner Büroleiterin, „hol' emol e Fläschje und ruf' de Erzbischof Meisner in Köln an. Dess muss ich beichte, dass der Kerl hier sitzt." Dann machte es sich der Kanzler in seiner Strickjacke bequem, streckte die Füße in ausgelatschten Sandalen von sich und türmte alle verfügbaren Kekse auf seiner Tischseite zu einer Säule, ehe man überhaupt in Versuchung kommen konnte, einen davon zu probieren. Ein Staatsmann? Ein Landmann.

Helmut Kohl liebte es, in solchen Posen die Weltlage zu erklären. Dann erfuhr der Zuhörer, dass er an der Seite seines „Freundes François Mitterrand" sehr früh lernte, „die Trikolore zweimal zu grüßen", dass Gesten und persönliche Beziehungen in der Politik wichtiger sein können als Bündnisse und Verträge. Kohl machte Politik mit seinem Körper, mit Gesten und Geschenken. Über den Gräbern von Verdun reichte er dem französischen Präsidenten Mitterrand die Hand, mit Michail Gorbatschow saß er lange auf einer Mauer an der Bonner Rheinpromenade und rang ihm später die Nato-Mitgliedschaft des vereinten Deutschland ab, er haute seinen EU-Kollegen bei Gipfeltreffen gelegentlich so heftig auf die Schulter, dass man um das Gefüge ihrer Wirbelsäule bangen musste. Der amerikanische Präsident George Bush, dem er pfälzische Wurst mit nach Amerika gegeben hatte, bedankte sich mit einem Foto aus dem Weißen Haus, samt handgeschriebener Widmung: „Dear Helmut, the best food I ever had." Das Bild stand griffbereit hinter dem Aquarium in Kohls Arbeitszimmer im Kanzleramt, weil der Kanzler gern demonstrierte, wie seine Politik von Mensch zu Mensch funktioniert, weil er mit einer fast kindlichen Naivität seine Wertschätzung unter ausländischen Staatsmännern genoss. „Seine Vision von der Welt", schrieb der französische Publizist Joseph Rovan in seinem Buch „Geschichte der Deutschen" über den Pfälzer, „ist vom Modell der Familie geprägt."

Und so argumentierte der Kanzler auch, wenn er über die sprach, denen er grundsätzlich misstraute: Journalisten. „Eine Frau muss wissen, welchen Ehemann sie sich angelt, und eine Zeitung muss wissen, welchen Chefredakteur sie sich ins Haus holt", dozierte er in einem Gespräch mit Journalisten aus Bayern im Bonner Kanzleramt. Er gefiel sich darin, Gunst zu gewähren und zu entziehen. „Ich habe aus guten Gründen nicht mehr mit dem *Spiegel* geredet, und aus den gleichen guten Gründen rede ich jetzt auch nicht mehr mit der *Süddeutschen Zeitung*", sagte Kohl. Das war 1997. Zum Ende seiner letzten Amtszeit zog er die Linien, mit denen er Freund und Feind schied, klarer denn je. Und er vergaß nichts. Als er nach dem Ende der DDR in Stasi-Akten Berichte über Richard von Weizsäckers Besuche im Osten las, sagte er bitter: „Wenn ich gewusst hätte, was der da hinter meinem Rücken alles erzählt, wär' der nie Präsident geworden."

Kohl war ein Großer, gemessen an seiner Statur (1,93 Meter) und an seinen politischen Erfolgen („Kanzler der Einheit"). Er war aber auch ein Großer, weil alle um ihn herum sich kleinmachten oder von ihm kleingemacht wurden. Er führte die Union wie ein absolutistischer Herrscher, bis ihm die Wähler 1998 Einhalt geboten, weil er am Ende seiner langen Regierungszeit noch immer nicht glauben wollte, dass sich die Deutschen in dieser fernsehorientierten Demokratie an ihm sattgesehen

Maßgeschneidert

hatten. Das machten Kohls Vorgänger besser. Willy Brandt führte nach seinem Rücktritt noch lange die SPD, Helmut Schmidt blieb als Herausgeber der Wochenzeitung *Die Zeit* bis heute ein geachteter Publizist, und Gerhard Schröder verdient als Lobbyist des russischen Gazprom-Konzerns das große Geld, das er als Kanzler den Bossen in der Wirtschaft immer neidete.

Und Helmut Kohl? Er macht den Eindruck eines körperlich und seelisch gebrochenen Menschen. Seine Frau Hannelore hat sich das Leben genommen. Kohl sitzt im Rollstuhl, nach einem Sturz in seinem Ludwigshafener Bungalow ist er nahezu unfähig, zu gehen und sich klar zu artikulieren. Im November, am 20. Jahrestag des Mauerfalls, konnte Kohl den größten Triumph seines politischen Lebens nicht mehr öffentlich feiern. Seine neue Lebenspartnerin, die er vor zwei Jahren heiratete, kappt viele Verbindungen zu früheren Weggefährten.

Sein Abschied aus der Politik vollzog sich in Schimpf und Schande, weil er auf Ratschläge nie hörte, auch dann nicht, als er nach Jahren des Ruhmes als historische Kanzlerfigur in den Parteispendensumpf geraten war. Kohl hatte Geld für die CDU kassiert, sich im Nachhinein aber geweigert, die Namen der Spender zu nennen, obwohl ihn das Parteiengesetz dazu verpflichtet hätte. Er beharrte sturköpfig auf einem dubiosen Ehrenwort, verweigerte jegliche Hilfe zur Aufklärung der illegalen Spenden und fand es „ganz und gar unerträglich", wie man ihn, den großen Helmut Kohl, verdächtigen konnte, sein Regierungshandeln sei womöglich „mit Spenden beeinflusst" worden. Seine eigene Partei forderte ihn auf, den CDU-Ehrenvorsitz bis zur Klärung ruhen zu lassen. Verbittert verzichtete Kohl auf das Amt. Zu seinen Sünden bekennen? Das wollte er schon, aber sich unterwerfen, das entsprach nicht seinem Naturell.

Nach einem halben Jahrhundert der Machtausübung hatte Helmut Kohl die Bodenhaftung verloren, reagierte selbstgerecht und störrisch, merkte gar nicht mehr, wie sehr er sich und seiner Partei schadete. „Wir kommen nicht umhin, unsere Zukunft selbst in die Hand zu nehmen", schrieb damals CDU-Generalsekretärin Angela Merkel in der *Frankfurter Allgemeinen Zeitung* über ihren Ziehvater. Der hatte „das Mädchen" entdeckt und gefördert und musste dann miterleben, wie sie von ihm Abschied nahm, mit sicherem Gespür für Macht die Union eroberte und nach sieben Jahren rot-grüner Koalition die CDU wieder an die Regierung brachte. Doch Helmut Kohl kann seinen 80. Geburtstag in der Gewissheit begehen, dass die Partei – und auch die Öffentlichkeit – die historischen Verdienste in der Lebensbilanz des Altkanzlers höher bewerten als die gesetzeswidrigen Geldgeschäfte des halsstarrigen Parteivorsitzenden. Helmut Kohl hat aus einer Honoratiorenpartei und

**Bundeskanzlerin Angela Merkel
vor einem Helmut-Kohl-Porträt, 2015**

einem Kanzlerwahlverein eine schlagkräftige Volkspartei entwickelt, welche die SPD an Mitgliedern überholte. Und er hat Arbeitnehmer, die traditionell sozialdemokratisch wählten, ins Unionslager gelockt.

Schon in seiner Mainzer Zeit scharte er eine Gruppe junger Intellektueller um sich, die er politisch gewähren und für sich wirken ließ: Heiner Geißler als Sozialminister, Bernhard Vogel als Kultusminister, der zusammen mit Hanna-Renate Laurien als Staatssekretärin die Konfessionsschule abschaffte, neue Universitäten gründete und Rheinland-Pfalz, das Land der Rüben und Reben, zu einem aufstrebenden Bundesland machte. Kohl lockte den Staatsrechtler Roman Herzog in die Politik, den Wirtschaftsprofessor Kurt Biedenkopf und Richard von Weizsäcker, dem er einen Wahlkreis in Rheinhessen besorgte. Sie alle brauchte er, um den Wandel im politischen Profil der CDU glaubhaft zu machen, um gesellschaftspolitische Reformen in einem neuen Grundsatzprogramm zu verankern. Helmut Kohl wollte Kanzler werden. Diesem Ziel hat er alles untergeordnet, auch die CDU. Reformen waren in einer verkrusteten Partei die richtige und erfolgreiche Strategie zur Machtgewinnung.

In Kohls Kanzlerschaft gab es dann zwei Phasen, eine lähmende und eine glorreiche. Angetreten mit dem vermessenen Anspruch, Deutschland eine „geistig-moralische Wende" zu verpassen, schleppte er sich jahrelang als Pannen-Kanzler durch, dem es nach allem Anschein an Kompetenz und Professionalität mangelte. Im Innern steuerte er – undefiniert – einen vagen Kurs der Mitte, ohne große Reformen, ohne große Perspektiven und Visionen für morgen. Regieren bedeutete für

**Mit Bill Clinton
an Bord der Air Force One, 1998**

ihn vor allem, die Macht zu bewahren und Wahlen zu gewinnen. Der politische Erfolg, schrieben die Ökonomie-Professoren Guy Kirsch und Klaus Mackscheidt in einer Bilanz der ersten Kanzlerjahre, beruhe darauf, dass er den Deutschen „ein Bild der Realität anbietet, in dem alle beunruhigenden und angstmachenden Elemente fehlen". Knappes Fazit: „Er steht wie ein Fels im Meer." Sein Erfolg beruhe auf seiner überdurchschnittlichen Durchschnittlichkeit.

Das war selbst seinen Mitstreitern Heiner Geißler und Kurt Biedenkopf zu wenig. Sie drängten ihn zu Reformen im Innern, wollten das Steuer- und Gesundheitssystem verändern, dem C im Parteinamen eine gesellschaftspolitische Bedeutung geben, aus der Partei mehr machen als einen Kanzlerwahlverein. Die Führungsschwäche des Vorsitzenden stärkte die innerparteilichen Kontrahenten, die im Sommer 1989 den Aufstand probten, Kohl den Parteivorsitz nehmen wollten, aber kläglich scheiterten, weil treue Weggefährten alles ausplauderten und Kohl das machte, was er am besten beherrschte: Parteifreunde kaltstellen, Machtposition sichern. Dann fiel die Mauer, und ein Kanzler, der ohne deutsche Einheit vielleicht „nur Mittelmaß geblieben" wäre, wie die *Zeit* vermutete, gewann ein Maß an Bedeutung, das nachträgliche Kritik an seinen Schwächen und Unzulänglichkeiten fast schon als kleinkariert erscheinen lässt. Und für Franz Josef Strauß gilt: Nur sein früher Tod im Jahr 1988 ersparte dem selbsternannten bayerischen Weltpolitiker die Demütigung, Kohls Triumph als Kanzler der Einheit von der Münchner Staatskanzlei aus mit ansehen zu müssen.

Helmut Kohl hat, begünstigt durch die Ereignisse der Weltgeschichte, 1989/90 einen untrüglichen historischen Instinkt bewiesen. Mit seinem heimlich formulierten und unangekündigt veröffentlichten Zehn-Punkte-Plan, mit dem er die Deutschen, aber auch Gorbatschow und die westlichen Verbündeten überraschte, hat Kohl die historischen Weichen für Deutschland und die gesamte Neuordnung Europas gestellt. Behutsam konnte er alle einbinden, die letztlich ihr Einverständnis geben mussten: Gorbatschow, dem er viel Geld und weniger deutsche Soldaten versprach; Mitterrand, der Widerstand bis zuletzt leistete, dem er die Abschaffung der D-Mark und die Einführung des Euro zusagte; und die Amerikaner, weil Deutschland in der Nato blieb und der Warschauer Pakt sich gleichzeitig auflöste. „Er wird in die Geschichte eingehen als bedeutender Mann", lobte der frühere amerikanische Außenminister Henry Kissinger den deutschen Kanzler.

Aber wie Winston Churchill, Charles de Gaulle und Konrad Adenauer, die allesamt von der politischen Bühne geschoben wurden, weil sie länger blieben, als sie dem Volk willkommen waren, verpasste auch Helmut Kohl den richtigen Zeitpunkt für seinen Abgang. Da seine Rolle in den Geschichtsbüchern längst ruhmreich festgeschrieben war, haben die Wähler 1998 dem müden, hilflos wahlkämpfenden Kanzler die Gefolgschaft verweigert. Das Urteil des Souveräns hat der Demokrat Helmut Kohl, der seine Partei bisweilen im Stile eines Despoten dirigierte, immer akzeptiert. Umso unverständlicher, dass er dann, als die illegal kassierten Parteispenden aufflogen, Recht und Gesetz missachtete und sein Ansehen nachhaltig trübte.

Helmut Kohl – ein großer Kanzler? Ein Kanzler, der Großes geleistet hat.

Hans Werner Kilz

Das schwarze Loch

Der politische Stil des Helmut Kohl

1998, 26. September, SZ – „Ein schwarzes Loch", erklärt die Encyclopedia Britannica, „ein schwarzes Loch ist ein kosmischer Körper mit extrem starker Gravitationskraft, der nichts, noch nicht einmal Licht entrinnen kann." Den unsichtbaren Körper umgibt eine kugelförmige Grenze, die man „Ereignishorizont" nennt. Durch diesen Horizont kann Strahlung ein-, aber nicht austreten. Ein politisches Lexikon hätte das Phänomen Helmut Kohl kaum besser beschreiben können. Gemessen an dem Eifer, mit dem sein Rivale Gerhard Schröder seit März von den intellektuellen Köpfen auf Schritt und Tritt begleitet, begutachtet und kommentiert wurde, war Helmut Kohl aus der kritischen Wahrnehmung herausgefallen, zumindest in Westdeutschland. Besonders für jene, die sich dem linksliberalen Lager zurechnen, war er kein Thema. Lieber zogen sie bis zuletzt über den Kandidaten her, den sie wohl morgen wählen werden, als den Kanzler, den sie loswerden wollen, auch nur zu erwähnen.

In der Tat, Kohl wirkt im politischen Universum wie ein veritables schwarzes Loch: von mächtiger Schwerkraft und dennoch von den Scheinwerfern der Kritik nicht mehr erreichbar. Nicht, dass ihn seine Gegner und Kritiker bereits politisch abgeschrieben hätten. Jedem war klar, dass er als Konkurrent von Schröder mehr als ernst zu nehmen ist. Es scheint vielmehr, dass man ihn – analog zu wertvoll gereiften Cognacs, deren Alter man nicht mehr in Jahren zählt, sondern nur noch als *hors d'age* (jenseits des Alters) bezeichnet – dass man ihn also behandelt als einen, der sich schon lange jenseits aller konkreten Einwände bewegt, ein Politiker *hors de critique*.

Und natürlich genießt er über alle politischen Gräben hinweg jenen raren geschichtlichen Respekt, der ihn über die Niederungen der Tages- und Wahlkampfpolemik erhebt. Dass ausgerechnet er, der sich stets so unbeirrbar, so provozierend gleich blieb, zum Symbol der Zeitenwende geworden ist und, fast in einem historischen Atemzug, die nationale Einigung Deutschlands und den Übergang zur postnationalen Epoche Europas eingeleitet hat, erkennt jeder an. Mag er den schlichten, phantasielosen Geist par excellence verkörpern, er hat das Unmögliche, das Phantastische realisiert. Dafür steht er zu Recht auf dem Podest.

Abgesehen davon hat allein die schiere Dauer seiner Regierungszeit alle Kritik, alle Häme, alle Parodien abstumpfen und versanden lassen. Die „Birne" – seit Jahren passé, wenn nicht von ihm selbst ironisch vereinnahmt. Seine Plumpheit und Schwerfälligkeit – er macht damit, in seinen Anzeigen als Elefant, Wahlwerbung. Seine talentfreie Sprache – die Stimme des Volkes. Sein rüder Wille zur Macht – die Basis seines Erfolges.

Doch damit deuten sich auch die Schattenseiten der auffälligen Kritikabstinenz an. Für viele Intellektuelle bedeutet es durchaus nicht nur Grund zur Resignation, dass jegliche Kritik an Kohl, einst tausendfach wiederholt, längst absorbiert und wirkungslos geworden ist. Keinem Politiker können sie so dankbar sein wie ihm. Denn sein rhetorisches Ungeschick, seine kulturelle Unterlegenheit bestätigt sie in ihrem eigenen Überlegenheitsanspruch und gibt ihnen, den ewig Unsicheren und sich Vergleichenden, das verführerische Gefühl des gehörigen Intelligenzabstandes. Wenn sein Regime das Maß für Mittelmäßigkeit vorgibt, dann haben sie nichts zu fürchten. Und auch die Ferne zwischen Geist und Macht braucht sie nicht zu grämen; solange die Macht geistlos ausgeübt wird, kann der Geist ruhig machtlos bleiben.

So wurde Kohl zum geistigen Beruhigungsmittel, an dessen Einnahme man sich gewöhnen konnte. Er benutzt in seinen Reden so häufig Klischees, dass man ihn seitdem selbst nur noch als Klischee wahrnimmt. Das heißt, seine wahre Realität entschwindet aus den Augen. Nichts aber könnte der Wirkungsweise von Kohl besser entgegenkommen, als hinter der Sichtgrenze des schwarzen Lochs agieren und seine gewaltige Energie entfalten zu können. Dass aus dem schwarzen Loch kein Licht heraustreten kann, dass er also keine kluge Ausstrahlung besitzt, schadet ihm nicht, es nützt ihm. Er selbst hat immer wieder betont, dass er sein ganzes politisches Leben lang am meisten davon profitiert hat, dass man ihn zu unterschätzen pflegt. Das klingt zwar jetzt, nach 16 Jahren als Kanzler und nach all den epochalen Leistungen, die man ihm zuerkennt, ziemlich grotesk. Trotzdem trifft diese Einsicht weiterhin den Kern seiner Machtausübung. Er gehört, eben wegen seines

**Helmut Kohl,
1996**

vermeintlich schlichten Gemüts, zu denen, denen man immer erst im Nachhinein das zutraut, was sie zustande gebracht haben. Dann erscheint die Leistung irgendwie logisch.

Darauf kann er bauen. Indem man ihm herablassend den Schleier des Verkennens umhängt, drängt man ihm den Schutz vor zudringlichen Blicken geradezu auf. Man unterschätzt seine enormen Stärken, man unterschätzt seine enormen Schwächen, man unterschätzt aber auch die Auswirkungen seines Regierungsstils auf die demokratischen Entscheidungskräfte mit ihren stets gefährdeten *checks and balances*. Kohls System konzentriert das Machtspiel nicht nur allein auf seine Person, sondern zieht es hinter die Kulissen, um dort mit Hilfe informeller Kumpanei, Duzbrüderschaften und servilen Abhängigkeiten in kleiner Runde die Beschlüsse vorzuprägen und abzusprechen, die nachher in der Koalition, selbst im Kabinett und erst recht von der Mehrheit im Bundestag nur noch abgesegnet werden. Dieses System der feudalen Exklusivität der Macht jenseits der Gremien hat zum „Katzbuckeln in den Vorzimmern der Macht" (Konrad Adam) und zur Aushöhlung des Parlamentarismus vermutlich mehr beigetragen, als es seinen eigenen Idealen lieb ist.

Seine Schwäche der öffentlichen Rede und Gegenrede übersetzt sich auf diese Weise nicht nur in eine zwanghafte Aversion gegen Dissidenten in den eigenen Reihen, von den Andersdenkenden in der Opposition ganz zu schweigen. Sie übersetzt sich auch nicht nur in einen trotz aller großen Erfolge bleibend unsicheren, häufig bockigen und arroganten Stil vieler Auftritte. Sie übersetzt sich vielmehr vor allem in eine fatale Bevorzugung der Exekutive und der Spitzen der Bürokratie zu Lasten der entmachteten Legislative. Selbst die viel beklagte Pervertierung der Europäischen Union, die durch die Bürokratie usurpiert wurde, spiegelt noch das Wirken seines Systems der uneinsehbaren Herrschaft wider. Für Europas Vision ist Kohl die gute historische Nachricht, für Europas demokratische Gestalt die schlechte.

Dennoch, bei dem geschichtlichen Durchbruch, den er erzielte, kam ihm die Fähigkeit, das politische Spiel radikal zu vereinfachen und aus dem demokratischen Off zu steuern, sehr zu gute. Wer weiß, ob ein anderer deutscher Staatsmann, der nicht über Kohls Eigensinn verfügt, nicht über dessen simple Vorstellung vom notwendigen Lauf der Geschichte, nicht über dessen Drang, alle Fäden selbst in der Hand zu halten und von keinem Medium, keiner Fraktion, keinen Partnern oder Gegnern zerpflücken zu lassen, wer weiß, ob ein anderer soweit gekommen wäre wie er.

Dass seine größten Leistungen im außenpolitischen Bereich liegen, ist kein Zufall. Seine Art der Drahtzieherei, persönlichen Vertrauensbindung und verdeckten Hinterzimmerpolitik kommt vielen Formen der Diplomatie nahe. Doch die kommenden Weichenstellungen werden wirtschafts- und sozialpolitischer, nicht mehr außenpolitischer Natur sein. Für diese Felder hat er, trotz sechzehnjähriger Bewährungszeit, keine nennenswerte Qualifikation bewiesen: kein Wunder, denn hier zählt das Privileg des schwarzen Lochs am wenigsten.

In einem Porträt nannte ihn kürzlich die BBC einen „ökonomischen Analphabeten". Das geht sicher zu weit, macht aber das Drohen eines Stillstands deutlich, wenn er im Amt bleibt. Wer jetzt keine kompetenten, beweglichen und transparenten Entscheidungsnetze aufbauen und moderieren kann, wird im Zeichen der Globalisierung scheitern.

Andreas Zielcke

„Ich bin erstaunt, wer
da plötzlich entdeckt,
dass ich auch lesen kann
und schreiben."

„Hier sitzt doch hinter jedem Busch einer und wetzt das Messer."

IMMER MEIN EIGENER CHEF

Kohl über Strauß

„Franz Josef Strauß machte es uns oft unnötig schwer – und er wollte das auch."

Strauß über Kohl

„Er ist total unfähig. Ihm fehlen die charakterlichen, die geistigen und die politischen Voraussetzungen. Ihm fehlt alles dafür (fürs Kanzleramt)."

(Wienerwald-Rede 1976)

Kohl über Schäuble

„Jeder weiß, ich wünsche mir Wolfgang Schäuble als Bundeskanzler."

Schäuble über Kohl

„Meine Beziehung zu Helmut Kohl ist beendet."

Kohl über Blüm

„Im Lichte der Ereignisse frage ich mich heute, wie ich mich so in seinem Charakter täuschen konnte."

(Kohl in seinen „Erinnerungen" über Blüms Rolle
beim gescheiterten Putsch gegen ihn 1989)

Blüm über Kohl

„Selten habe ich mich so gequält. Bis zur letzten Sekunde der Abstimmung im CDU-Vorstand über die Aberkennung des Ehrenvorsitzes von Helmut Kohl habe ich gehofft, mir fiele ein Argument ein, das ‚Unheil' abzuwehren. Mir fiel keins ein."

Kohl über Merkel

„Das Mädchen."

Merkel über Kohl

„Dieser Kanzler des Vertrauens war für uns Deutsche ein Segen."

Kohl über Wehner

„So wie Wehner Adenauers Nachfolger wurde, so möchte ich Wehners Nachfolger werden."

(Kohl als Parteireformer)

Wehner zu Kohl

„Lassen Sie mich doch ausreden, Sie Düffeldoffel da!"

(im Deutschen Bundestag am 20. März 1980)

Kohl über Schmidt

„Wir können nicht miteinander. Schmidt lebt in allen menschlichen Bezügen auf einem anderen Stern."

Schmidt über Kohl

„Ich habe Kohl lange als Provinzpolitiker empfunden, seit dem Herbst 1989 aber als Staatsmann. Meine Sympathien und Antipathien hat das nicht berührt."

Freunde, Kollegen, Partner

Über Adenauer

„Ich habe in meinem Leben überhaupt nur wenige Politiker getroffen, die mit einer solchen Intensität des Geistes, aber auch des Herzens, eine politische Idee verfolgten."

Zu Joschka Fischer

„Sie sind und bleiben ein Trittbrettfahrer der Geschichte, kein Gestalter."

Über Delors

„Dieser Mann war ein Glücksfall für Europa."

Zu Gonzales

„Felipe, wie kann ein so intelligenter Mensch wie du Sozialist sein!"

Über François Mitterrand

„Wie der Sozialist François Mitterrand dem sowjetischen Staats- und Parteichef Michail Gorbatschow bei einem Besuch in Paris alle Illusionen nahm, er könne einen Keil in die westliche Allianz treiben, das war eine Meisterleistung."

Über Rau

„Rau ist gut in der Bibel, aber nicht in der Umstrukturierung."

Über Otto Schily

„Dieser Herr ist nun wirklich ein besonders ungeeigneter Kandidat."

Über Weizsäcker

„Die Freude über meine Erfolge in der Deutschlandpolitik, vor allem bei den schwierigen und verschlungenen Wegen zur deutschen Einheit, hielt sich bei ihm in Grenzen."

Über Gorbatschow

„Ich bin kein Narr, ich halte ihn nicht für einen Liberalen. Es gibt genug Narren in der westlichen Welt zwischen Journalisten und Politikern … Das ist ein moderner kommunistischer Führer. Der war nie in Kalifornien, nie in Hollywood, aber er versteht was von PR. Der Goebbels verstand auch was von PR … Man muss doch die Dinge auf den Punkt bringen."

„Es war dumm von mir, Gorbatschow und Goebbels in einem Atemzug zu nennen. Mehr als ein tiefes Bedauern blieb mir aber nicht."

Zum Tod von Franz Josef Strauß

„Ich verlor meinen härtesten und oft auch unangenehmsten Kritiker, aber auch einen Mann, der mein Leben mit geprägt hat."

Freunde, Kollegen, Partner

Mit François Mitterrand, 1985 und 1993
mit Margaret Thatcher, 1975 und 1986

**Mit Ronald Reagan in Washington, 1988 und 1986
mit Michail Gorbatschow in Moskau, 1990**

An Jules Elefanten muss jeder vobei

1997, 4. Januar, SZ – Kurt Biedenkopf hält sie für eine der wenigen Frauen, die im Leben und in der Karriere Helmut Kohls eine „Schlüsselrolle" spielen. Denn sie sei die einzige, die „ihn als Mann anerkennt", dazu eine „pfälzische Mischung aus Landweib und hochbefähigter Büroleiterin".

Gemeint ist Juliane Weber, die das „persönliche Büro" Kohls betreut. Es ist im Organogramm des Kanzleramts zwischen dem eigentlichen Kanzlerbüro und demjenigen der Öffentlichkeitsarbeit angesiedelt. Die Konstruktion ist eigenartig, einzigartig und überdies dem deutschen Organisationsschema wesensfremd, das strikt zwischen persönlichen und amtlichen Funktionen trennt. Und doch gibt sie exakt wieder, was Juliane Weber ist und darstellt: Sie ist diejenige, die von Amts wegen die persönlichen Angelegenheiten des Chefs regelt und betreut.

Dazu gehören nicht nur die Routine des Büroalltags, wie die, in greifbarer Nähe zum Vielbeschäftigten diskret Naschwerk zu platzieren, sondern auch die Feierabendgewohnheiten Kohls. Die Bonner Klatschbasen haben mangels anderer hervorstechender Ereignisse herausgefunden, dass es sich Juliane oder, wie enge Freundinnen sie nennen, „Jule" zur Aufgabe gemacht hat, darauf zu achten, dass der abends auf Socken durchs Büro wandelnde Kanzler wenigstens Sandalen anzieht, wenn ihn eine Persönlichkeit besucht, die an der legeren Pausenbekleidung des Gesprächspartners Anstoß nehmen könnte. Johannes Gross schilderte einmal mit feiner Ironie eine Begegnung zu später Stunde mit dem mächtigen Mann, den er fast so lange wie die Weber kennt. Mit den strengen, asketischen Umgangsformen Adenauers vertraut, berichtete er, wieviel „gemütlicher" es doch beim neuen Hausherrn zugehe: Der Gast werde von der „allzeit liebenswürdigen" Juliane Weber willkommen geheißen und ins Amtszimmer geführt, wo ihn der Bundeskanzler „in Strickjacke und Bequemschuh, flankiert vom Aquarium und der Bundesflagge", empfange und „freundlich

Mit Büroleiterin
Juliane Weber

und gescheit" mit ihm die Zeit verplaudere. Dass Juliane Weber eine
solche Nachlässigkeit in der Kleidung und Vertraulichkeit im Umgang
mißbilligt, bringt sie damit zum Ausdruck, dass sie in ihrem maßge-
schneiderten Kostüm stecken bleibt: von der frühmorgendlichen Arbeits-
aufnahme bis zum späten Freizeitbeginn eine ,charmante, gepflegte,
selbstbewußte Frau' (so der *Stern* in einer Reportage) (…).

Seit ihrer Einstellung begleitet sie den „Chef" auf allen Stationen
seiner Karriere: im Jahr 1969 von der Landtagsfraktion in die Landes-
regierung, 1976 ins Büro des Fraktionsvorsitzenden im Bonner Bundeshaus und 1982 ins Kanzleramt. Keiner ihrer Arbeitsplätze war so unge-
mütlich wie der im Vorzimmer des Oppositionsführers. Dort saß sie in
einem kleinen Raum zwischen der Tür und dem Fenster zum Rhein,
und jedesmal, wenn ein Besucher die Tür öffnete, flogen ihr die Papiere
um die Ohren. Der Stuhl der Weber symbolisierte die Leiden und
das Ungemach, das Kohl, der mehr als ein „gouvernementaler Typ"
denn als ein Parlamentarier gilt, erdulden mußte.

Ihre Kletterpartie in die höheren Sphären der Macht gipfelte
umständehalber mit dem Einzug ins Kanzleramt. Dort war sie anfangs
so wenig willkommen wie derjenige, der sie mitbrachte. Dem Personal-
rat war ihre Einstellung im Rang einer Regierungsdirektorin nach A 15
mit einem Anfangsgehalt von 5500 Mark suspekt. Er beugte sich
aber der Erklärung des neuen Hausherrn, der ihre Position mit dem
„einzigartigen Vertrauensverhältnis" begründete, das er zu ihr habe.

Daraus entwickelte sich eine privilegierte Stellung, die umso
schwerer zu definieren ist, als sie den ungeschriebenen Gesetzen folgt,
die das gesamte Leben und Treiben im Vorhof der Macht bestimmen.
So will der *Spiegel* herausgefunden haben, dass die „allmächtige Juliane"
die potentiellen Besucher ihres Herrn nach beiderseitigen Vor- und
Nachlieben siebe. Wer in Ungnade falle, wie etwa in der zweiten Hälfte
der Achtzigerjahre der damalige Berlin-Bevollmächtigte Peter Lorenz,
werde auf der Liste der Bittsteller so lange an den Schluß gerückt,
bis er die Hoffnung aufgebe, jemals zum Allerheiligsten vorzudringen.
Andere, die sich nicht darauf verlassen mögen, von der Gnadensonne des
Herrschers beschienen zu werden, versuchen, ihrem Begehren etwas
nachzuhelfen. Daraus wurde das Histörchen vom „Modell Merschmeier"
entwickelt. Es basiert auf der Anekdote, der Bonner Journalist Jürgen

Merschmeier habe der Frau Weber so lange Blumensträuße geschickt, bis er wurde, was er werden wollte: Pressesprecher der CDU (...).

Im vorliegenden Fall wirkt der Durchgang durch den Raum, den Frau Weber mit ihrem übergroßen Schreibtisch neben der Tür zum Kanzlerbüro besetzt, wie eine Schleuse, in der Sentiment, Geschmack und Wahrnehmungsvermögen des Eintretenden auf das Interieur eingestimmt werden, das ihn erwartet. Er muss nämlich den sogenannten Elefantenpark durchqueren, der sich ihm beim Eintritt in das Vorzimmer eröffnet. Elefanten aus allen nur denkbaren Werkstoffen von Holz und Keramik bis zu Glas, Metall und Bast, in jeder bearbeitungsfähigen Größe und bunt bemalt, lackiert oder mit Glassteinen besetzt, nehmen die eine Hälfte ihres Schreibtisches ein und klettern, wo sie auf der Platte keinen Platz mehr finden, die Wand entlang der Tür hinauf. Sie stammen von Besuchern aus aller Welt, die sich mit ihrem Mitbringsel entweder einer Dankesschuld entledigen wollen oder sich eine bevorzugte Behandlung der Beschenkten versprechen.

Auch die Elefantenherde ist ein Ausdruck dessen, dass sich die Sammlerin emotional nahe am Chef aufhält. Kohl verweist Besucher, die er durch sein leicht verkitschtes Büroreich führt, in dem der gehobene Nippes der Touristen- und Andenkenkultur dominiert, auf die „sehr persönliche Geschichte", die ihn mit jedem Gegenstand verbindet, oder die Lehre, die er ihm erteilt. So erinnert ihn das mineralische Urgestein, das sich im Regal türmt, an die „Beständigkeit der Natur". Beim Anblick seiner Pretiosen verbreitet er ähnliche Volksweisheiten wie diejenige, die er beim Vorzeigen des billigen Plastikabdrucks einer kleinen Statue der Mutter Teresa von sich gibt. „Auch wenn sie aus Gold wäre", sagte er einst zu einem Besucher, „würde das Mutter Teresa zu keiner bedeutenderen Frau machen als sie sowieso schon ist." Die Pfeifensammlung gemahnt an die stürmischen Jugendjahre und die Kraft der Entbehrung, die es kostete, sich das Rauchen abzugewöhnen. Die exotischen Zierfische schließlich, die zwischen den grünen Wasserpflanzen des Aquariums patrouillieren, symbolisieren seinen Alltag: Wenn er telephoniere, sehe er gern den Scalaren zu, bekannte er einmal. „Einer jagt den anderen. Das ist wie im richtigen Leben."

Daraus, dass die Weberin mit Kohl die Hobbys und die Vorliebe zur handwerklichen Kleinkunst teilt, schlossen Betrachter, sie sei „aus demselben einfachen Holz geschnitzt wie der Chef" (so der *Stern*). Wahr ist, dass sie seit ihrer Zugehörigkeit zur Truppe das Landsknechts- leben teilt, das er führt. In den Männergesellschaften, in denen er sich vorwiegend bewegt, ist sie die einzige Frau, die akzeptiert wird. Früher, in der Pfalz, zog sie mit den Gesellen, bei denen rauhe Sitten, grelle Töne, eine widerstandsfähige Leber und ein großes Herz den Ausweis für die Zugehörigkeit bildeten, durch die Bauernkneipen. Immer verkörperte sie den Typ des lebenslustigen, pfälzischen Naturkinds, das keine spezifisch femininen Merkmale aufweist. Darauf spielte in den späten Siebzigerjahren der damalige Arbeitgeberpräsident Hanns- Martin Schleyer an, als er über den provinziellen Einschlag des Oppositionsführers Kohl und seines Beraterstabs und deren Bemühungen, an die Regierung zu kommen, lästerte. „Erst muss das Zigeunerlager weg, einschließlich der Marketenderin", dröhnte er.

Da sich die Zeitgenossen nicht vorstellen können, ein solch enges Zweigespann, das ständig in einer so innigen Zwiesprache mitein- ander steht, könne rein geschäftsmäßig miteinander verkehren, rankten sich allerlei zweideutige Geschichten um sie. Am lebenslustigen Hof des kurfürstlichen Herrschers Kohl galt das Verhältnis als ein allgemein akzeptierter Bestandteil seiner Biographie. Ehefrau Hannelore spielte mit und fuhr zum Beweis ihrer Unbefangenheit mit Juliane Weber in Urlaub. Nachdem Kohl nach der Bundestagswahl 1976 in das in Hinsicht auf Klatschgeschichten weniger einfallsreiche Bonn wechselte, war nur noch von „Jugendsünden" die Rede, obwohl er, Frau Weber und der langjährige Fahrer Ecki Seeber in Pech nahe Bonn gemeinsam unter das Dach einer Villa schlüpften. Dennoch fallen neueren Biographen wie dem früheren CDU-Pressesprecher Karl Hugo Pruys so elegante Redewendungen ein wie die, zwischen Kohl und Frau Weber bestehe „mehr als die übliche Chef-Referentin-Beziehung", ohne dass dabei an eine „Liaison dangereuse" gedacht werden müsse.

Durch solch geheimnisvolle Beschreibung schimmert das dürre Gerüst an Fakten, mit dem jene auskommen müssen, die glauben, ihren Zuhörern und Lesern eine Geschichte zu schulden, wo allenfalls Anekdoten greifbar sind. Denn die Weber lässt sich so ungern in ihr Privatleben gucken, dass sie es mit einer Vielzahl von Paravents um- stellt. Der Drang, sich zu verbergen, geht so weit, dass sich die Nach-

**Juliane Weber an ihrem Schreibtisch
neben der Tür zum Kanzlerbüro**

barn ihrer Behausung in einer Mansarde im Haus der Familie des
Bundesarbeitsministers Norbert Blüm in der Bonner Altstadt darüber
beschwerten, dass vor ihren Fenstern ständig die Markisen herunter-
zogen seien. Die abgeschirmte Lebensführung, die, von den Anforderungen der Sicherheitsbestimmungen abgesehen, ihrem Bedürfnis
entspricht, gilt auch für ihre Beziehung zu Kohl. Auf einem Kanzlerfest
beschied sie einen ihr nahestehenden Journalisten mit der Bemerkung,
die ihre Bitterkeit über den Gucklochjournalismus verrät: „Ich sage
es zum allerletzten Mal: Ich habe nichts mit ihm, gar nichts außer dem,
was ihr alle kennt. Aber das interessiert ja keinen."
Klaus Dreher

Der getreue Eckhard

2008, 14. August, SZ – Nie waren Brechts „Fragen eines lesenden Arbeiters"
aktueller als heute, da Eckhard „Ecki" Seeber über die *Bunte* wissen
lässt, dass er sich Ende September zur Ruhe zu setzen gedenkt. Bei
Brecht heißt es zum Beispiel: „Cäsar schlug die Gallier. Hatte er nicht
wenigstens einen Koch bei sich?" Auf Seeber übertragen würde man
fragen müssen: „Helmut Kohl legte fünf Millionen Kilometer zurück.
Er allein?" Mitnichten. Seeber war immer dabei, respektive umgekehrt:
Kohl war immer dabei, denn Seeber war 46 Jahre sein Fahrer. Kohl
hatte das Steuer nur in dem bekannt metaphorischen Sinn in der Hand.

Seeber, 1938 in Orthoff in Thüringen geboren, chauffierte zunächst den Chef der Ludwigshafener Chemiefirma Giulini. Kohl war
damals Referent des Chemieverbandes, und als er nach einem Arbeits-
essen Seeber fragte, ob dieser einen Fahrer für ihn wisse, bot
Ecki sich selber an. Der Wechsel kam zustande, bei einem Gehalt von
zunächst 700 Mark. Von da an war Seeber nicht nur Kohls Fahrer,
sondern wuchs auch, und das nicht nur der Namensgleichheit wegen,
in die Rolle des getreuen Eckhard hinein. Nicht ohne Rührung nahm
die Öffentlichkeit davon Kenntnis, dass Seeber und seine Gattin Hilde
es waren, die an jenem 5. Juli 2001 Hannelore Kohl tot im Schlafzimmer
auffanden, und ähnlich bewegend war im Dezember 2004 die Kunde,
dass Seeber mit von der Partie war, als Kohl in Sri Lanka eine Ayur-
veda-Kur machte und ums Haar der Tsunami-Katastrophe zum Opfer
gefallen wäre.

Als Seeber einmal der *Bild* seine vorläufigen Erinnerungen anver-
traute, dominierten jedoch, wie nicht anders zu erwarten, die Auto-
Anekdoten. An sich waren das Petitessen, aber da Seeber auf seine Art
ein Zeitzeuge ist, zitterte dabei der Mantel der Geschichte doch ein
ganz klein wenig. Seitdem weiß die Nation jedenfalls, dass Kohl gern
englische Pfefferminzbonbons lutschte, dass er in der mittlerweile
historischen Strickjacke jederzeit ein Nickerchen machen konnte, dass
er unterwegs gern an der einen oder anderen Metzgerei halten ließ
und dass immer eine Flasche 4711 im Handschuhfach liegen musste.

**Mit seinem Fahrer
Eckhard Seeber**

Was Kohl auf dem Feld der Geschichte bewegt hat, ist bekannt. Indessen wusste er auch den Alltag in zugreifender Art zu meistern. Einmal gerieten Ecki und er nachts auf einem unfertigen Autobahn-teilstück in einen Bauhügel, und zwar so jäh, dass vorn nur noch der Stander aus dem Sandhaufen schaute. „Was machen wir jetzt?", fragte der Chauffeur und erhielt von seinem Boss die Antwort: „An-packen!" Ein andermal knallten sie, bei tiefstehender Sonne, in eine Unfallstelle. Totalschaden. Mit Anpacken war da freilich nichts mehr zu machen. Stattdessen schenkte Kohl ihm danach einen heiligen Christophorus als Schlüsselanhänger.   **Hermann Unterstöger**

„Ich kann Menschen an meine Person und meine Überzeugungen heranführen und an sie binden."

6

DER KANZLER DER WIEDER-VEREINIGUNG

SIE SIND DOCH DER KOHL?

„Als wir uns im Herbst 1989 auf den Weg zur Einheit machten, war es wie vor der Durchquerung eines Hochmoors: Wir standen knietief im Wasser, Nebel behinderte die Sicht, und wir wussten nur, dass es irgendwo einen festen Pfad geben musste."

DER
KANZLER
DER
WIEDER-
VEREINIGUNG

Ein deutsches Haus
unter einem europäischen Dach

19. Dezember 1989:
Helmut Kohl spricht auf einer Kundgebung
vor der Ruine der Frauenkirche in Dresden.

Meine sehr verehrten Damen und Herren,
meine lieben jungen Freunde, liebe Landsleute!
Zunächst darf ich mich bei Ihnen allen sehr herzlich bedanken
für dieses freundliche und freundschaftliche Willkommen.

Meine lieben Freunde, es sind viele Hunderte Journalisten aus ganz Europa zu uns
gekommen, und ich finde, wir sollten Ihnen gemeinsam demonstrieren, wie wir
mitten in Deutschland eine friedliche Kundgebung durchführen können. Deshalb
meine ganz herzliche Bitte, dass wir – bei aller Begeisterung – uns jetzt gemeinsam
auf diese wenigen Minuten unserer Begegnung konzentrieren. Das erste, was ich
Ihnen allen zurufen will, ist ein herzlicher Gruß all Ihrer Mitbürgerinnen und Mit-
bürger aus der Bundesrepublik Deutschland.

 Das zweite, was ich sagen möchte, ist ein Wort der Anerkennung und der
Bewunderung für diese friedliche Revolution in der DDR. Wir erleben, dass eine
solche Umwälzung sich zum ersten Mal in der deutschen Geschichte so gewaltlos,
mit so großem Ernst und im Geist der Solidarität vollzieht. Dafür danke ich Ihnen
allen sehr herzlich. Es ist eine Demonstration für Demokratie, für Frieden, für Freiheit und für die Selbstbestimmung unseres Volkes. Und (…) Selbstbestimmung
heißt für uns – auch in der Bundesrepublik –, dass wir Ihre Meinung respektieren.
Wir wollen und wir werden niemanden bevormunden. Wir respektieren das, was Sie
entscheiden für die Zukunft des Landes.

Liebe Freunde, ich bin heute hierhergekommen zu den Gesprächen mit Ihrem Ministerpräsidenten, Hans Modrow, um in dieser schwierigen Lage der DDR zu helfen.
Wir lassen unsere Landsleute in der DDR nicht im Stich. Und wir wissen – und
lassen Sie mich das auch hier, angesichts dieser Begeisterung, die mich so erfreut,
sagen –, wie schwierig dieser Weg in die Zukunft ist. Aber (…): Gemeinsam werden
wir diesen Weg in die deutsche Zukunft schaffen! Es war dies heute meine erste Begegnung mit Ministerpräsident Hans Modrow. Wir beide sind uns bewusst, dass wir
in einer geschichtlichen Stunde – ungeachtet unserer unterschiedlichen politischen
Herkunft – versuchen müssen, für unser Volk unsere Pflicht zu tun. Es war ein erstes
Gespräch, es war auch ein ernstes Gespräch, und es hatte gute Ergebnisse. Wir haben
verabredet, dass in den nächsten Wochen intensiv daran gearbeitet wird, dass wir
noch im Frühjahr einen Vertrag über die Vertragsgemeinschaft zwischen der Bundesrepublik Deutschland und der DDR abschließen können. (…) [W]ir wollen eine enge
Zusammenarbeit auf allen Gebieten: auf dem Felde der Wirtschaft, des Verkehrs,
zum Schutze der Umwelt, auf dem Gebiet der Sozialpolitik und der Kultur. Wir wollen vor allem auf dem Felde der Wirtschaft eine möglichst enge Zusammenarbeit mit
dem klaren Ziel, dass die Lebensverhältnisse hier in der DDR so schnell wie möglich
verbessert werden. Wir wollen, dass die Menschen sich hier wohl fühlen. Wir wollen,
dass sie in ihrer Heimat bleiben und hier ihr Glück finden können. Entscheidend für
die Zukunft ist, dass die Menschen in Deutschland zueinanderkommen können, dass
der freie Reiseverkehr in beiden Richtungen dauerhaft garantiert ist.

Wir wollen, dass sich die Menschen in Deutschland überall, wo sie dies wollen, treffen können. Liebe Freunde, Sie werden im kommenden Jahr freie Wahlen
haben. Sie werden frei entscheiden, wer mit Ihrem Vertrauen versehen im Parlament
sitzt. Sie werden eine frei gewählte Regierung haben. Und dann ist der Zeitpunkt
gekommen für das, was ich „konföderative Strukturen" genannt habe – das heißt:
gemeinsame Regierungsausschüsse, gemeinsame Parlamentsausschüsse –, damit wir
mit möglichst viel Gemeinsamkeit in Deutschland leben können. Und auch das
lassen Sie mich hier auf diesem traditionsreichen Platz sagen: Mein Ziel bleibt –
wenn die geschichtliche Stunde es zulässt – die Einheit unserer Nation.

Liebe Freunde, ich weiß, dass wir dieses Ziel erreichen können und dass diese
Stunde kommt, wenn wir gemeinsam dafür arbeiten – und wenn wir es mit Ver-
nunft und mit Augenmaß tun, mit Sinn für das Mögliche. Es ist ein schwieriger
Weg, aber es ist ein guter Weg; es geht um unsere gemeinsame Zukunft.

Ich weiß auch, dass dies nicht von heute auf morgen zu erreichen ist. Wir, die
Deutschen, leben nun einmal nicht allein in Europa und in der Welt. Ein Blick auf

Kundgebung in Dresden
nach dem Mauerfall, 1989

die Landkarte zeigt, dass alles, was sich hier bei uns verändert, Auswirkungen auf unsere Nachbarn haben muss, auf die Nachbarn im Osten und auf die Nachbarn im Westen. Es hat keinen Sinn, nicht zur Kenntnis zu nehmen, dass uns auf unserem Weg viele mit Sorge und manche auch mit Ängsten beobachten. Aus Ängsten aber kann nichts Gutes erwachsen. Wir müssen als Deutsche unseren Nachbarn sagen: Angesichts der Geschichte dieses Jahrhunderts haben wir Verständnis für manche dieser Ängste. Wir werden sie ernst nehmen.

Natürlich wollen wir unsere Interessen als Deutsche vertreten. Wir sagen „ja" zum Selbstbestimmungsrecht, das allen Völkern dieser Erde zusteht – auch den Deutschen. Aber (…) wenn wir dieses Selbstbestimmungsrecht für die Deutschen verwirklichen wollen, dann dürfen wir auch die Sicherheitsbedürfnisse der anderen nicht außer Acht lassen. Wir wollen eine Welt, in der es mehr Frieden und mehr Freiheit gibt, die mehr Miteinander und nicht mehr Gegeneinander kennt.

Das „Haus Deutschland" – unser gemeinsames Haus – muss unter einem europäischen Dach gebaut werden. Das muss das Ziel unserer Politik sein. (…) [I]n wenigen Tagen (…) beginnen die neunziger Jahre, beginnt das letzte Jahrzehnt dieses Jahrhunderts. Es ist ein Jahrhundert, das vor allem in Europa und auch bei uns in Deutschland viel Not, viel Elend, viele Tote, viel Leid gesehen hat – ein Jahrhundert, das auch uns Deutschen eine besondere Verantwortung auferlegt hat – angesichts des Schlimmen, das geschah.

Hier vor der Ruine der Frauenkirche in Dresden, am Mahnmal für die Toten von Dresden, habe ich gerade ein Blumengebinde niedergelegt – auch in der Erinnerung an das Leid und an die Toten dieser wunderschönen alten deutschen Stadt. Ich war 1945 – und das sage ich zu den jungen Menschen hier auf dem Platz – 15 Jahre alt, ein Schüler, ein Kind. Ich hatte dann die Chance, „drüben", in meiner pfälzischen Heimat, groß zu werden, und ich gehöre zu jener jungen Generation, die nach dem Krieg geschworen hat – wie hier auch –: „Nie wieder Krieg, nie wieder Gewalt!" Ich möchte hier vor Ihnen diesen Schwur erweitern, indem ich Ihnen zurufe: Von deutschem Boden muss in Zukunft immer Frieden ausgehen – das ist das Ziel unserer Gemeinsamkeit!

Aber, liebe Freunde, wahrer Friede ist ohne Freiheit nicht möglich. Deswegen kämpfen Sie, demonstrieren Sie für die Freiheit in der DDR, deswegen unterstützen wir Sie, und deswegen gehört Ihnen unsere Solidarität. Liebe Freunde, es sind noch wenige Tage, die uns vom Weihnachtsfest – dem Fest des Friedens – trennen. Weihnachten, das ist das Fest der Familie, der Freunde. Gerade in diesen Tagen empfinden wir uns in Deutschland wieder als eine deutsche Familie. Wir alle haben das empfunden in diesen Wochen und Tagen.

**Tafel der Erinnerung an Helmut Kohl an der
ehemaligen deutsch-deutschen Grenze bei Mödlareuth**

Ich erinnere uns alle an die bewegenden Bilder mitten in Deutschland im September, im Oktober, im November – an jene Bilder vor allem, die zeigten, wie sich Freunde und Verwandte wieder getroffen haben, über vierzig Jahre haben wir darauf gewartet. Wir sind dankbar, dass wir das jetzt erleben dürfen. (…) [D]as alles ist nicht von allein gekommen. Viele haben dabei mitgeholfen, nicht zuletzt die Bürger auf den Straßen und Plätzen der DDR. Aber auch draußen in der Welt haben viele geholfen. Und so nenne ich hier aus gutem Grund die Politik der Perestroika von Michail Gorbatschow, die diese Möglichkeiten mitgeschaffen hat, die Freiheitsbewegung der Solidarnosc in Polen, die Reformer in Ungarn.

Liebe Freunde, wir sind dafür dankbar. Jetzt kommt es darauf an, dass wir diesen Weg in der Zeit, die vor uns liegt, friedlich, mit Geduld, mit Augenmaß und gemeinsam mit unseren Nachbarn weitergehen. Für dieses Ziel lassen Sie uns gemeinsam arbeiten, lassen Sie uns einander in solidarischer Gesinnung helfen. Ich grüße hier von Dresden aus alle unsere Landsleute in der DDR und in der Bundesrepublik Deutschland. Ich wünsche Ihnen und uns allen ein friedvolles Weihnachtsfest, ein glückliches Jahr 1990. Gott segne unser deutsches Vaterland!

WIR GRATULIEREN DEM
KANZLER DER EINHEIT
80 JAHRE HELMUT KOHL

Herausgeber: CDU-Bundesgeschäftsstelle · Marketing und Interne Kommunikation · Klingelhöferstraße 8 · 10785 Berlin · www.cdu.de · info@cdu.de

Der Enkel als Überflieger

Entwurf zum Doppelporträt zweier Kanzler als Langstreckenläufer

1996, 19. Oktober, SZ – Man kann es in eine einfache Wahrheit kleiden, in der Manier Adenauers: Bundeskanzler sind nicht kompatibel, auch wenn sie eine gleiche Machtfülle besitzen, Vorsitzende ihrer Parteien sind. Wer vergleichen will, gerät in Untiefen. Gleichwohl, die Gefahr muss gesucht werden, nachdem der regierende Kohl in der unabsehbaren Dauer seiner Kanzlerschaft mit Konrad Adenauer gleichgezogen hat, ihn möglicherweise weit überholen wird. Anderseits, in seiner zur Schau getragenen demonstrativen Unangreifbarkeit und in seinem Denkmalstatus als „Einigungskanzler" hat Kohl gegen alle Wetten und Geringschätzungen seines Beginns Konrad Adenauer, den Begründer der „Kanzlerdemokratie" längst hinter sich gelassen, erlangte selbst eigenartige Geschichtsmächtigkeit. Es ist jene Tatsache, welche den Überresten der intellektuellen Oberschicht so sehr zusetzt und sie sprachlos macht, dass Kohl wie kein Kanzler vor ihm das „Schweigen der Lämmer" genießt. Die Wiederkäuer in den Redaktionen sind perplex, reagieren mit einer Mischung aus Ratlosigkeit, Resignation, Hinnahme und (heimlicher) Bewunderung auf die massive Geschichtlichkeit. Sie haben ja auch erfahren müssen, dass mit Kohl zu reden, wie man sagt, ein Ding der Unmöglichkeit ist.

Adenauer und Kohl – bis zu diesem Tag bilden sie den Anfang und das Ende der deutschen Nachkriegsgeschichte, unser Alpha, unser Omega. Analogien existieren freilich eher in den Köpfen und Archiven der Medien, als dass sie im multimedial pulverisierten Massen-Gedächtnis zu finden wären. Kohl neben Adenauer? Kohl selbst provoziert den Vergleich, mit verstecktem Triumph. In einem

**Am Schreibtisch
vor einem Adenauer-Porträt**

Adenauers Enkel

jüngst erschienenen Buch, in dem der Einheitskanzler sich autorisiert würdigen lässt, durfte das obligate Segensbildchen nicht fehlen: 91-jähriger Adenauer, Januar 1967, wenige Monate vor seinem Tode, gesprächsweise aufragend neben dem seinerzeitigen Provinzpolitiker Helmut Kohl. Das Bild spricht so: auffällige Ungeprägtheit des Kohl, eine paradox sich aufdrängende frühe „Aura der Nicht-Kenntlichkeit". Dieser alte, gleichsam Ur- Befund zu Kohl hat nicht wenig zur späteren Unterschätzung des Kanzlers beigetragen. Und natürlich war Kohl in fast allen „Herkunftsbegriffen" unterlegen. Oggersheim. Pfalz. Mainz. Sowie, verblassend, Saumagen. Hingegen Adenauer: Rhöndorf. Köln. Oberbürgermeister. Rheinland. Preußischer Staatsrat.

Die alte, gut kleinbürgerliche Mittelschicht hat beide hervorgebracht, doch war Adenauer durch Heirat und Assimilation peu à peu zu den rheinischen Honoratioren aufgestiegen. Die schmale Silhouette, sein „Indianergesicht" (Folge eines schweren Verkehrsunfalls) und patriarchalische Attitüden ließen ihn, den maßstablosen Deutschen, wie den geborenen Nach-Führer erscheinen. Er hatte die richtige Gestalt, eine eigene „Ära" (alle Nachrufer unisono) zu begründen. Kohl, als er nach Bonn kam, war „Provinzfürst", ein Epitheton, welches zu Adenauer niemandem eingefallen wäre. Gegen Kohl richtete sich die Augenscheinlichkeit seiner suburbanen Massivität und Massigkeit. Wer so isst und ist, musste der nicht, vom Scheitel bis zur Sohle, „plump" sein? Andererseits Adenauer: Wer so sprach (nämlich einfaches, wortarmes „Kanzlerrheinisch") – dachte der nicht auch so?

**Kleine Feierstunde im früheren
Arbeitszimmer Konrad Adenauers, 1983**

In der Zusammenschau entsteht vor unseren Augen das reiche, gefestigte, institutionell hochentwickelte Deutschland der Jetztzeit – taumelnd in kollektiver Orientierungslosigkeit. Da genügt es, da lässt man sich gefallen, dass als Staatsziel ausgegeben wird, Standort D müsse fit sein für das nächste Jahrtausend. Gleichzeitig mit Kohls Karriere passiert die kulturrevolutionäre Ausbreitung der „Datengesellschaft" mit unberechenbaren Folgen. Ihre Signaturen und Normen scheinen Hunderte von Jahren – und nicht wenige Jahrzehnte – von den „Aufbaujahren" entfernt zu sein. Ereignismäßige Hauptsache der Kohl-Zeit mit dem Unwahrscheinlichkeitsfaktor Eins hoch X war die „Wiedervereinigung in Frieden und Freiheit". Unter Adenauer gebetsmühlenartig beschworen, sollte sie durch alles Mögliche – West-Integration, Aufrüstung, Beitritt Nato – herbeiführbar sein; und war es nicht. Regierungserklärung auf Regierungserklärung Adenauerscher Kabinette zeigte eine glänzende Chimäre vor. Die getrennten Teile nannte man Gesamt-Deutschland; passenderweise gab es ein „Ministerium für Gesamtdeutsche Fragen". An dieser Stelle gerät das Spiel mit Bezüglichkeiten der Adenauer- und Kohl-Zeit zur historischen Komödie. Ein Leitmotiv, vielleicht sogar das Leitmotiv Adenauers war berechtigtes, erfahrenes, tiefverwurzeltes Misstrauen gegen seine Landsleute. O Gott, was soll aus Deutschland (gemeint Westdeutschland) werden, wenn ich nicht mehr da bin?, seufzte er. Ein anderes Mal, spöttisch: Ich glaube, dass ein Generalstabschef immer noch mehr Eindruck auf manchen Deutschen macht als ein Staatspräsident.

**Helmut Kohl bei der Eröffnung des Grenzübergangs am Brandenburger Tor mit DDR-Minister-
präsident Hans Modrow (rechts neben ihm) und dem Regierenden Bürgermeister Walter Momper, 1989**

Sein Mittel gegen die unberechenbaren Deutschen war ihre vorbehaltlose, unver-
rückbare West-Einbindung. Sie sollte beruhigen und erfüllen. Als Treibsatz zum
Erreichen seines Ziels diente Konrad Adenauer der „atheistische Sowjetkommunis-
mus an der Elbe". Aber auch zur Rechtfertigung des Spiels: Wie macht man Ohn-
mächtige und Besiegte mächtig? Indem man, als neuer Frontstaat, „Waffen" verlangt. Adenauers Lieblingsterminus von der „atheistischen" Gefahr hat sich letztlich
wohl losgelöst und verselbstständigt, ja verbündet mit seiner genuinen Abneigung
gegen das preußische, protestantische, vermeintlich sozialdemokratische Ostdeutschland jenseits von Elbe und Stacheldraht. Wiedervereinigung realiter? Nicht das, was
er sich hätte wünschen mögen.

Die überstrapazierte Ironie der Geschichte wollte es aber, dass ein anderer
Rheinländer, ein anderer CDU-Kanzler, Helmut Kohl, instinktsicher wie ein prä-
miertes Frettchen, die „historische Chance" witterte; die Mauer war rissig geworden,
das Ende ihrer drohenden Lächerlichkeit herbeigekommen. Das ist, wird man sagen,
nicht wenig. Kohl, Helmut, an Adenauer, Konrad, vorbeiziehend. Aber das Volk der
Bundesrepublik – äußerlich wie innerlich war es in vier satten Jahrzehnten quer
durch alle Parteiungen, Schichten und Stämme zum deutschen Alleinvertretungs-
volk gereift, es war eine späte Unio mystica mit dem verewigten Adenauer eingegan-
gen, hatte dessen rheinländische, antipreußische Westdrift als endgültige Lebens-
form angenommen. Ausgenommen Augenblicke tränenfeuchter Sentimentalität
rings um den „Mauerfall". Und dabei ist es geblieben. Kohl „vollendete", woran
Adenauer im Traum nicht dachte – nicht denken mochte.

Irgendwo im gesamtdeutschen Raum stößt man auf das jeweilige Geschichts-
verständnis der Probanden. Ein merkwürdiges Kapitel. Adenauer stand der parla-
mentarischen Demokratie in Deutschland in ihrer Lernphase vor, einer Zeit des
„Abrückens" von den Verbrechen der Nazizeit. Abrücken, nicht mehr. Adenauer war
aber in seinem pragmatischen Materialismus unfähig zur politisch-historischen Re-
flexion. Ein Meister nur im Erfinden von immer neuen, seinem Leben entnomme-
nen, bisweilen hochskurrilen „Nutzanwendungen". Adenauer, konstatiert der Polito-
loge Alfred Grosser, sei „Gegner und Opfer" gewesen, „doch die Natur des
Nationalsozialismus" habe er nicht begriffen – „sie interessierte ihn nicht", wurde
nicht Inhalt der Regierungspolitik, der Regierungsöffentlichkeit. Das war unbegreif-
lich und wenig hilfreich, verdiente den Tadel „restaurativ" und erklärt, warum die
„Ära Adenauer" sich ehemalige hohe Nazis oder potente „Mitläufer" anlachte. Die
Verbrechen der Nazizeit, das Zustandekommen Hitlers waren Adenauer lediglich
Allgemeinplätze wert, das Nazireich mitsamt seinen willigen Volksgenossen ein „Be-

triebsunfall" oder, absurder noch, der „Staat von gestern". Es kann danach nicht verwundern, dass Adenauer unwillig war, das Maß der Zumutung auch nur zu ahnen, welches die von ihm nüchtern als Machtgewinnung verstandene Politik der „Bewaffnung" für die eben erst gründlich demilitarisierten Deutschen bedeutete. Noch in seinen Memoiren bekannte er, die leidenschaftlichen Proteste gegen die Aufrüstung „nicht verstanden" zu haben.

Warum nun ausgerechnet – oder erst – der CDU-Kanzler Kohl zu einer klaren „antifaschistischen" Sprache fand? Die sozialdemokratischen Bundeskanzler Willy Brandt und Helmut Schmidt hatten das ihre getan oder vielmehr unmissverständlich gesagt. Noch fehlte aber die Stimme eines konservativen Machtinhabers. Kohl verheddert sich anfangs in seinem überbordenden Selbstverständnis als historisch einzig kompetenter Deutscher, erlaubte sich falsche Gesten (Reagan in Bitburg) oder jenes Wort von seiner „Gnade der späten Geburt", welche er für sich in Anspruch nehmen wollte, befangen in der Fehleinschätzung, die „Nachkriegszeit" sei abgeschlossen. Kohl scheint aber eine Phase des Lernens eingelegt zu haben, wohl auch hinsichtlich der stummen 14 Adenauer-Jahre. Seitdem trifft er das Richtige, nennt deutsche Schuld beim Namen und lässt in diesem Punkt heimatliche Kritiker wie Niederländer zustimmend zurück.

Kohls Gnade der späten Geburt enthält eine andere Richtigkeit. Adenauer verbrachte 41 Jahre seines Lebens im kaiserlichen, wilhelminischen Deutschland. Kohl ist Kind des 20. Jahrhunderts. Das – und sich – spielt er aus. **Claus Heinrich Meyer**

Die Einheit–
Geschenk und Chance

Rede von Helmut Kohl zum zehnten Jahrestag des Mauerfalls
im Deutschen Bundestag

Herr Bundestagspräsident!
Meine Damen und Herren Abgeordneten!
Liebe Kolleginnen und Kollegen!
Exzellenzen!
Lieber Herr Präsident George Bush!
Lieber Herr Präsident Michail Gorbatschow!

Zehn Jahre sind nun seit den bewegenden Bildern vergangen, Bildern der Freude
und des Glücks der Deutschen über den Fall der Mauer, über die Beendigung der
gewaltsamen Trennung unserer geteilten Nation, Bildern, die von hier aus, von Berlin, um die Welt gingen. Diese Bilder bezeugten, dass die Mehrheit der Deutschen
in Ost und West auch nach vier Jahrzehnten nicht bereit war, die Teilung unseres
Vaterlandes als endgültiges Urteil der Geschichte hinzunehmen.

    Die Bilder erzählen auch die Geschichte eines Triumphs der Freiheit. Möglich
wurden diese Bilder nicht zuletzt durch den Mut und die Kraft der Menschen, die
sich überall in den Städten und Gemeinden der damaligen DDR gegen die Diktatur
erhoben. Sie haben sich nicht durch Drohungen und Gewalt einschüchtern lassen;
sie haben friedlich demonstriert, bis Mauer und Diktatur fielen.

    Die Männer und Frauen, ob in Leipzig, Ostberlin, Dresden oder an einem
anderen der vielen Orte der damaligen DDR, traten für die Freiheit, für die Herrschaft des Rechts und für die Achtung der Menschenwürde ein. Diese Sehnsucht

nach den uns verbindenden Werten hat sich über Jahrzehnte in den Ländern des ehemaligen Ostblocks erhalten.

Ich denke in dieser Stunde mit besonderer Dankbarkeit an unsere Freunde in Ungarn.

Ich denke ebenso an das Jahr 1956 wie an jenen Sommer 1989, als die Grenze zwischen Ungarn und Österreich fiel.

Ich denke an unsere Freunde in Prag, an den Prager Frühling des Jahres 1968, aber auch an vieles, was von dort als Botschaft um die Welt ging.

Ich denke mit ganz besonderer Herzlichkeit an unsere Freunde in Polen, an den Kampf der Solidarnosc, an jene Männer und Frauen, die – wie die Männer und Frauen damals, vor weit über 100 Jahren, auf dem Hambacher Schloss beim Hambacher Fest – gesungen haben: „Noch ist Polen nicht verloren." – Diese Botschaft ging damals um die Welt und später auch wieder.

Wir erinnern uns in Dankbarkeit und Anerkennung – es war gut, dass dies heute in einer so menschlich bewegenden Weise hier auch vom Pult aus gesagt wurde – an die vielen Männer und Frauen, an die Bürgerrechtsbewegung, die für Menschenrechte und Demokratie gelebt, gekämpft und gelitten haben. Ihr Mut und ihre Taten sind ein wesentlicher Bestandteil deutscher Geschichte.

Im Jahr 1989 riefen die Demonstranten, wenige Schritte von hier entfernt, Ihnen, Michail Gorbatschow, zu. Sie hatten Vertrauen zu Ihnen; denn Sie waren der, der mit seinem neuen Denken und der Perestroika die Wende der sowjetischen Politik begründete – eine Wende, die auch eine neue Zukunft für die Völker der Sowjetunion bedeutete. Ihre Politik, Michail Gorbatschow, verhalf auch den Reformbewegungen in allen Ländern des damaligen Warschauer Paktes zum Sieg.

Ich habe es gestern gesagt, und ich wiederhole es: Nach einem Telefonat mit Ministerpräsident Nemeth, in dem wir letzte Gespräche über die Öffnung der Grenze führten, fragte ich Sie telefonisch: „Was halten Sie von dieser Regierung?" Sie sagten ganz knapp und prägnant: „Das sind gute Leute." – Da wussten wir: Die Grenze geht auf.

Ihr Name ist untrennbar mit dem Ende des kalten Krieges und des Rüstungswettlaufes verbunden. Ohne Ihr Wirken und – das muss man hinzufügen – das Ihrer Mitstreiter in Moskau wäre die friedliche Revolution in der DDR nicht denkbar gewesen. Ich danke Ihnen ganz herzlich, dass Sie hier heute zu uns gesprochen haben und wie Sie zu uns gesprochen haben: als ein Freund unseres Volkes. Ich sage das mit großer Dankbarkeit, und ich füge ganz persönlich hinzu: Wir erinnern uns in dieser Stunde an Ihre Gattin Raissa Gorbatschowa, die Sie in diesen Jahren herzlich begleitet und uns viel geholfen hat.

**Helmut Kohl spricht auf einer
Kundgebung in Dresden, Dezember 1989**

An dem Abend morgen vor zehn Jahren ließen Sie mir die Frage zukommen, ob die Gefahr bestehe, dass diese friedliche Demonstration überbordet, ob Einheiten und Einrichtungen der Roten Armee gefährdet seien. Wir wissen heute ziemlich sicher, dass diese Gefahr bestand, dass es Kräfte gab – in Ostberlin wie auch in Moskau –, die es gerne gesehen hätten, wenn die Vorkommnisse an jene erinnert hätten, die in Berlin vor Jahrzehnten, 1953, stattgefunden haben. Sie sagten damals, Sie vertrauten uns. Unsere und meine Botschaft, dass mit den Rufen der Menschen auf den Straßen „Wir sind das Volk!" und „Wir sind ein Volk!" die Sehnsucht nach Frieden und Freiheit deutlich werde, haben Sie verstanden – weil das neue Denken unterwegs war. Das hat uns in einer der kritischsten Stunden unserer Geschichte geholfen. Die Soldaten blieben in ihren Kasernen, und die dramatischen Veränderungen, die zur deutschen Einheit führten, nahmen ihren Fortgang. Dies war und bleibt eine der entscheidenden Voraussetzungen dafür, dass wir Deutsche die Einheit gewinnen konnten.

Unsere wichtigsten Weggenossen waren dabei unsere amerikanischen Freunde und Verbündeten, allen voran der Präsident der Vereinigten Staaten von Amerika George Bush.

Lieber George, ich bin froh, dass du hier bist, und ich bin besonders froh, dass die Stadt Berlin, unsere Hauptstadt, dich mit dem Ehrenbürgerrecht ausgezeichnet hat. Das ist eine Auszeichnung für dich, aber auch eine Auszeichnung für Berlin und für uns alle in Deutschland.

Als Amerikaner, von den großen Ideen der Freiheit und Selbstbestimmung ganz selbstverständlich überzeugt, stand George Bush immer zu seiner Überzeugung, dass ein freies und souveränes Deutschland ein wiedervereinigtes Deutschland sein müsse. Durch Ihr persönliches Engagement für die Sache der Deutschen war es möglich, viele andere, die Probleme mit dieser historischen Entwicklung hatten, zu überzeugen. Ich sage es in einem Satz, George: Für uns Deutsche war und ist der Präsident George Bush ein Glücksfall.

In der unglaublich kurzen Zeit von knapp elf Monaten wurde die deutsche Einheit Wirklichkeit. Viele andere – ich nenne noch einmal die ungarische Regierung, die im Sommer 1989 die Grenze öffnete – hatten Anteil an unserem Erfolg. Die Vision, meine Damen und Herren, liebe Landsleute, und der Traum, das in der Präambel des Grundgesetzes verankerte Ziel, in „freier Selbstbestimmung die Einheit und Freiheit Deutschlands zu vollenden", wurde am 3. Oktober 1990 erreicht. Ich denke, es ist gut, wenn wir uns – bei aller Dankbarkeit – daran erinnern, dass dies gelegentlich auch bei uns, im Westen unseres Vaterlandes, durch die Jahre hin-

Wiedervereinigungssextett

durch langsam zu einer bloßen Formel geriet. Dann wurde es Wirklichkeit, und dafür haben wir zu danken.

Es geschah mit Zustimmung all unserer Nachbarn. Vergleichbares hat es in der europäischen Geschichte nie gegeben. Nach all dem, was auch an einem Tag wie dem heutigen nachklingt, war auch nicht zu erwarten, dass Vergleichbares gerade den Deutschen zuteil werden wird.

Dass wir dieses Ziel erreicht haben – auch dies gehört in diesen Saal, in diese Stunde –, verdanken wir auch der Arbeit derer, die in den Jahrzehnten der Geschichte der alten Bundesrepublik politische Verantwortung getragen haben. Ich nenne hier alle meine Amtsvorgänger – Konrad Adenauer, Ludwig Erhard, Kurt Georg Kiesinger, Willy Brandt und Helmut Schmidt –, ich nenne auch ausdrücklich die erste frei gewählte Regierung der DDR und Ministerpräsident Lothar de Maizière.

Wir Deutsche haben nach den großen Katastrophen zweier Weltkriege und den schlimmen Taten, die in deutschem Namen vielen Menschen angetan wurden, am Ende dieses Jahrhunderts großes Glück erfahren. Ich denke, wir sollten die Einheit daher als ein Geschenk und als eine Chance für die Zukunft begreifen und bei allen Sorgen des Tages – die berechtigt sind – nicht in Kleinmut verharren.

Das Geschenk der Einheit verpflichtet uns, so sehe ich es, immer wieder, den Bau des Hauses Europa mit kräftigen Schritten voranzutreiben. Denn ohne diesen Weg nach Europa wäre die deutsche Einheit nicht möglich gewesen. Ohne die Poli-

**Wahlkampf mit Helmut Kohl,
Erfurt 1990**

**Dresdner Kundgebung,
Dezember 1989**

tik der europäischen Integration, der Aussöhnung mit unseren Nachbarn und der Abkehr von nationalstaatlicher Machtpolitik des 19. und 20. Jahrhunderts hätte es keine deutsche Einheit gegeben und – was noch wichtiger ist für die Zukunft – gäbe es keine friedliche Zukunft für Deutschland in Europa.

Für ein Land im Herzen Europas mit 80 Millionen Einwohnern und mit einer beachtlichen wirtschaftlichen Stärke ist es entscheidend, dass wir unseren Nachbarn und Freunden mit Offenheit und Sensibilität begegnen. Wenn wir in wenigen Wochen in das neue Jahrhundert gehen, sollten wir diese wichtige, entscheidende Erfahrung mit hinübernehmen.

Wir müssen uns bewusst sein, dass es für uns niemals eine Rückkehr in die Enge eines nationalstaatlichen Denkens geben darf.

Das ist keine Abkehr vom gelebten deutschen Patriotismus. Wir werden unsere Identität als Nation in Europa nicht aufgeben. Thomas Mann hat es, wie ich denke, zeitlos so formuliert: „Wir sind deutsche Europäer und europäische Deutsche." Deshalb ist es wichtig, dass wir immer wieder daran denken, dass die einzigartige Freundschaft mit unseren französischen Nachbarn von uns allen gepflegt wird.

Wichtig ist auch – das muss von uns immer wieder neu bedacht werden –, dass uns genauso, wie die Aussöhnung mit Frankreich möglich war, die Freundschaft und Partnerschaft mit unseren polnischen Nachbarn gelingen möge. Polen ist für uns genauso ein Teil des Hauses Europa wie Frankreich und Deutschland. Gerade auch in Anwesenheit von Michail Gorbatschow möchte ich sagen: Zu einer

Einheitsfeier 1990: Hans-Dietrich Genscher, das Ehepaar Kohl und Richard von Weizsäcker auf der Freitreppe des Reichstags

glücklichen Zukunft unseres alten Kontinents gehören auch stabile wirtschaftliche und politische Verhältnisse in den Nachfolgestaaten der Sowjetunion.

Ich appelliere deshalb an alle Verantwortlichen, aber nicht nur an andere, sondern insbesondere an uns selbst, an die Mitglieder dieses Hohen Hauses, dass wir in unserer Unterstützung für Russland, die Ukraine und die übrigen Staaten, die damals die Sowjetunion bildeten, nicht nachlassen. Wer jetzt hilft, der hilft bei einer Investition in die Zukunft Europas. Das dürfen wir gerade an einem solchen Tag nicht vergessen.

Und lassen Sie uns weiterhin die über Jahrzehnte bewährte transatlantische Partnerschaft mit den Vereinigten Staaten pflegen. Sie ist ein hohes Gut, George Bush, und eine wichtige Voraussetzung für Frieden und Freiheit in Europa.

Meine Damen und Herren, dies sind wichtige Aufgaben für uns Deutsche im neuen Jahrhundert. Es liegt jetzt auch an uns, dass es ein Jahrhundert des Friedens und der Freiheit, der Zusammenarbeit und der Freundschaft zwischen den Völkern wird. Das ist die Botschaft der Geschichte an diesem Tag, der in die Geschichte unseres Volkes eingeht als einer der ganz großen Tage der Freude und der Dankbarkeit. Das Wort „Dankbarkeit" möchte ich dabei noch einmal unterstreichen.

Helmut Kohl spricht per Videoübertragung zu den Teilnehmern einer Berliner Kundgebung zum 25. Jahrestag des Mauerfalls.

Ich, wichtigster Baumeister Europas

Bauherr, aber nicht mehr Hausherr:
Helmut Kohl über die Schönheit des Kanzerlamtes

2001, 5. Juni, SZ – Auszug aus einem im *Baumeister* erschienenen Interview, Ausgabe VI/2001; S. 55ff.
Für das neue Bundeskanzleramt hat Helmut Kohl viel Kritik einstecken müssen. Monströs sei es und wegen seiner Ausmaße einer Demokratie unwürdig. Auch Nachfolger Gerhard Schröder wirkte nicht gerade glücklich, als er den Bau bezog. Im Gespräch mit Wolfgang Bachmann, Chefredakteur der Architekturzeitschrift Baumeister, verteidigt Kohl das Haus. Hätte er in ihm regieren können, hätte er einige Dinge anders entschieden – zum Beispiel Parkett statt Teppich.

    Bachmann: Herr Bundeskanzler, Sie haben sich nicht erst beim Bundeskanzleramt um Architektur gekümmert, sondern schon einige Male zuvor. Steckt dahinter eine persönliche Neigung?

    Kohl: Nein, aber es gehört einfach zu den Aufgaben eines verantwortlichen Politikers. Ich hatte schon als Ministerpräsident in Rheinland-Pfalz, ob ich wollte oder nicht, damit zu tun. Davor war ich als junger Fraktionsvorsitzender bei der Restaurierung der Dome in Speyer, Mainz, Worms und Trier mit Baufragen konfrontiert gewesen. Ich habe aber keine besondere Neigung oder Begabung auf diesem Gebiet. Ich kann mir Bauzeichnungen auch nicht sonderlich gut vorstellen. Später, als Oppositionsführer in Bonn, verfolgte ich mit großem Missbehagen die Selbstdarstellung der Republik. Sie war vielen zu provisorisch, manches zum Teil sehr einfach gehalten, wenn Sie beispielsweise an die Kranzniederlegungen im Beisein von Staatsgästen auf dem Bonner Nordfriedhof denken. Als ich Bundeskanzler war, reifte die Entscheidung, ein Haus zur Darstellung der Geschichte der Bundesrepublik

Deutschland zu errichten. So ist die Bonner Kunstmeile mit der Kunst- und Ausstellungshalle der Bundesrepublik Deutschland und den anderen Museen entstanden. Es waren viele dagegen, weil es für sie – wie zu allen Zeiten – angeblich sozial vordringlichere Aufgaben gab. In Berlin sollte ein Museum für deutsche Geschichte nach dem Entwurf von Aldo Rossi entstehen. Die Grundsteinlegung fand auf dem Gelände des jetzt neugebauten Kanzleramtes statt. Nach der Wiedervereinigung kamen wir zu der Überzeugung, dass das Zeughaus der bessere Ort für das Museum für deutsche Geschichte wäre.

Bachmann: Da haben Sie freihand Ieoh Ming Pei beauftragt.

Kohl: Als es sich abzeichnete, dass das vorhandene Gebäude für ein Museum zu klein war, erinnerte ich mich an ein Treffen mit François Mitterrand. Wir pflegten uns in unserer sehr herzlichen Beziehung über die Politik hinaus auch über kulturelle Dinge auszutauschen. Wenn ich in Paris war, wollte ich immer gerne im kleinen Kreis Schauspieler, Schriftsteller oder Maler kennenlernen. Eines Tages begegnete ich dabei dem Architekten Pei, der den Louvre umgestaltet hatte. Seine Arbeiten überzeugten mich so, dass ich Pei für die Zeughauserweiterung vorschlug. Bundesbauminister Töpfer besuchte ihn daraufhin in New York. Pei lehnte zunächst mit dem Hinweis auf sein Alter ab. Aber er flog doch nach Berlin, sah sich um und besuchte mich dann in Bonn. Da machte er mir ein hinreißendes Kompliment. Er meinte, dass er den Auftrag eigentlich nicht mehr annehmen könne; aber dem wichtigsten Baumeister Europas dürfe er nichts abschlagen. Außerdem sei es ihm eine Ehre, in der unmittelbaren Nachbarschaft von Schinkel, den er für einen der größten Architekten überhaupt halte, zu bauen.

Bachmann: In Bonn hatte Kanzleramtsminister Horst Ehmke 1972 einen Wettbewerb für das Bundeskanzleramt ausgelobt. Nach der Fertigstellung soll Helmut Schmidt die Architektur als „rheinische Sparkasse" bezeichnet haben. Wie gefiel Ihnen das Haus?

Kohl: Diese Schmähung habe ich nie verstanden. Ich habe nie ein böses Wort über das Haus verloren. Denn es war als Arbeitsstätte sehr praktisch, für die Mitarbeiter wie für mich. Ich hätte mir nur eine andere Außenansicht gewünscht. Die Farbgebung war sehr düster. Angeblich hatte man sie zur Tarnung gewählt. Die das Haus schlecht machen, wissen nicht, wovon sie reden. Denn sie haben das Haus nicht genutzt. Natürlich ist es jetzt für die neue Bundesrepublik zu klein. Bonn war provisorische Hauptstadt. Das kam auch im Understatement der Architektur zum Ausdruck.

Bachmann: Das neue Kanzleramt dessen Werden Sie bis zuletzt begleitet haben, ist anders. Ein skulpturales, nobles, schweres Monument, wie für die Repräsen-

Das neue Kanzleramt
in Berlin

tation einer Macht, die früher Kaiser, König und Kirche ausübten. Heute berufen wir uns auf eine „freiheitlich demokratische Grundordnung". Ist da eine herrschaftliche Attitüde noch gerechtfertigt?

Kohl: Da habe ich ein einfaches Gegenargument: Dann hätten Sie zuvor den Reichstag abreißen müssen. Denn der steht dem Kanzleramt mächtig gegenüber. Worum ging es in Berlin? Wir wollten so viel wie möglich von der alten Bausubstanz erhalten. So war mir ziemlich rasch klar, dass das Kanzleramt der einzige wirkliche große Neubau sein würde. Alles andere ist mehr oder weniger um- und ausgebaut worden. Ich war ein Vorkämpfer dafür, dass der Reichstag wieder eine Kuppel bekommt, die ihn als Solitär betont. Das Kanzleramt von Schultes/Frank war nie als Solitär geplant. Es ist der Abschluss des „Bandes des Bundes". Daran haben wir immer festgehalten. Noch fehlt das „Bundesforum" und die Wohnbebauung, also der städtebauliche Zusammenhang, der bis zum Lehrter Bahnhof reicht. Ich kann nicht erkennen, dass die Demokratie mit dieser Architektur zu gering geachtet wird.

Bachmann: Im Stern stand, Mitarbeiter von Gerhard Schröder hätten zum neuen Kanzleramt kommentiert: „Da zieht das Kohlsche Machtprinzip ein."

Kohl: Sie sollten nicht übersehen: Der Bundeskanzler hat nach unserer Verfassung eine starke Stellung. Er bestimmt die Richtlinien der Politik. Wenn man das berücksichtigt, aber auch die vielfältigen Aufgaben des Kanzleramtes im Auge hat, dann ist das Gebäude in seinen Dimensionen durchaus angemessen.

Bachmann: Spürten Sie so etwas wie Vorfreude auf „Ihr" Kanzleramt?

Kohl: Nein, denn ich habe immer gesagt: Das ist nicht „mein" Kanzleramt. Ich habe das Haus unter einem anderen Gesichtspunkt gesehen: Ich war und bin der Überzeugung, dass wir mit der deutschen Einheit und der Einigung Europas eine friedliche Zukunft haben werden. François Mitterrand sagte mir einmal: „Wir brauchen in Europa eine große Hauptstadt in einem großen Land, weit ostwärts des Rheins. Denn wenn die Erweiterung kommt, erhält Berlin eine ganz wichtige Funktion." Von dem Gedanken bin ich bei allen Baumaßnahmen ausgegangen. Berlin ist die Kapitale des größten europäischen Landes mit 80 Millionen Einwohnern. Es wird auf lange Sicht das politische Klima in Europa mit bestimmen. Deshalb muss es eine kulturelle Hochburg sein mit einem freundlichen, lebensfrohen Ambiente. Licht, Transparenz, Offenheit drückt sich in der modernen Architektur des Kanzleramtes aus. Das finde ich demokratisch.

Bachmann: Wie groß war Ihre inhaltliche und zeitliche Anteilnahme?

Kohl: An dem Gebäude habe ich sicher, soweit es mir meine Verpflichtungen erlaubten, maßgeblich mitgearbeitet. Das Kanzleramt ist die Visitenkarte der Republik. Es ist für Generationen gebaut. Deshalb habe ich großen Wert darauf gelegt, dass die Mitarbeiter gut untergebracht sind und anständige Büros haben. Damit bin ich vielen auf die Nerven gegangen. Aber man sollte gern hier arbeiten und das Gefühl haben, einen ganz wichtigen Job in der Zentrale der deutschen Politik zu tun. Darum haben wir mit den Architekten sehr um die Details gerungen.

Bachmann: Wären Sie in die dortige Wohnung eingezogen?

Kohl: Dort war gar keine Wohnung vorgesehen. Das ist eine der vielen falschen Wahlkampfbehauptungen. Ich war ein Gegner der Vorstellung, dass der Bundeskanzler in diesem Haus wohnt. Eine Familie mit Kindern kann dort nicht leben. Schon der Kanzlerbungalow in Bonn war mit der Maßgabe geplant worden, dass dort nie Kinder wohnen werden. Ich habe im Weißen Haus und andernorts gesehen, welche Folgen das hat, wenn Kinder in solchen Gebäuden leben müssen. In Berlin braucht der Kanzler eine Dienstvilla, in der eine normale Familie leben kann. Im Kanzleramt aber ist das ausgeschlossen. Der Bundeskanzler braucht in seinem Amtssitz lediglich eine Gelegenheit, um sich zu duschen, umzuziehen oder mal hinzulegen. Außerdem war es mein Wunsch, solche Annehmlichkeiten auch Staatsgästen anzubieten, um im Laufe eines Besuchsprogramms einmal pausieren zu können. In Berlin ist der Weg zum Hotel viel zu zeitraubend. Im Bonner Palais Schaumburg konnte ein Staatsgast arbeiten, telefonieren oder sich ausruhen. Mitterrand machte davon gerne Gebrauch. Wenn man jetzt im neuen Kanzleramt die hierfür vorgesehenen Räume nicht entsprechend nutzen würde, fände ich das einen Fehler.

Bachmann: Schultes/Frank haben viele Alternativen für die Fassaden entwickelt. Wie haben Ihnen diese Details gefallen? Vor allem ihre polyglotte Herleitung, der Palast Ali Qapu in Isfahan …?

Kohl: Das fand ich gar nicht schlecht. Wir haben lange über diesen assoziationsreichen Vorschlag mit der Weltesche Yggdrasil diskutiert. Doch das haben wir natürlich nicht weiter verfolgt. Ein Detail, das mir nicht gefällt, ist die sichtbare Nahtstelle zwischen der Sandsteinverkleidung und dem Sichtbeton unter dem Dachabschluss. Da haben sich wohl Einsparungen bemerkbar gemacht. Außerdem bin ich Herrn Schultes auf die Nerven gegangen mit meinem Vorschlag, wo immer möglich, Holz zu verwenden. Da ist er jedesmal zusammengezuckt. Ich hätte auch Parkett in meinem Büro bevorzugt, anstatt Teppichboden! Einer meiner Vorschläge war es auch, für den Innenausbau die Landesinnungsmeister des Handwerks anzusprechen und die Sitzungssäle von den Bundesländern ausbauen zu lassen. Ich war überzeugt, dass sie sich an der Ausgestaltung beteiligt hätten, zumal es eine gute

Werbung für sie gewesen wäre. Das hat Herr Schultes aber sicher als eine typische Kohl-Idee betrachtet.

Bachmann: Vielleicht hat er ein Stoibersches Zirbel-Stüberl befürchtet.

Kohl: Das bayerische Handwerk kann auch anders. Aber beim Thema Holz waren wir uns nie einig. Doch Herr Schultes ist ja mit dem, was jetzt wird, auch nicht ganz zufrieden.

Bachmann: Wenn Sie heute am Kanzleramt vorbeikommen, was fühlen Sie? Ist das ein persönlicher Verlust, dass da drin Schröder wirtschaftet?

Kohl: Nein, das empfinde ich nicht. Ich werde das Haus später mal besichtigen, zusammen mit meiner Frau, die sehr viel Praktisches beigesteuert hat. Ich bin von dem Gebäude völlig überzeugt. Wenn die Gesamtsituation fertig ist – und ich will gar nicht von der Geschichte reden –, werden die Menschen das Haus vielleicht für eine ungewöhnliche Architektur halten. Aber sie werden spüren, dass sich hier die Regierungszentrale der Bundesrepublik Deutschland befindet. Das ist das Kanzleramt und nicht ein Landratsamt. Es zeigt etwas von Deutschland. Das ist keine provisorische Architektur mehr.

Bachmann: Der Bundestag über den deutschen Stolz debattiert. Gibt es so etwas wie „deutsche Architektur"? Und wenn ja: Dürfen wir darauf stolz sein?

Kohl: Mit der ersten Frage hätte ich Probleme. Die deutsche Architektur soll international einen Beitrag leisten. Andererseits gingen bei uns wichtige Aufträge an ausländische Architekten. Wäre beispielsweise das Museum für deutsche Geschichte an der im Spreebogen vorgesehenen Stelle gebaut worden, hätte es ein Italiener geplant. Jetzt baut ein Chinese dafür das Zeughaus um. Und ein Engländer war der Architekt für den Umbau des Reichstagsgebäudes. Ich bin stolz auf das, was wir hier in Berlin geschaffen haben. Ich bilde mir persönlich nichts darauf ein. Ich war in einer wichtigen geschichtlichen Phase aufgefordert, bei den Bauentscheidungen mitzuwirken. Dieser Herausforderung habe ich mich gerne gestellt.

**Helmut Kohl im Park
des Bonner Kanzleramts, 1983**

„Durch unsere gemein-
samen Anstrengungen,
durch die Politik der
Sozialen Marktwirtschaft
werden schon in wenigen
Jahren aus Brandenburg,
aus Mecklenburg-Vorpom-
mern, aus Sachsen, aus
Sachsen-Anhalt und aus
Thüringen blühende Land-
schaften geworden sein."

(1. Oktober 1990)

„Da sind sie, die
Sozialisten mit ihren
freudlosen Gesichtern,
diese freudlosen
Gestalten, die sie
immer waren und
bleiben werden."

(Wahlkampf 1994)

SIE SIND DOCH DER KOHL?

Kohl über Kohl

„Wahr ist …, dass ich einmal an einem Weihnachtsessen in einer Frauenvollzugsanstalt teilgenommen habe und dass das Essen von zwei Frauen zubereitet wurde, die wegen Giftsmords verurteilt waren. … Das Essen, das sie gekocht hatten, war vorzüglich. … Trotzdem hatte ich damals schon ein mulmiges Gefühl …"

Vor zwei Jahren besuchte ich – was ich sehr gern tue – am frühen Morgen allein den Berliner Zoo. Ausgerechnet am Menschenaffenhaus kam eine Berliner Rentnerin auf mich zu und sagte: „Sie sind doch der Kohl?" Ich antwortete: „Ja." Und sie darauf: „Ja, wieso laufen Sie hier frei herum?"

(von ihm selbst 1990 im Fernsehen erzählt)

Der Fragebogen

Der Fragebogen, den der Schriftsteller Marcel Proust in seinem Leben gleich zweimal ausfüllte, war in den Salons der Vergangenheit ein beliebtes Gesellschaftsspiel. Das *FAZ-Magazin* spielte es weiter: heitere und heikle Fragen als Herausforderung an Geist und Witz.

Was ist für Sie das größte Unglück?
Krieg.

Wo möchten Sie leben?
In einem wiedervereinten Deutschland als Teil eines freien Europas.

Was ist für Sie das vollkommene irdische Glück?
Ich glaube nicht, dass es vollkommenes irdisches Glück gibt.

Welche Fehler entschuldigen Sie am ehesten?
Die zugegeben oder aus Mitleid begangen werden.

Ihre liebsten Romanhelden?
Don Quichotte.

Ihre Lieblingsgestalt in der Geschichte?
Graf Stauffenberg.

Ihre Lieblingsheldinnen in der Wirklichkeit?
Mütter.

Ihre Lieblingsheldinnen in der Dichtung?
Die Frauengestalten Theodor Fontanes.

Ihre Lieblingsmaler?
Chagall und Purrmann.

Ihr Lieblingskomponist?
Vivaldi, Mozart.

Welche Eigenschaften schätzen Sie bei einem Mann am meisten?
Mut und Zuverlässigkeit.

Welche Eigenschaften schätzen Sie bei einer Frau am meisten?
Mütterlichkeit, Klugheit und Charme.

Ihre Lieblingstugend?
Gelassenheit.

Ihre Lieblingsbeschäftigung?
Gespräche mit Freunden.

Wer oder was hätten Sie sein mögen?
Bauer.

Ihr Hauptcharakterzug?
Selbstvertrauen und Zuverlässigkeit.

Was schätzen Sie bei Ihren Freunden am meisten?
Treue und Offenheit.

Ihr größter Fehler?
Fragen Sie meine Frau oder meine Freunde.

Ihr Traum vom Glück?
Kein Thema für die Öffentlichkeit.

Was wäre für Sie das größte Unglück?
Krieg.

Was möchten Sie sein?
Duldsamer.

Ihre Lieblingsfarbe?
Rot.

Ihre Lieblingsblume?
Rose.

Ihr Lieblingsvogel?
Spatz.

Ihr Lieblingsschriftsteller?
Carl Zuckmayer – Bruce Marshall.

Ihr Lieblingslyriker?
Reiner Kunze.

Ihre Helden in der Wirklichkeit?
Die ohne Aufsehen Mitmenschlichkeit praktizieren.

Ihre Heldinnen in der Geschichte?
Edith Stein.

Ihre Lieblingsnamen?
Keine.

Was verabscheuen Sie am meisten?
Hinterlist und Falschheit.

Welche geschichtlichen Gestalten verachten Sie am meisten?
Den Diktator.

Welche militärischen Leistungen bewundern Sie am meisten?
Die ohne Krieg Freiheit sichern.

Welche Reform bewundern Sie am meisten?
Die Verankerung der Bürgerrechte und der Menschenrechte.

Welche natürliche Gabe möchten Sie besitzen?
Musikalisches Talent.

Wie möchten Sie sterben?
Vorbereitet.

Ihre gegenwärtige Geistesverfassung?
Gelassen.

Ihr Motto?
Suaviter in modo, fortiter in re.

Erschienen im *FAZ-Magazin*,
15. Juli 1983

Das Kreuz mit den Werten, Wirten & Worten

in dem es zumeist um ihn geht – von CUS

Rüber

8 Für ihn die schönste aller Farben
10 Balzerkönig als Verwandter von 21 Rüber
11 Der oberste Sowjet, mit dem er gut konnte
12 Wo sperrte sich CSU im Bad ein?
13 Nein, bei seiner könne er Parteispender nicht verraten
14 Vatikanisches Gebot ersetzt keine Politik: Die Stunde des gestiefelten Auslands
16 Nun macht mal schön! wurden künftige Opfer der Pfälzer Wildwochen ermuntert
17 Seinerzeit unbenotete Gemeinschaftswährung
19 Wolle mer se rauslasse? Der eine ist's, der andere isst's
21 Die Bayernlegende kriegt im Bund schon immer nasse Füße
23 Ich, der Wendekanzler, mache alles so! (Wahlkampfversprechen 1983)
26 Liaison zum Elysée-Palast
27 Da übten er und François Händchenhalten
30 Kanzler mit zuviel Pfälzer Kabinett
31 Frage zur Vorgehensweise bei Wiedervereinigung
32 Kopfwaschresultat von Staats wegen oft unmenschlich
34 Wegen dem Offizier musste Maggie aus Number 10 raus
35 Runter 36 in Altötting hatte doch mit Liebfrauenquote nichts am Trachtenhut
36 Undasein, Ausmusterungsbefehl – oder Datenlöschanweisung für Festplatten?
37 Jünger ist Matthäus da, zusammen mit den anderen elf
38 Das Jahr, das nur einen Tag dauert und vor dem seine Ansprache doppelt gesendet
39 Feindsinniger, ja sinnfeiniger Wiedervereinigungsverein
40 Sein sommerlicher Regierungssitz nur einen Sprung vom Rössl
43 CSU-Bericht zur Lage Deutschlands
46 Unicum oder Kürz€l
47 Von Desert Storm wieder eingesetzt
48 Hat er als Kanzler zuallererst geleistet
50 Bekam er durch die Arbeit, die sich in seinem ganzen Namen ausdrückte
51 Bordnungswidrig wollten sich einst die Geißlers und Süssmuths aufspielen, was er unterband
52 Der klassische Royal der Achtziger

Runter

1 Der Christian war ein böser Bub: Ihm war's ja gleich, die Sache mit der Wiedervereinigung
2 Damit wollte *Titanic* ihm an die Karre fahren
3 Er und ebenso sein Vorgänger
4 Politik ist wie Pokern – und ihretwegen war er immer besser als Franz Josef
5 Er & Hannelore in Union
6 Der erste Schritt zur Ossimilation
7 Das größte Loch der Erde beschloss man 1987 zu schließen
9 Nicht nur die, sondern alle Pfälzer genossen vor 1933 die Gnade der bayerischen Geburt (also auch er)
15 Genschmans minimiertes Ministerium kann voll in die Hose gehen
18 Paarpartei mit Autonomia-san-mia-Programm
20 Frage der Ungeduldigen und Mehrerwarter
22 Pfälzer Landgericht nicht für eingefleischte Veganer
24 Das Maß der Dinge auf dem alten Kontinent
25 Warf er *SZ*- und *Spiegel*-Journaille vor – wirkt erhebend auf andrer Leute Zeigefinger
27 Machte Golf in Deutschland erst richtig populär
28 Ronaldo ohne Ende war eine Art Weltmeister (damals, als Maradona die Hand Gottes führte)
29 Bei dem piept's wohl! sprach er über Rivalen zu Beginn der Ära
30 Seiltänzers Nummer für die hohe Politik
33 Tout fait le Wende? Pont à Paris
36 Gastarbeiterboss in seinem Deidesheimer Hof – ist in Volksversion akademisch
38 Traute sich Mitterrand dann doch nicht zur Wiedervereinigung sagen
40 Am Ende zählen nicht Worte, sondern die, seine gesammelten Ergüsse
41 Ohne Majas Stimme keine CDU
42 Als jetzige Golfer noch Generation waren, machte der mächtig Dampf unterm Hintern
44 Empfehlenswert zwischen Tür und Angel, was Pfälzer Weine mit politischen Beziehungen anstellen
45 Ihre Ära überschnitt sich großteils mit seiner, war aber strahlender und endete pfeilerschnell
48 Blickt der gleiche aus der Galerie auf ihn und auf Donald Trump (der doch eigentlich Pfälzer ist) herab
49 Genossischaft fanden viele zum Davonlaufen – die aber fand's zum Schießen

„Das vor uns liegende Jahrzehnt könnte für unser Volk das glücklichste dieses Jahrhunderts werden."

(1989)

7

DER EUROPÄER

UNTERWEGS

„Ich möchte die Einigung Europas, weil ich es meiner Mutter versprochen habe."

DER
EUROPÄER

Europa vor dem Ziel

Ein Gespräch mit Helmut Kohl über die Chancen des Zusammenwachsens
ehemals verfeindeter Länder

1999, 11. September, SZ

SZ: Es gibt neue Mitglieder im Verein für deutliche Aussprache: Ihr Nachfolger als Bundeskanzler spricht in der Europa-Politik eine unverblümt-deutliche Sprache. Ob es ums deutsche Geld geht, um die Besetzung der EU-Kommission oder um Deutsch als Verhandlungssprache: Die derzeitige Bundesregierung gibt sich ziemlich unbekümmert. Empfinden Sie da auch ein wenig Neid? Hätten Sie sich manchmal gewünscht, auch so geradeheraus reden zu können?

Kohl: Ich komme gar nicht auf den Gedanken, angesichts Ihrer Schilderung Neid zu empfinden. Auf was denn eigentlich? Eine solche Politik muss notwendigerweise zu einem Fiasko führen. Das Fiasko tritt natürlich nicht innerhalb von 24 Stunden ein. Die Politik, die meine Amtsvorgänger und ich gemacht haben, entsprach der politischen Lebensführung. Konrad Adenauer, Kurt-Georg Kiesinger, Willy Brandt, Helmut Schmidt – keiner von uns hat eine Politik gemacht nach dem Motto „Am deutschen Wesen soll die Welt genesen". Mit einer solchen Haltung wäre es Willy Brandt nicht gelungen, die Öffnung der Ostpolitik zu betreiben und gleichzeitig das Vertrauen der Amerikaner nicht zu verlieren, was ja nun wahrlich keine einfache Sache war. Die neue „Hoppala-jetzt-komm-ich-Politik" ist schädlich. Wir sind mit 80 Millionen Einwohnern das nach der Bevölkerungszahl stärkste Land Europas, wir sind auch wirtschaftlich das stärkste Land – das ist richtig. Wir müssen das doch den anderen nicht ständig sagen, dass wir stark sind und die Numero eins. Die wissen das schon. Und es steht uns sehr wohl an, den anderen Staaten in einer Art und Weise zu begegnen, dass sie zu uns Vertrauen haben können.

SZ: Was war die Philosophie Ihrer Europa-Politik?

Kohl: Ich habe den Krieg mit all seinem Schrecken und Grauen erlebt und dann als 15-Jähriger das Kriegsende. Die Erfahrungen dieser Zeit haben mein weiteres Leben tief geprägt. Mir wurde vor allem klar, dass die Zeit der Kriege in Europa beendet werden muss, dass wir eine politische Ordnung in Europa schaffen müssen, die das friedliche Zusammenleben dauerhaft sichert. Ich habe als Junger von Konrad Adenauer den Satz gelernt, die Trikolore, die französische Flagge, dreimal und die Bundesfahne einmal zu grüßen. Das war nicht ein Mangel an Respekt vor der Bundesflagge. Konrad Adenauer brauchte da keine Nachhilfe. Es geht um das Sich-Einfühlen in das Selbstverständnis der Nachbarn, die sich als Grande Nation verstehen. Nun kann man natürlich über ein solches Selbstverständnis streiten und fragen, ob das noch stimmt. Aber das ist doch gar nicht die Frage. Wir wollen gemeinsam Zukunft bauen, und darum brauchen wir die Partner. Wir sind das Land mit den meisten Nachbarn und den längsten Grenzen. Und jeder Ton von uns wird, auch wenn uns das noch so ungerecht erscheinen mag, sensibler registriert als bei anderen. Und deshalb sind die starken Reden, die bei Nachbarn als laute Reden empfunden werden, falsch. Zu uns passen sehr gut die leisen Töne; es sind die erfolgreichen Töne. Im übrigen ist es eine Lebenserfahrung, dass, wer laut auftritt, schwach ist – sonst hätte er solches Gebaren nicht nötig.

SZ: Wer oder was hat Sie solche Zurückhaltung gelehrt?

Kohl: Das fragen Sie? Vor fünfzig Jahren ist dieses Land beim Nullpunkt gestartet. Angesichts der Barbarei der Nazis – das Stichwort Auschwitz ging um die Welt – waren wir totale Outsider. Erinnern Sie sich an die berühmte Szene auf dem Petersberg vor fast fünfzig Jahren: Da standen die drei Hohen Kommissare, also die Oberbefehlshaber der Besatzungsmächte, auf dem Teppich – und Konrad Adenauer als neugewähltem Kanzler sollte verwehrt werden, auf dem gleichen Teppich zu stehen wie sie. Von dieser Position ist Adenauer, ist die Außenpolitik der Bundesrepublik ausgegangen. Schritt für Schritt haben wir uns wieder vorgearbeitet, zum geachteten Partner und Freund. Das war nur möglich mit sehr viel Geduld, mit sehr viel Einfühlungsvermögen, mit sehr viel Fähigkeit, Sympathie und, das Wichtigste, Vertrauen zu erwerben. Wenn wir nicht dieses Vertrauen unserer Partner und Freunde gehabt hätten, wäre die deutsche Einheit nicht möglich gewesen.

SZ: In welcher Situation haben Sie das ganz besonders gespürt?

Kohl: Als die Mauer 1989 in Berlin brach und der KGB, die Stasi und Teile

**Mit Ronald Reagan in Washington, 1986,
und François Mitterrand, 1987, in Chambord**

Mit Margaret Thatcher bei einer
Pressekonferenz in Downing Street, 1983, und Boris Jelzin, 1992

der Ostberliner Regierung Soldaten und Panzer auf die Straße schicken wollten und wir in eine Situation wie 1953 gekommen wären – damals hat Gorbatschow dem Wort von Willy Brandt und mir vertraut, dass sowjetische Einrichtungen nicht angegriffen werden und dass dies eine friedliche Revolution ist.

SZ: Bei Ihrer Bundestagsrede zum Abschied des Bundestages von Bonn haben Sie das deutsch-französische Verhältnis beschworen. Es gibt ja hier eine neue Linie in der deutschen Politik, besondere Beziehungen Ihres Nachfolgers zu den Briten, denken wir an das Schröder-Blair-Papier. Haben Sie Angst um Europa? Sie haben vorher von einem drohenden Fiasko geredet.

Kohl: Das Wort bezieht sich auf die deutsche Politik. Europa ist so fest gegründet, dass die jetzige deutsche Regierung, was immer sie sonst noch tun mag, die europäischen Grundpositionen nicht mehr verändern kann. Ich will es in einem Bild sagen: Der Zug steht auf dem Gleis, und die Lokomotive ist unter Dampf. Nun mag es sein, dass die Lokomotive ein bisschen schneller, mal langsamer fährt, vielleicht auch mal stehen bleibt. Nur eines kann nicht mehr passieren: Die Lokomotive kann nicht mehr umgespannt werden auf das Ende des Zuges und den Zug in die falsche Richtung ziehen.

SZ: Was macht Sie da so sicher?

Kohl: Die Einführung des Euro, mit all ihren Folgen für die Zukunft Europas. Damit hat Europa den Rubikon überschritten. Und das war für mich persönlich der wichtigste Grund, warum ich noch einmal kandidiert habe. Ich habe natürlich um das Risiko gewusst. Für mich war entscheidend, dass wir die Einführung des Euro erreichten – und ich bin sicher, dies wäre ohne mich als Bundeskanzler der Bundesrepublik Deutschland nicht möglich gewesen.

SZ: Bleiben wir in Ihrem Bild von der Eisenbahn: Es mag ja sein, dass die Lokomotive angespannt ist. Sind die Gleise verlegt? Ist die Trasse in Ordnung?

Kohl: Natürlich ist noch viel zu tun. Aber wissen Sie, da sind wir schon wieder im Bereich des Euroskeptizismus. Wenn ich die letzten 20 oder 25 Jahre verfolge, hieß es immer, das funktioniert nicht.

SZ: Das ist doch im wesentlichen Ihre Amtszeit gewesen. In dieser Zeit ist doch dieser Euroskeptizismus gewachsen.

Kohl: Einen solchen Skeptizismus haben doch nicht zuletzt manche Ihrer Kollegen befördert. Ich denke nur an meine allererste europäische Konferenz im Dezember 1982 in Kopenhagen, damals hieß es noch nicht Europäische Union, sondern Europäische Gemeinschaft. Da sehe ich noch heute Ihre Kollegen vor mir, die haben uns angeguckt mit einem milden Lächeln, in dem zu lesen war: Was wollen diese

Narren? Und gemeint haben die vor allem mich. Jedes zweite Wort, das man mir und meinen Vorstellungen von Europa entgegengehalten hat, war Eurosklerose, die Verbindung von Europa mit einer schlimmen Krankheit. Immer hieß es: Das kommt nie, das funktioniert nicht. Erst hieß es: Die Wirtschafts- und Währungsunion kommt nie. Dann hieß es: Maastricht kommt nie. Als Maastricht da war: Maastricht wird nie ratifiziert. Ich aber habe eigentlich immer nur erlebt, dass es doch funktioniert; und so wird es auch beim Euro sein.

SZ: Dieses Europa des Euro, soll das den Leuten das Herz wärmen?

Kohl: Ich habe einmal eine Rede in Metz gehalten. Da sagte mir der dortige Oberbürgermeister, wie ich Jahrgang 1930, dass er in Erinnerung hat, wie man in Metz vom Gehsteig runtergehen musste, wenn ein deutscher Offizier kam. Das war im Jahr 1943. Und dann hatte ich ihm gesagt, ich habe eine Erinnerung an 1945 in meiner Heimatstadt, wo es dann umgekehrt war. Wir mussten vom Gehsteig runter, wenn ein französischer Offizier kam. Die beiden Städte liegen gerade 200 Kilometer auseinander. Wenn ich das heute Schülern oder Studenten erzähle, ist es genauso, als wenn ich über die Zeit der Perserkriege rede. Und das ist doch fantastisch, das ist doch das, was allein zählt. Wir haben eine ungeheure Wegstrecke zurückgelegt. Es ist noch viel zu tun: In der Frage der europäischen Sicherheitsordnung, in der Frage der Fähigkeit gemeinsamer Außenpolitik … aber der Zug fährt in die richtige Richtung.

SZ: Wenn man jetzt 50 Jahre zurückdrehen und den Aufbau Europas noch einmal beginnen könnte – würde man noch einmal mit der Wirtschaft beginnen, mit der Gemeinschaft von Kohle und Stahl?

Kohl: Was wäre wenn …? Kohle und Stahl hatten damals eine andere Wertigkeit als heute. Das Kräfteverhältnis der Völker war ja nicht von einer modernen Technologie, wie wir sie haben, beherrscht, sondern eben von Kohle und Stahl. Und insofern konnte man damals ja gar nichts anderes denken, als mit dieser Kernindustrie die Gemeinschaft anzufangen. Ich frage mich allerdings, ob es richtig war, die Landwirtschaft so früh in den gemeinsamen Markt einzubeziehen. Die Voraussetzungen der Landwirtschaft in den einzelnen Mitgliedsländern waren und sind unterschiedlich.

SZ: Nach wie vor ist es die Ökonomie, die Wirtschaftspolitik, die Europa dominiert. Ist die Ökonomie, ist der Euro die richtige Lokomotive, um Europa zu ziehen? Steigen da die Leute wirklich ein?

Kohl: Das ist eine sehr zugkräftige Lokomotive. Und die Deutschen haben ja damit gute historische Erfahrungen gemacht, ich denke an den Deutschen Zollverein. Damit, mit der handelspolitischen Einigung der Bundesstaaten, haben wir in

**Gemeinsam mit Erich Honecker verbeugt er sich
vor der bundesdeutschen Fahne vor dem Kanzleramt, 1987**

Deutschland doch im 19. Jahrhundert auch angefangen. Es ist ja eine Schande, dass niemand mehr weiß, was damals Friedrich List geschrieben hat …

SZ: … der Denkschriften für die Aufhebung der Zollschranken in Deutschland verfasst hat, dann wegen „staatsfeindlicher Aufreizung" zu Festungshaft verurteilt wurde, nach Amerika auswanderte und als US-Konsul wieder zurückkam. Wenn Sie von diesen historischen Erfahrungen sprechen: Die Zollunion war ja Vorläuferin des deutschen Bundesstaates. Heißt das, dass die Wirtschafts- und Währungsunion, dass der Euro den europäischen Bundesstaat, die Europäischen Staaten von Europa, vorbereitet?

Kohl: Die Europäische Union, wie es jetzt richtigerweise heißt, ja; aber nicht wie wir früher – und ich selbst – gesagt haben, die Vereinigten Staaten von Europa. Auch ich habe lange Zeit diesen Begriff benutzt. Für mich war die große Europa-Rede Churchills nach dem Krieg in Zürich mit der Vision der Vereinigten Staaten von Europa ein beeindruckendes Erlebnis. Und alle großen Europäer von Robert Schuman bis zu Konrad Adenauer haben immer wieder davon gesprochen. Doch diese Formel war missverständlich. Und zwar deswegen, weil in der Bevölkerung der Eindruck hervorgerufen wird, als sei dies mit den Vereinigten Staaten von Amerika vergleichbar. Die USA sind ein Bundesstaat, mit einer Sprache. Die Europäische Union besteht aus vielen europäischen Staaten mit ihrer eigenen Geschichte, mit ihrer eigenen Identität. Deutschland wird nicht ein europäisches Texas, und Frankreich ist nicht Kalifornien.

DDR-Außenminister Oskar Fischer, Erich Honecker, Minister Heinz Riesenhuber und Helmut Kohl stoßen auf die Unterzeichnung der deutsch-deutschen Verträge an.

SZ: Europa – Bundesstaat oder Staatenbund?

Kohl: Es gibt Elemente von beiden, Europa liegt irgendwo zwischen diesen Einordnungen. Aber über diese Frage mache ich mir überhaupt kein Kopfzerbrechen. Wir bleiben Deutsche, die Franzosen bleiben Franzosen, die Italiener bleiben Italiener – und so behält jeder seine Identität, wir geben sie nicht ab. Und das entspricht doch auch dem Lebensgefühl der Menschen.

SZ: Skepsis ist nach wie vor das Gefühl dem Euro gegenüber …

Kohl: Ja gut, reden wir von der Währung. War denn die Bangigkeit geringer im Sommer 1948, als die Deutsche Mark kam? Es ist doch eine Fama, dass die Deutschen damals gejubelt hätten. Ludwig Erhard ist doch damals in der Politik alles andere als eine gute Zukunft vorausgesagt worden. Ähnlich ist es mit der Einführung des Euro. Auch die Mark galt doch damals weitgehend als Crétin, als eine Missgeburt. Der damalige amerikanische Notenbank-Präsident hat seinem deutschen Kollegen gesagt, was wollen Sie denn eigentlich, Sie sind nichts, Sie haben nichts, und das wird nichts. Für die Deutschen symbolisiert die Mark den Wiederaufstieg Deutschlands; bevor die Bundesflagge kam und bevor die Nationalhymne wiedergekommen ist, gab es die D– Mark. Diese Symbolkraft der Mark habe ich den Kollegen in den anderen EU-Ländern immer wieder erklärt. Und jetzt sage ich: Der Euro wird eines Tages für den Aufstieg Europas stehen. Bei all dem, was da noch an Problemen auf uns zukommt – der Euro macht eines mit einer radikalen Offenheit deutlich: dass eins und eins zwei ist. In allen Ländern Europas gibt es echt

François Mitterrand und Helmut Kohl –
Gedenken in Verdun, 1984

vergleichbare Daten, Schwächen werden schonungslos aufgedeckt. Das heißt, dieser Euro zwingt uns zu Beginn des 21. Jahrhunderts mit Macht, besser zu werden. Der Euro ist ein Hilfsaggregat für überfällige Reformen.

SZ: Nationale Politik wird, immer wenn es Schwierigkeiten gibt, Europa und dem Euro die Schuld geben.

Kohl: Das ist die Verlogenheit in manchen Teilen der Politik. Wenn man im Regionalen, im Nationalen nicht fertig wird mit Problemen, schiebt man es auf Europa. Dies ist ja eine beliebte Geschichte. Und jeder weiß, dass das nicht stimmt. 80 Prozent solcher Behauptungen stimmen nicht.

SZ: Das Regionale. In den letzten Jahren ist es eine beliebte Metapher im europäischen Sprachgebrauch. Sind die wachsenden Regionalismen wirklich so positiv für den europäischen Prozess? Könnte darin nicht auch eine neue Europa-Feindlichkeit stecken?

Kohl: Es mag sein, dass es solche Leute gibt, aber die sind dumm und erkennen den Strom der Geschichte nicht. Aber ganz klar ist, dass Europa entweder subsidiär ist, oder es wird nicht sein. Leider Gottes gibt es kein besseres Wort für Subsidiarität.

SZ: Davon steht aber nichts im Amsterdamer Vertrag.

Kohl: Leider Gottes ist das im Amsterdamer Vertrag (in dem sehr vieles steht, worauf ich stolz bin) nicht geglückt: Ich hätte gerne noch die Gemeindesäule stärker in die europäische Architektur einbezogen. Subsidiarität: Es gibt viele Dinge, die nur die EU regeln kann. Aber es gibt viele andere, die man dort nicht regeln kann, weil das Europa mit seiner Individualität und seinen Unterschieden, die ich für wichtig und existenziell halte, nicht gerecht würde. Mehr und mehr setzt man doch – nicht nur in der EU – auf Dezentralisierung: Ein alter Zentralstaat wie Großbritannien schickt sich jetzt an, Landtage einzusetzen. Die Volksrepublik China gibt den Regionen mehr Rechte, weil man weiß, dass man nicht alles von einer Zentrale aus regieren kann. Ich halte das für eine richtige Entwicklung. Ein einheitlicher Rahmen und verschiedene Arten, ihn auszufüllen: Ich glaube, dass das für den Frieden, für den inneren Frieden in Europa existenziell ist. Schauen Sie nach Südtirol: Vor kurzem war ich bei der Südtiroler Volkspartei – vor 40 Jahren war dort das Land in Aufruhr, jetzt ist es eine friedliche, wohlhabende Gegend. Und ich werde nie vergessen, wie dann am Ende dieser Kundgebung die Europahymne gespielt und das Andreas-Hofer-Lied gesungen wurde. Ich bin überzeugt davon, dass nur nach diesen Prinzipien der Europäischen Union die Zukunft sicher wird.

SZ: Welche Prinzipien meinen Sie jetzt?

Kohl: Auch die Probleme auf dem Balkan, die uns jetzt so bedrücken, sind nur lösbar, wenn wir begreifen, dass die Grenzen in Europa, und zwar allesamt, keine Grenzen der Vernunft sind, so wie die Grenze zwischen Österreich und Italien ja auch keine Grenze der Vernunft ist – weil sie erwachsen ist aus kriegerischen und anderen für die Menschen bedrückenden Erfahrungen. Wir wollen diese Grenzen nicht verschieben, sondern sie überwinden. François Mitterrand hat gesagt, wer an Grenzen rührt, macht Krieg. Wahr ist aber auch, dass das Haus Europa eine Voraussetzung ist für den Frieden.

SZ: Nun wurde aber doch in den letzten Jahren in Osteuropa ganz massiv an den Grenzen gerührt: Slowakei, Ex-Jugoslawien. Wenn Sie nach Bosnien, wenn Sie in den Kosovo schauen – glauben Sie, dass Europa wirklichen Frieden stiften kann?

Kohl: Die Politiker, die heute im Gebiet des früheren Jugoslawiens Verantwortung tragen, hatten Ämter ja schon zur Endzeit der Machtausübung durch Tito. Wenn sie jetzt erleben, dass ein Teil dieses Machtgebiets Titos ein Teil der Europäischen Union wird, dann hat das eine enorme pädagogische Wirkung.

SZ: Ihre Friedens- und Befriedungsstrategie heißt also: Aufnahme in die EU!

Kohl: Ich bin ganz sicher, das ist überhaupt die einzige Möglichkeit, der einzig gangbare Weg. Sicherlich: Es ist in Ex-Jugoslawien so viel Entsetzliches geschehen auf beiden Seiten, dass ich hier kein Zeitmaß angeben kann. Aber meine Gegenfrage an Sie: Haben Sie eine andere Lösung?

SZ: Nein, aber eine Frage: Wie weit reicht die Integrationskraft der EU? Wo in Osteuropa verläuft die Grenze, die die EU nicht überschreiten sollte?

Kohl: Ich habe eine Überschrift in einer polnischen Zeitung in Erinnerung, das ist ein paar Jahre her, sie stand über einem großen Foto: Boris Jelzin und ich hatten uns da bei irgendeiner Gelegenheit umarmt (und das sind ja Bilder, die schon wegen unseres Volumens ein gewisses Gewicht verraten), und darüber stand die Frage der Zeitung: Was bedeutet das für Polen? Da wird angespielt auf die Urängste der Polen, auf die Geschichte seiner Teilungen. Die latente Angst der Polen vor Russland und davor, dass Deutschland wieder aggressiv werden könnte, ist nur zu überwinden, wenn Polen ein Teil der Europäischen Union ist. Dabei müssen wir aber einen anderen Konflikt vermeiden – eine Auseinandersetzung zwischen EU-Europa auf der einen und Russland und Ukraine auf der anderen Seite. Russland und die Ukraine können nicht Mitglied der EU werden, wir können aber die Beziehungen zu diesen Ländern ganz eng gestalten.

SZ: Wenn wir von Erweiterung reden, die ja keine Erweiterung, sondern eigentlich eine Vervollständigung ist: Wann ist denn Europa vollständig, wann ist die EU sozusagen rund?

**Mit dem britischen Premier John Major
bei der Verabschiedung der alliierten Streitkräfte in Berlin, 1994**

Kohl: Die baltischen Staaten gehören ganz dringend dazu, und sie sollten die notwendigen eigenen Anstrengungen unternehmen – das gilt für alle potenziellen Kandidaten, auch für Bulgarien und Rumänien. Die EU kann nicht die aufnehmen, die nicht die notwendigen Voraussetzungen selbst erbringen. Man kann und darf die Voraussetzungen nicht absenken, aber man kann helfen, auch psychologisch. Ein fixer Zeitplan wäre eher schädlich, denn es kann sehr wohl sein, dass das eine oder andere Land sich schneller entwickelt, als man das am Anfang vermutet hat. Denken Sie daran, welch gewaltigen Fortschritte Slowenien gemacht hat.

SZ: Und wie halten Sie es mit der Türkei?

Kohl: Da ist ja sehr viel dummes Zeug geredet worden. Ich habe die persönliche Animosität bestimmter türkischer Politiker gegen mich nicht verstanden. Ich habe keinen Nachholbedarf in Sachen Türkei. Die Türkei ist ein Land mit einer großen Zukunft, eines der jüngsten Völker Europas, an der Grenze Europas, ein Land mit einer großen Zahl unglaublich tüchtiger und begabter Leute, ein Land mit einer sehr schwierigen politischen Gegenwart. Es ist ein Land, das, so wie es jetzt auch in seiner Verfassungsordnung strukturiert ist, den Anforderungen der Europäischen Union nicht genügt. Dies auszusprechen und anzusprechen, ist doch auch eine Frage der Freundschaft. Man kann doch nicht einfach, wie manche in Washington es jetzt tun, sagen, das sei alles egal, weil man – des Konfliktes mit dem Irak wegen – die Türken gerade besonders gut brauchen kann. Deswegen können wir doch die Frage der Menschenrechte nicht einfach außer Acht lassen.

SZ: Kurz gesagt: Sie haben nichts gegen die Türken, Sie wollen sie aber nicht in der EU haben.

Kohl: Ich habe viel Sympathie für das türkische Volk. Und wir sollten nicht vergessen, dass die Türkei eines der wenigen Völker war, das in schwierigsten Zeiten zu uns gehalten hat. Atatürk hat in den Dreißigerjahren eine beachtliche Zahl von Deutschen, die auf der Flucht vor der Nazi-Barbarei waren, in die Türkei gelassen, wir haben allen Grund, der Türkei Dankeschön zu sagen. Aber die Türkei muss auf dem Weg zur Europäischen Union ihre eigenen Voraussetzungen erbringen, muss die Menschenrechte achten.

SZ: Wenn die EU sich nun so entwickelt und vervollständigt, wie sehen Sie denn dann die Zukunft der nationalen Staaten?

Kohl: Es wird sie weiter geben. Aber man wird sich stärker auf das besinnen, was im Deutschen – ein unübersetzbares Wort – Heimat heißt. Heimat, das ist Dialekt, das ist die Region, aus der man kommt – aber Region ist schon ein zu technografischer Begriff. Heimat heißt: Ich bin Oberpfälzer oder Pfälzer oder Sachse, Lothringer, Elsässer, Bretone, Wallone oder Flame. Sie alle zusammenzubringen – das ist Europa. Die Pfalz ist meine Heimat, Deutschland ist mein Vaterland. Europa ist meine Zukunft. Die Angst, dass Europa wie ein großer Staubsauger oder Gleichmacher über alles hinweggeht, ist unberechtigt. Das Gegenteil wird stattfinden.

SZ: Es wird ja viel geredet von der Gefahr der Renationalisierung in Europa. Fürchten Sie die?

Kohl: Nein, überhaupt nicht. Wie wollen Sie denn beim Euro renationalisieren? Das sind Wörter, die anderes kaschieren. Es ist doch so: In Brüssel ist einerseits sehr viel Gutes geleistet worden. In Brüssel ist aber auch Bürokratie entstanden, die abgebaut werden muss. Wenn einer nun bürokratische Macht ausübt und sie wieder abgeben soll und Argumente dagegen sucht – dann sagt er, das sei doch Renationalisierung, der braucht Argumente und sagt, das ist Renationalisierung.

SZ: Wenn man heute nach dem Aufstehen das Radiogerät einschaltet, beginnen die Nachrichten üblicherweise mit der Ortsmarke Bonn beziehungsweise Berlin. Werden Sie in 15 Jahren regelmäßig mit „Brüssel" beginnen?

Kohl: Natürlich wird Europa noch viel mehr präsent sein als heute. Das Europäische Parlament wird weitere Rechte bekommen. Es wird aber auch weiterhin eine deutsche Regierung geben, so wie es auch eine bayerische Regierung geben wird. Und die deutsche und die bayerische Regierung werden sich weiterhin, egal wer dran ist, auch miteinander streiten.

SZ: Wird es in überschaubarer Zeit eine europäische Regierung geben?

Kohl: Ob das nun weiterhin Kommission oder Regierung heißt, das lass' ich einmal völlig offen.

SZ: Wie groß ist das Demokratie-Defizit in Europa?

Kohl: Es wird sich im Laufe der vor uns liegenden Jahrzehnte abbauen, das ist eine ganz natürliche Entwicklung – die Parteien in Europa sind noch nicht ausreichend europäisch präsent. Immerhin: Das Europaparlament hat schon jetzt mehr Rechte, als die meisten wissen.

SZ: Globalisierung: Immer mehr Menschen haben den Eindruck, Politik sei nicht mehr in der Lage, die Marktkräfte in den Griff zu kriegen.

Kohl: Das ist ja eines der wichtigsten Argumente für den Ausbau des Hauses Europa. Wenn Europa mit über 300 Millionen Menschen eine Währungszone bildet, dann sind wir ein Faktor wesentlicher Mitbestimmung in der Welt. Die Regulierung der Geldströme wird aber ein großes Problem bleiben.

SZ: Glauben Sie, dass wir in den nächsten Jahren oder Jahrzehnten das Problem der Migration annäherungsweise in den Griff kriegen?

Kohl: Da habe ich große Zweifel, weil wir in Europa kein gemeinsames Konzept haben. Wir haben eine dramatische Vermehrung der Weltbevölkerung. Die Vermehrung findet dort statt, wo jetzt schon das Elend am allergrößten ist. Folglich wird ein ungeheurer Druck entstehen, dort wegzugehen, dahin, wo es vermeintlich besser ist. Die Frage ist, ob das überhaupt zu stoppen ist. Wir müssen uns jedenfalls alle Mühe geben, Hilfe vor Ort zu leisten. Schauen Sie nach Zentralafrika, sehen Sie die Umweltzerstörungen am Victoriasee – dort wird ja die Lebensgrundlage von ganzen Generationen zerstört.

SZ: Da sind die europäischen Lösungsansätze aber wirklich kaum entwickelt.

Kohl: Das sage ich ja.

SZ: Wir stehen kurz vor dem Jahr 2000. Was sagen Sie den Kindern, den Jugendlichen, die in dieses neue Jahrtausend hineinwachsen? Wenn junge Menschen Sie fragen, ob Sie, der alte Staatsmann, Angst vor bestimmten Entwicklungen haben?

Kohl: Nein, habe ich nicht. Und ich glaube auch nicht, dass die Kinder Angst haben müssen. Es gab noch nie eine Generation in Deutschland, die so viel Grund zum Optimismus hatte. Sicher: Wir haben Probleme, wir haben enorme Probleme, wenn es etwa um die beruflichen Perspektiven geht und festgestellt werden muss, dass bestimmte Berufe total überfüllt sind. Aber bei allen Schwierigkeiten: Nie gab es eine solche Vielfalt an Chancen und Lebensperspektiven. Die jungen Leute gehen in ein neues Jahrhundert. Sie haben die Möglichkeit, es zu gestalten. Wir, die Älteren, haben dies Fundament für eine freundschaftliche Zusammenarbeit zwischen den Völkern in Europa gelegt. Das wird nur erhalten bleiben, wenn Frieden und Freiheit immer wieder neu erarbeitet und neu gesichert werden.

SZ: Wirkliche Übel sehen Sie nicht?

Kohl: Doch – erstens: das Selbstmitleid. Und zweitens: dieser elende Kulturpessimismus, der von Leuten erzeugt wird, die selber ihre Schäflein ins Trockene gebracht haben. Ich beobachte die seit vielen Jahren: Sie reißen in Deutschland ihr Maul auf, zahlen aber in Deutschland keine Steuern – um nur eine besonders unsympathische Kategorie zu nennen.

SZ: Zukunft?

Kohl: Ich brauche keinem Blick auszuweichen, wenn ich junge Leute sehe. Ich sage denen: „Packt an, wartet nicht, bis irgendjemand kommt und euch sagt, macht dies oder jenes. Traut euch was zu, das ist euer Jahrhundert!"   **Interview: Heribert Prantl**

**Mit Jacques Chirac und Boris Jelzin
auf einem Landsitz bei Moskau, 1998**

Christophorus Europas

**Ein Leben mit Macht: Helmut Kohl braucht keine Ehrung mehr,
um in die Weltgeschichte einzugehen. Er hat sich selbst in sie eingeschrieben.**

2015, 4. April, SZ – Als Helmut Kohl im Jahr 1969 Ministerpräsident von Rheinland-Pfalz wurde, war er gerade 39 Jahre alt geworden. Er hatte viel Kraft und bisweilen keine Zeit für den üblichen Weg in den Plenarsaal des Landtags. Er nahm dann die Direttissima, stieg aus dem Fenster seines Büros, balancierte über ein Flachdach, kletterte ins Büro des Landtagsdirektors und von dort auf die Regierungsbank. Er galt damals als junger Wilder der CDU.

Alexis Tsipras war ein Jahr älter als damals Kohl, als er vor zwei Monaten zum Ministerpräsidenten von Griechenland gewählt wurde. Es ist nun eine schöne Osterbeschäftigung, sich zu überlegen, wie Kanzler Helmut Kohl mit dem jungen Tsipras, dem Regierungsnovizen, umgegangen wäre: Hätte er ihn, den Linken, mit Spott und Verachtung gestraft und gedemütigt? Hätte er väterliche Gefühle für ihn entwickelt? Wäre Kohl so herablassend gegenüber den Griechen, wie es die Vertreter der EU-Institutionen sind? Oder würde er, um Europa willen, so etwas wie eine Gebrechlichkeitspflegschaft für die Griechen übernehmen?

Kohl hat sich stets um ein respektvolles und herzliches Verhältnis zu den Kleinen in der EU bemüht. Um sie hat er sich so gekümmert, als ob sie sehr groß und sehr mächtig wären; er hat sie hofiert. Kohl hatte ein feines Gespür für den Stolz eines Volkes, eines kleinen zumal, und er hatte hohe Achtung vor den Symbolen, die diesen Stolz verkörpern. Das ist ein Sinn, der vielen EU Bürokraten abgeht. Aber Kohl war nie ein Bürokrat – er war ein europabeseelter Sturkopf, ein Staatsmann aus der Provinz, der aus der pfälzischen Heimat seine Kraft schöpfte; und ein

Linkenfresser war er vornehmlich im Inland, wenn er im Wahlkampf gegen „die Sozen" giftete. Ansonsten konnte er es mit Sozialisten und Kommunisten aus anderen Staaten ausgesprochen gut – zumal dann, wenn ein gutes Verhältnis der europäischen und der deutschen Einheit dienlich war. Der Sozialist François Mitterrand, der französische Präsident, wurde sein Freund.

„Aus Sorge um Europa" heißt das kleine Buch, das Kohl im vergangenen November auf der Buchmesse in Frankfurt, umsorgt von seiner zweiten Ehefrau Maike, vorgestellt hat. Es ist eine inbrünstige Schrift; sie hat das Feuer und die visionäre Kraft, die seit dem Ende von Kohls Amtszeit der Europäischen Union mehr und mehr fehlt.

Als Kanzler war Kohl von seiner historischen Bedeutung ergriffen. Das verband ihn mit Mitterrand. Und darum haben die beiden Staatsmänner sich verstanden, auch wenn keiner die Sprache des anderen konnte. Helmut Kohl hatte den Krieg erlebt. Er erzählte davon immer wieder: „Ich habe ihn erlebt mit all seinem Schrecken und Grauen – und dann als Fünfzehnjähriger das Kriegsende. Alle Erfahrungen dieser Zeit haben mein weiteres Leben tief geprägt." Mitterrand, der bei Kriegsende 29 Jahre alt war, konnte das geschliffener sagen; er konnte Geschichte noch feierlicher inszenieren als Kohl; aber das Historische hatten sie beide in sich; und aus diesem heraus machten sie ihre Politik, durchaus auch selbstgefällig.

Kohl hat die Ratstreffen der EU dominiert und inszeniert wie ein Klassentreffen. Er hat, so erinnert sich einer, der als Minister dabei war, „ohne dass er an der Reihe war, in das Mikrofon geschrien, und alle haben auf ihn gehört. Er brüllte ‚François!', und Mitterrand, schon gezeichnet von schwerer Krankheit, zuckte zusammen und nickte. Er hat diese Kerle beherrscht." Der Staatsmann Kohl war ein pfälzisch-europäischer Berserker – Europas Berserker, Europas Christophorus; aber er konnte auch sehr sentimental sein, beseelt von den historischen Ereignissen, die er mitgestaltete, und von seiner Rolle, die er darin spielte. Monarchen in alten Zeiten haben Münzen von sich prägen lassen. Kohl hat eine Währung erfunden.

Theo Waigel, der Kohls Finanzminister gewesen ist und mit ihm den Euro geschaffen hat, hat über Kohl etwas sehr Rühmendes gesagt. „Mehr als Bismarck" (dessen 200. Geburtstag soeben begangen wurde) habe Kohl in seinen 16 Kanzlerjahren für Deutschland bewirkt – aber nicht einmal ein Museum sei ihm gewidmet worden, wie es in Texas für George Bush senior für gerade einmal vier Jahre Amtszeit spendiert wurde! Es bohrte in Kohl, dass es bei ihm daheim, in Ludwigshafen, Streit darüber gab, als er 1998 per Ratsbeschluss zum Ehrenbürger gemacht wurde. Kohl war ergriffen, als er 2003 das „Bush Presidential Library and Muse-

um" in College Station, Texas, besichtigte, einen Ruhmes- und Gedenktempel für
Bush den Älteren, eine Walhalla, vollgestopft mit Memorabilien, Souvenirs, Bildern und Texttafeln. Kohl weinte vor Rührung, wohl auch aus Selbstmitleid und
Enttäuschung über die, wie er meinte, Undankbarkeit zu Hause; es war die Zeit
nach der Spendenaffäre.

Als Altkanzler wurde Kohl noch empfindlicher und misstrauischer, als er es
früher schon war; er trägt, wie einer seiner letzten Vertrauten sagt, eine „Überemotionalisierung" mit sich herum. Es hat ihn erzürnt, dass Angela Merkel es nicht für
nötig hielt, die von José Manuel Barroso, dem damaligen Kommissionspräsidenten
der Europäischen Union, betriebene Kampagne zur Verleihung des Friedensnobelpreises an ihn kräftig zu unterstützen. Für Kohl war das wohl ein weiterer Beleg für
eine Klage, die er schon in seinem im Jahr 2000 veröffentlichten „Tagebuch" erhoben hatte: überall Verschwörung, überall undankbare Kreaturen – Geißler, Blüm,
Schäuble. In den von ihm nicht autorisierten Aufzeichnungen seines ehemaligen
Ghostwriters Heribert Schwan sind giftige Bemerkungen über seine einstigen Mitstreiter und über viele andere, Angela Merkel inklusive, noch einmal nachzulesen;
am 5. Mai wird das Oberlandesgericht Köln wohl ein Urteil für Kohls Persönlichkeitsschutz und gegen den ungetreuen Schwan fällen, der seine langen vertraulichen
Gespräche mit Kohl ohne dessen Zustimmung veröffentlicht hat. Überall Undankbarkeit. Helmut Kohl braucht keine Ehrung mehr, um in die Weltgeschichte einzugehen. Er hat sich in sie eingeschrieben – als Vater der Europäischen Union, die ihn
zum „Ehrenbürger Europas" gemacht hat; als Gestalter der deutschen Einheit. Sein
Rang kann ihm von seiner Spendenaffäre und auch einer Geldbuße von 300 000
Mark, die er deswegen bezahlen musste, nicht genommen werden. In seinen Büchern hat Kohl so getan, als sei ihm die Spendenaffäre angetan worden, um ihm zu
schaden. Er hat sich freilich selbst seine späten Tage damit verdunkelt. Aber seine
Verdienste kann das nicht mindern.

Alter und schwere Krankheit haben aus Helmut Kohl einen gebrochenen
Riesen gemacht. Das Schicksal hat es im Alter nicht so gut gemeint mit dem
Mann, dem es in seinen aktiven Jahren so oft und kräftig geholfen hat. Große
Feiern gibt es für ihn in diesen Tagen nicht. Seine Partei will, so heißt es, im Sommer ein Symposion zu seinen Ehren veranstalten. Gestern, am Karfreitag, wurde
Helmut Kohl 85 Jahre alt.   **Heribert Prantl**

In der Frankfurter Paulskirche zum 25.Jahrestag des Mauerfalls:
Ein Stück Berliner Mauer mit Kohl-Porträt

Die Eurosion

Victor Orbán in Oggersheim. Er umschmeichelt Helmut Kohl als Gründervater Europas und macht sich gleichzeitig daran, dessen Werk zu zerstören.

2016, 20. April, SZ – Gleichberechtigte Beziehungen zwischen Vätern und Söhnen sind ein Glücksfall. Häufiger scheinen jene Fälle zu sein, in denen sich Söhne den Vätern unterwerfen – oder gegen sie auflehnen. Der ungarische Premier Viktor Orbán tut beides zugleich. Er umschmeichelt Helmut Kohl als Gründervater Europas; und er macht sich daran, Kohls Werk zu zerstören. Dabei setzt Orbán wohl darauf, dass der betagte Ex-Kanzler das Doppelspiel kaum mehr durchschaut.

Obwohl der nationalistische Ungar mit rassistischen Zügen in der EU von vielen gemieden wird, hat Kohl ihn zu sich nach Hause eingeladen. So kam es jetzt zur Begegnung zweier Freunde, die eigentlich nicht mehr zusammenpassen. Hier der weltkriegserfahrene Deutsche, der zum Erz-Europäer wurde. Dort der sowjetsozialistisch geprüfte Ungar, der heute Nationalismus predigt. Hier der christdemokratische Völkerversöhner, der mithalf, die liberale Demokratie in Deutschland zu festigen. Dort der Spalter, der gegen die EU in Brüssel agitiert, Ungarn in einen illiberalen Staat verwandelt und eine unchristliche Flüchtlingspolitik betreibt.

Kohl und Orbán vereint in Oggersheim. Väter und Söhne können manchmal ganz schön seltsam sein.

Noch verblüffender ist, wie schnell sich heute das Europa Kohls in ein Europa Orbáns verwandelt. Die Kanzlerjahre des Alten von 1982 bis 1998 waren Aufbruchsjahre, in denen Europa gedieh. Süderweiterung, Osterweiterung, Reformverträge, Schengen, Vorbereitung des Euros – das waren Kapitel einer Erfolgs-

Chefheizer

geschichte. Der Kanzler Kohl hatte seinen Anteil daran, weil er Deutschlands Gewicht durch Kompromissbereitschaft und Rücksichtnahme auf kleine EU-Staaten klug ausglich. Seine Entente mit dem französischen Präsidenten François Mitterrand milderte die deutsche Führungsrolle ab. Am Ende glaubte Kohl, er habe Europas Einheit unumkehrbar gemacht.

Er irrte. Auf der Baustelle EU rücken Abrissbagger an. Sie werden von der ungarischen oder polnischen Regierung geschickt, von Brexit-Briten und von rechtspopulistischen Parteien in Frankreich, Deutschland oder Italien. Der Euro hat den Glanz des neuen Geldes verloren. Er entzweit mehr als er eint. Und Zäune zerschneiden Schengen-Land.

Es wäre einfach, die Schuld nur Orbán und seinen Gesinnungskameraden in vielen Ländern aufzuladen. Die Eurosion hat mehr Gründe: Versäumnisse der Kohl-Zeit, globale Umbrüche und psychologische Veränderungen in der Gesellschaft.

Kohl, Mitterrand und deren Kollegen haben Europa als Eliten-Projekt vorgefunden und weitergeführt. Sie entschieden für sich, was gut für die Bürger sein sollte. So errichteten sie die heutige EU. Doch sie schufen keine Europäer. Die Bürger konnten sich nie recht mit jenen Institutionen identifizieren, die in Brüssler Betonburgen angeblich alles überregulierten. Die Unionsbürgerschaft, 1992 eingeführt, wirkt leblos. Der Portugiese blieb Portugiese, der Deutsche Deutscher.

Europa konnte trotzdem gedeihen, solange es Sicherheit und Wohlstand schuf. Die Zeiten sind vorbei. Statt Sicherheit erleben die Menschen heute einen

**Besuch aus Budapest:
Ministerpräsident Victor Orbán in Oggersheim**

neuen Konflikt mit Russland, Bürgerkriege im schrecklich nahen Osten und Ter-
roranschläge in der EU. Hunderttausende Flüchtlinge zeigen den Europäern, dass
sich die Not der Welt nicht mehr ausgrenzen lässt. Der gefühlte Wohlstand sinkt
in vielen EU-Staaten. Bürger in Italien, Spanien oder Griechenland, in denen die
Jugendarbeitslosigkeit zwischen 40 und 50 Prozent liegt, empfinden es als Hohn,
wenn ihnen vorgerechnet wird, von der Globalisierung profitierten (fast) alle.

Schließlich ist auch die Letztbegründung Europas wirkungslos geworden.
Das Schlagwort „Nie wieder Krieg", das die Väter vorantrieb, lässt die Söhne kalt.
Die Weltkriege sind ihnen nicht mehr Menetekel, Kriege zwischen den EU-Staaten
erscheinen ihnen unvorstellbar.

Dies alles nutzt den Nationalisten. Betörend wie Odysseus' Sirenen singen sie
vom schützenden Nationalstaat unter starker Führung. Statt sich Wachs in die Ohren zu schmieren, folgen zu viele Europäer den Gesängen. Die übrigen sind zu
schwach, um gegenzusteuern.

Kohl mag ein alter, kranker Mann sein. Doch er spürt wohl: Sein Europa ist
in Gefahr. Er dürfte merken: Der Führungsstil seiner Nachfolgerin Angela Merkel
kommt in der EU nicht so gut an wie damals seiner. Wahrscheinlich sieht er auch,
was Orbán treibt. Daher schrieb der Alt-Kanzler ins Vorwort der ungarischen Ausgabe seines Europabuches, es gebe keine Alternative zum geeinten Europa. „Der
Rückfall in altes, nationalstaatliches Denken ist keine Option." Hoffentlich hat Kohl
seinem missratenen Sohn jetzt beim Tête-à-tête den Kopf gewaschen.   **Stefan Ulrich**

Große Wurschtigkeit

„Aber wir haben diesen Weg auch mit Hilfe Gottes gefunden, … auch wenn das mancher etwas altmodisch findet."

„Er war ja praktisch Nachbar von der Pfalz, wir haben einen Haufen gemeinsamer Bekannter."

(über Honecker)

UNTERWEGS

Die Fragen

Helmut Kohl war nicht nur 16 Jahre und 26 Tage Kanzler in diesem unserem Lande, er war auch als Staatsmann viel unterwegs. Seine wichtigsten Reisen sind fein säuberlich dokumentiert durch die Konrad-Adenauer-Stiftung. Doch ein paar Fragen bleiben:

1. In welches Land führte Helmut Kohl seine erste Reise?
[a] England
[b] Amerika
[c] Frankreich

**2. Frankreich bereiste der Kanzler am häufigsten.
Wie viele Reisen unternahm er dorthin?**
[a] 15
[b] 53
[c] 79

3. Welches Staatsoberhaupt besuchte er am liebsten?
[a] den amerikanischen Präsidenten
[b] den englischen Premier
[c] den Premier Frankreichs

4. Kohl reiste lieber nach Italien als nach Amerika. Stimmt das?
[a] ja
[b] nein
[c] vielleicht

5. Wohin führte Kohls letzte Reise als Kanzler?
[a] Polen
[b] Russland
[c] Belgien

6. Welchen Preis bekam er auf dieser Reise verliehen?

[a] den Ehrendoktor der Universität

[b] den silbernen Löwen

[c] den weißen Adler

7. Helmut Kohl ist auch als Privatmann gerne in den Urlaub gefahren. Hier ein Überblick über seine liebsten Reiseziele. Welches gehört nicht dazu?

Wolfgangsee	Wolfgangsee	Wolfgangsee
Wolfgangsee	Wolfgangsee	Wolfgangsee
Wolfgangsee	Wolfgangsee	Wolfgangsee
Wolfgangsee	Wolfgangsee	Wolfgangsee
Wolfgangsee	Wolfgangsee	Wolfgangsee
Wolfgangsee	Wolfgangsee	Usedom
Wolfgangsee	Wolfgangsee	Wolfgangsee
Wolfgangsee	Wolfgangsee	Wolfgangsee
Wolfgangsee	Wolfgangsee	Wolfgangsee
Wolfgangsee	Wolfgangsee	Wolfgangsee

Im Urlaub

Die Weihe des Ersatzkaisers

1985, 9. August, SZ – Den ganzen Tag über hat's furchtbar geregnet, auch jetzt, am frühen Abend, ist es hauptsächlich nass und kalt, aber das darf nun wirklich keine Rolle spielen, weil heute ein großer Tag ist für St. Gilgen – und der werde nun einfach durchgezogen, hat der Bürgermeister noch vor Beginn der Veranstaltung gesagt. So geschieht es denn auch. Wie vorgesehen singt die Liedertafel mehrmals ein Liedchen mit dem Text „Heidiridiri und Hedidijo"; wie vorgesehen lobt der Bürgermeister nach der Begrüßung des Herrn Geistlichen Rates „die aufrechte Verbundenheit des hohen Gastes zur Gemeinde St. Gilgen"; wie vorgesehen liest der Heimatdichter sein Gedicht vor, welchem zu entnehmen ist, dass man in Deutschland „dankbar sein muss, dass der Mo an der Spitze steht", wo doch „die radikalen Elemente allwei mehr werden".

Anschließend hält der hohe Ehrengast eine Rede, durch die auch jemand ohne Sicht auf das St. Gilgener Rathaus schnell erkennen würde, dass er dem gegenwärtigen deutschen Bundeskanzler lauscht – etwa als dieser unterstreicht, dass hier im Salzkammergut „Kultur und Landschaft förmlich in einer Wesenheit zusammenkommen", oder als er betont, dass man hier „mitten im Abendland" sei, „was ein gutes Wort ist, weil es einen entscheidenden Beitrag zur Menschheitsgeschichte zeigt". Folgen Kirchengeläute, Fanfaren, Hedidijo – und mit zwei Ehrenrunden des hohen Gastes rund um den Mozartplatz endet die Feierstunde, in der Helmut Kohl zum Ehrenbürger von St. Gilgen am Wolfgangsee ernannt worden ist und in der 44 Journalisten stellvertretend für die Welt zur Kenntnis genommen haben, wie schön es hier in St. Gilgen sein muss, wo doch ein solcher „Supermann" (Heimatdichter) hier schon zum 15. Mal seinen Urlaub verbringt.

Die Wahrheit ist nun freilich – wie immer man die Ferienaufenthalte Helmut Kohls im Rahmen der Menschheitsgeschichte bewertet – die Wahrheit ist, dass dieser Mittwochabend auf dem Mozartplatz vor allem ein Beitrag zur Entwicklungsgeschichte der St. Gilgener Tourismusindustrie sein soll und dass er sich prächtig einordnet in die Tradition gerade dieser Landschaft. So schön nämlich der Wolfgangsee ist, so malerisch sich die grün bewaldeten Berge in ihm spiegeln: richtig davon zu leben haben die Einheimischen erst begonnen, als vor hundert Jahren in Gestalt des Kaisers Franz Joseph der erste Prominente die Brauchbarkeit der Gegend für seine Sommerfrische entdeckt hatte und als darauf die halbe Wiener Gesellschaft beschloss, es sei eigentlich unerlässlich, im Sommer in Bad Ischl zu wohnen oder in Alt-Aussee oder in St. Gilgen (…).

Es gibt nun Hinweise dafür, dass Helmut Kohl diese Rolle des Ersatzkaisers zur höheren Ehre der Gemeinde St. Gilgen manchmal ein wenig lästig wird, aber es ist außerdem nicht zu bestreiten, dass einer wie er sogar seine Ferien mitten in einem veritablen Dilemma verbringt: Schließlich ist es nicht so einfach, ein entspannter, in Ruhe gelassener Feriengast sein zu wollen und gleichzeitig ein populärer Politiker, der einen Teil seiner Popularität auch daraus bezieht, dass jeder wissen soll, wie sehr er im Urlaub ein ganz normaler, entspannter Feriengast ist. Natürlich hat sich der Kanzler die letzten drei Jahre über nicht allzu heftig gesperrt, wenn immer mal wieder gut beleumundete Journalisten aus der Bundesrepublik anreisten, um in Erfahrung zu bringen, wie Helmut Kohl so ist, wenn er im Urlaub das karierte Hemd über der Hose flattern lässt. Es wurde dann in die Heimat berichtet, dass er auf den Almen am liebsten Buttermilch trinkt, dass seine Berg-schuhe schon mehrfach geflickt sind und dass er einmal im Super-markt ein paar deutschen Touristen seine Geldbörse mit der schwer nachprüfbaren Behauptung gezeigt habe, da sei auch nicht mehr drin als bei ihnen.

Gut, manchmal ist eine gewisse Verwirrung entstanden, etwas als der *Münchner Merkur* im Jahr 1983 aus St. Gilgen meldete, der Kanzler greife „hin und wieder zum Geschirrtuch", und dann das Objekt dieser Meldung seinerseits dem Reporter von Radio Luxemburg mit-teilte, er spüle lieber ab, als dass er abtrockne. Mit solchen Wider-sprüchen aber war zu leben, solange die Botschaft eindeutig war: Der Kanzler ist in seinem Urlaub vor allem Mensch. Hier darf er's sein – und diese Botschaft wurde nur noch unterstrichen, als er im Jahr 1983 der *Bild*-Zeitung erklärte, er liebe Österreich vor allem auch wegen der „wunderbaren Weine, von denen mich einige vom Neusiedler See an die Weine meiner pfälzischen Heimat erinnern". Er hatte damals auch nicht wissen können, als wie prophetisch sich dieser Vergleich eines Tages erweisen würde.

Nun ist die Sache freilich so, dass nicht nur wegen des sogenannten Weinskandals und also auch nicht nur in diesen Wochen mancher österreichische Fremdenverkehrsort um die ausdauernde Begeisterung seiner Ernährer bangt – und dass inmitten aller Befürchtungen dem Ferienort St. Gilgen (jährlich 500 000 Nächtigungen, 78 000 Gäste, von denen zwei Drittel Deutsche sind) der Bundeskanzler aus dem Nachbarland wie gerufen kam (...).

Inzwischen hat sich der Gemeinderat, schließlich einstimmig, die Sache mit Ehrenbürgerschaft einfallen lassen, die der deutsche Bundeskanzler nun mit einem Heimatforscher und einem Segelbootfahrer teilt und die ihm die Erlaubnis einbringt, umsonst das Hallenbad zu benutzen, das ohnehin so gewaltig in den roten Zahlen ist, dass nichts mehr zu verderben ist. Und alles ist wieder eitel Wonne: Die Juli-Übernachtungszahlen, sagt Kurdirektor Ristau, „sind fast besser als im letzten Jahr", St. Wolfgang, der Erzrivale am anderen Seeufer, hat nach wie vor nur sein Weißes Rössl, das dort in allen Variationen gnadenlos durch die örtlichen Schaufenster galoppiert; St. Gilgen hingegen hat eben den „schwarzen Kanzler", der „unbezahlbar ist in seiner Image-Wirkung", wie auch der Bürgermeister betont. Da sieht es dem neuen Ehrenbürger der Wirt von Fürberg (wo der Kanzler manchmal mit hochrangigen Gästen zu Mittag ist) nach, dass Kohl vor kurzem mit dem „Nazijäger", dem Wiesenthal, hier war: Kann sich halt auch nicht immer aussuchen, so ein Kanzler, „mit wem er essen tut".

Für dieses Jahr wäre also PR-mäßig wieder alles gerichtet, was auch bitter nötig ist zum Ausgleich für das schlechte Wetter und den Weinskandal. Dumm ist nur, dass sich eine Ehrenbürgerschaft schlecht steigern lässt. Vielleicht müsste nun die Frage andiskutiert werden, ob der See für alle Zeiten nach dem gewissen Wolfgang benannt sein muss, wo doch auch Helmut so ein schöner männlicher Name ist.

Herbert Riehl-Heyse

**Der Ehrenbürger
von St. Gilgen am Wolfgangssee**

Verreisen mit dem Kanzler

1996, 23. März, SZ – Natürlich ist es kein Spaß, morgens um vier am Flughafen zu stehen und in der Kälte zu zittern. Aber der Fahrplan ist ganz einfach: Morgens um vier Uhr Flughafen Köln/Wahn, militärischer Teil, zehn vor fünf Abflug, zehn Uhr Ägypten und abends wieder retour. Bonn – Scharm el Scheich, hin und zurück in 18 Stunden. Andere nehmen morgens den Bus, Helmut Kohl nimmt den Airbus (…).

Helmut Kohl morgens um fünf zu erleben, gehört zu den vergnügungssteuerpflichtigen Ereignissen (würde er sagen und tut es auch prompt). Außerdem schlägt er vor, diese Treffen nun regelmäßig anzusetzen, weil dann das faule Journalistenvolk endlich mal „was schaffe" müsse. So wird das frühe Aufstehen zum Gemeinschaftserlebnis. Kohls Stimme klingt rau, aber immerhin ist der Kanzler ordentlich gekämmt und trägt routinemäßig die Strickjacke über dem Hemd. Vorne im Flugzeug haben sie schon das Bett für ihn gerichtet – da soll man sich sogar im Liegen anschnallen können. Hinten servieren die Unteroffiziere unterdessen das Frühstück, aber wer will schon morgens um halb sechs Omelette und Paprika essen.

Der Tag fängt also gut an und verspricht sonnig zu werden. Wir nähern uns Scharm el Scheich, unten liegt das Rote Meer.

Wir fliegen noch eine Weile im Kreis herum, weil das ägyptische Protokoll über nur einen roten Teppich verfügt und darauf besteht, jeden Staatsmann einzeln zu begrüßen. Ein Flugzeug nach dem anderen reiht sich in die Warteschleife ein und zirkelt um das Wüstennest wie Schwebeteilchen an einem Mobile.

Unten aber ist der Gipfel, wie man eine Zusammenkunft von mindestens zwei Staatsmännern nennt. 29 sind es an diesem Tag, Könige, Präsidenten, Kanzler, Außenminister, dazu jede Menge Nebenminister, Geheimdienstchefs, Botschafter, Protokollbeamte, Chefberater und Kofferträger. Wenigstens Kofferträger müsste man sein. Journalisten aber werden nur mitgeschleppt. Nein, nicht alle: Die Amerikaner haben für ihr Pressecorps ein ganzes Hotel gemietet, inklusive Fernseher, Buffet und Telefonen. Weltmacht Amerika, du hast

**Im Führerstand einer E-Lok
auf dem Bahnhof in Bonn, 1976**

es besser. Für uns im „Internationalen Pressezentrum" gibt es
keine freie Steckdose mehr, die Fernseher funktionieren nicht, und
um die drei Telephonleitungen prügeln sich 200 Korrespondenten.
Zu Hause vor dem Fernseher hätte man die ganze Sache besser
beobachten können (…).

Irgendwann ist der Gipfel vorbei, die Kuchentheke am Pool
leergekauft, und die Cola-Vorräte sind verbraucht. Die deutsche
Delegation entgeht durch geschickten Blitzstart dem Stau am
Flughafen – sehr zum Ärger des russischen Präsidenten, der in
seiner Maschine hinter Kohl warten muß. Auf dem Rückflug
zeigen sie Mr. President, den Film über einen verwitweten und
sich frisch verliebenden US-Präsidenten mit vielen schönen
Szenen aus dem Weißen Haus und von den Mächtigen der Welt.
Helmut Kohl guckt nicht. Er läßt auf seinem Monitor die Flug-
höhe einblenden.   **Stefan Kornelius**

„Wenn wir miteinander mal pfälzisch reden würden, könnten die beim Abhören uns nicht verstehen."

(zu Honecker)

8

DER ZEUGE

IN ALLER OFFENHEIT

„Ich habe die Frage
beantwortet:
Ich beantworte
die Frage nicht."

(vor dem Spenden-Untersuchungsausschuss)

DER
ZEUGE

Die Beichte des Ziehvaters

Der Tag, an dem die Ära Kohl zu Ende ging

1999, 1. Dezember, SZ – Wenn später einmal exakt der Zeitpunkt benannt werden soll, an dem die Kohl-Ära zu Ende ging, dann könnte man sich vielleicht auf 13.12 Uhr am 30. November 1999 einigen. In dieser Minute ist Helmut Kohl aufgestanden, hat Wolfgang Schäuble die Hand gegeben und den überfüllten Saal in der Berliner CDU-Dependance verlassen. Mit gesenktem Kopf bahnt sich der Altkanzler den Weg durch den Wald der Kameras. Ein Abgang, der alle Bilder vom 9. November verblassen lässt, als sich Kohl noch für seine Verdienste um die deutsche Einheit feiern ließ.

Helmut Kohl, der ein Vierteljahrhundert die CDU beherrschte und 16 Jahre Deutschland regierte, hat an diesem grauen Novemberdienstag zugeben müssen, allzu lax mit den Parteifinanzen umgegangen zu sein. „Dies habe ich nicht gewollt, ich wollte meiner Partei dienen", sagt er in einer Erklärung, die er zuvor im CDU-Präsidium verlesen hat. Für die Fehler übernehme er die politische Verantwortung. Es ist keine Rücktrittserklärung, die Kohl da vorträgt. Von welchen Ämtern soll er auch zurücktreten? Vom Ehrenvorsitz etwa? Kohl tritt nicht zurück, aber er zieht sich nun endgültig zurück, überlässt die Partei ihrer neuen Führung um Schäuble und Angela Merkel, die beide neben ihm sitzen und unbewegt seinen Worten zuhören. Wie oft haben sie sich in den vergangenen Wochen über Kohl geärgert, weil er einfach nicht loslassen wollte, ja sogar Sonderwünsche vorgebracht hatte. Er wollte eigene Lautsprecheranlagen für seine Wahlkampfauftritte. Nun geht er endlich.

**Pressekonferenz zur Parteispendenaffäre,
mit Wolfgang Schäuble und Angela Merkel, 1999**

Kaum ist Kohl weg, demonstriert sein Nachfolger sichtlich gelöst und selbstbewusst, dass nun bei der CDU eine neue Zeitrechnung anfängt. „Wir haften für unsere Zeit", sagt Wolfgang Schäuble und distanziert sich so deutlich wie nie zuvor von dem Mann, der ihn vor zwei Jahren zum Kronprinzen kürte. „Wir sind stolz auf unseren Ehrenvorsitzenden", sagt er noch, und dass sich Kohl niemals persönlich bereichert habe oder als Politiker käuflich gewesen sei. Doch dann spricht der CDU-Chef erstmals öffentlich über Kohls patriarchalischen Stil und dessen Kehrseiten. „Er hat sich mit den Details nicht befasst, weil er anderes zu tun hatte und darauf vertraute, dass seine Bevollmächtigten die Dinge regelten", sagt Schäuble. Dieser patriarchalische Stil habe dazu geführt, dass in der CDU die formalen Bestimmungen der Haushaltsführung nicht eingehalten wurden. Er selbst habe kein Konto mehr, über das er frei verfügen könne. „Wozu auch?", fragt Schäuble. Die Bankgebühren seien eh höher als die Zinsen. Nun werde alles besser. Der Führungsstil sei immer abhängig von den Personen, sagt Schäuble. Und unüberhörbar für jeden im Raum formuliert er dann den Satz: „Helmut Kohl war ein starker Parteivorsitzender." Jeder kann sich denken, dass das eine Untertreibung ist.

Kurz vor zehn Uhr war Kohl vorgefahren. Da wirkte er nicht wie einer, der zur Beichte erscheint. Er genoss es geradezu, wieder im Mittelpunkt zu stehen. Schnurstracks marschierte er durch die Meute sich beharkender Kameraleute. In die 20 Mikrofone, die über seinem Kopf kreisten, sagte er: „Ich fühle mich nicht unter Druck." Drinnen machte er dann zwar seiner Verachtung für die Medienleute Luft („wie die ersten Menschen"), aber er hätte ja auch durch den Hintereingang kommen können.

Kohl wartete nicht auf den Fahrstuhl. Als wolle er die Sache schnell hinter sich bringen, nahm er mit großen Schritten die Treppe zum Tagungsraum im ersten Stock. Dort hatten sich schon einige Präsidiumsmitglieder versammelt. Norbert Blüm, Rudolf Seiters, Rainer Eppelmann, Christa Thoben und Matthias Wissmann waren da, alles Leute aus der Ära Kohl. Sie alle verdanken ihm ihre Karrieren. Und ausgerechnet sie sollten nun ihren Ziehvater ins Gebet nehmen, ihn löchern, was er über schwarze Kassen, Anderkonten und verheimlichte Spenden weiß? „Ich wäre froh, wenn wir in einer halben Stunde fertig wären", sagt ein Präsidiumsmitglied beim Hineingehen und drückt damit das Unbehagen aus, das auch diejenigen in der Runde erfasst, die erst kurz dem Gremium angehören wie die baden-württembergische Kultusministerin Annette Schavan oder den saarländischen Ministerpräsidenten Peter Müller.

Kohl nimmt an einer Längsseite des Tisches Platz. Sein Büroleiter Michael Roick legt ihm eine schwarze Ledermappe hin, so wie man das schon zigmal beobachten konnte: Roick, der getreue Mitarbeiter aus dem Kanzleramt mit der schwarzen Ledermappe. Kohl hat sich vorbereitet. Es heißt, er habe am Wochenende viel telefoniert und ehemalige Vertraute wie Friedrich Bohl befragt. Wolfgang Schäuble kommt mit dem Fahrstuhl und platziert sich Kohl genau gegenüber. Volker Rühe und Angela Merkel, auf deren Betreiben die Sondersitzung einberufen wurde, betreten den Raum und nicken grüßend in die Runde. Nur einer fehlt, der dem Präsidium nicht angehört, Heiner Geißler. Aber man hatte erwartet, dass er erscheinen würde. Obwohl er es war, der mit seinen Äußerungen in den vergangenen Tagen den Druck auf Kohl und die CDU erhöht hatte, wurde er nicht eingeladen. Kohl und Schäuble hatten sich, so heißt es, darauf geeinigt, nur das Präsidium zusammenzuholen. Der Ehrenvorsitzende soll sagen, was zu sagen ist.

Mit Anspannung in der Stimme, so erzählen Teilnehmer hinterher, verliest er seine Vier-Punkte-Erklärung. Knapp ist sie formuliert. Der Schatzmeister verfügte über die Einnahmen, den Wirtschaftsprüfern Weyrauch & Kapp oblagen das Verwalten von Spendenkonten und die Gehaltszahlungen für die leitenden Mitarbeiter der CDU. Kohl räumt ein, dass es eine getrennte Kontoführung gab. Das erschien ihm vertretbar, sagt er. Persönliches Vertrauen sei ihm immer wichtiger gewesen als rein formale Überprüfungen. „Ich wollte meiner Partei dienen." Es folgen Sätze, die selbst langjährige Wegbegleiter des 69-Jährigen nicht oft gehört haben dürften. Kohl räumt Fehler ein. Er bedaure, wenn die Folge seines Vorgehens „mangelnde Transparenz und Kontrolle sowie möglicherweise Verstöße gegen Bestimmungen des Parteiengesetzes sein sollten". Auch hier erklärte er, für jeden eingestandenen Fehler die politische Verantwortung zu übernehmen.

Mit jedem Satz, sagt ein Präsidiumsmitglied anschließend, sei seine Achtung vor Kohl gestiegen. So klare Worte habe man erhofft, aber man konnte sie längst nicht erwarten. Als Kohl endet, herrscht für einen Moment betroffene Stille im Raum. Schließlich dankt Schäuble ihm. Er informiert das Präsidium, was derzeit unternommen werde, um eine lückenlose Aufklärung herzustellen. Wirtschaftsprüfer seien beauftragt worden, Kopien jener Akten durchzusehen, die vergangene Woche von der Staatsanwaltschaft bei Weyrauch & Kapp beschlagnahmt wurden. Ins Kreuzverhör wird Kohl nicht genommen. „Es herrschte Erleichterung angesichts dieser Erklärung", fasst einer die Stimmung zusammen. Nur einige Verständnisfragen seien gestellt worden, beispielsweise, ob es stimme, dass Kohl dem schleswig-holsteinischen Landesverband einmal unter der Hand 300 000 Mark hat zukommen lassen. Kohl verteidigt das damit, dass so etwas immer zu Begehrlichkeiten bei anderen Landesverbänden geführt habe. Mit dieser Erklärung sind alle zufrieden. Früher als vorgesehen wird die Sitzung beendet. Kohl hat darum gebeten, sich öffentlich zu erklären.

Am Abend ist er mit Rühe in Lübeck verabredet. Ein Wahlkampftermin. Die beiden wollen öffentlich Marzipan essen. An diesem Mittag hat er möglicherweise noch keinen Appetit.
Hans-Jörg Heims

Ein Mann, kein Wort

**Der Ehrenvorsitzende hat sich mit seiner Partei so verwoben,
dass sie sich auch im Skandal kaum von ihm befreien kann.**

1999, 13. Dezember, SZ – Es wird ein paar Jahre hergewesen sein, da erklärte ein Besucher dem Bundeskanzler Helmut Kohl die Bedeutung des Politikwissenschaftlers Stanley Hoffmann. Dieser Stanley Hoffmann, so hob der Besucher an, sei der wohl bedeutendste Vertreter der realistischen Schule in der Politikwissenschaft; er lehre, dass der Machtinstinkt und das Interesse des Einzelnen Motor aller Politik seien, die Triebkraft für jedwedes politische Handeln also. Helmut Kohl hörte sich die Erläuterung süffisant lächelnd an und bemerkte dann, so etwas müsse man nicht studieren, „das weiß bei uns jeder Bürgermeister".

Realistische Schule – nein, das sind nicht die Worte des Helmut Kohl, der wenig übrig hat für Theoretiker und Schönredner. Der Instinkt ist es, der ihn treibt, das Gespür für Stimmungen und Launen, Empfänglichkeiten, Schwächen, Nöte. Der Instinkt eines Bürgermeisters also, der Kohl ja auch irgendwie war. Bürgermeister für ganz Deutschland eben, ein Ortsvorsteher für am Ende 80 Millionen Menschen, der das Land regierte und seine Macht bewahrte mit den Werkzeugen des Lokalfürsten – nur hundertfach potenziert.

Die Rolle des Bürgermeisters passt zu Kohl, weil auch er die Heimat im Herzen führt, wann immer er Politik macht. Heimat ist ein mythisch beladener Begriff für Kohl, schwer wie die nasse Erde auf einem Pfälzer Kartoffelacker. Heimat macht sentimental – und Heimat ist die CDU. Kein Parteitag, auf dem Kohl nicht die Union als seine politische Heimat beschworen hätte, als Teil seiner Identität. „Kohl ist ein schrecklicher Egoist", sagt einer aus der alten Umgebung, „aber wenn

Schlagzeilen im Januar 2000:
Helmut Kohl gibt den CDU-Ehrenvorsitz ab

er jenseits seiner Person ein Interesse hatte, dann war es die Partei." Wer Helmut Kohl verstehen will, der muss die CDU studieren, weil Kohl die Partei zum Abbild seiner Wünsche formte. Helmut Kohl ist der Prototyp des Berufspolitikers. Vor ihm gab es diesen Typen nicht. Er lebt mit seiner Partei in symbiotischer Beziehung, nährt sich von ihr, wie sie von ihm. Inzwischen sind sie eins geworden, nicht mehr zu trennen – auch nicht durch den Skandal. Die anderen in der Führung wissen das und halten sich deshalb zurück, wenn der Ehrenvorsitzende dem Erzfeind Heiner Geißler zuzischt, er solle sich unterstehen, seinen Namen im Mund zu führen. Die alten Spielregeln gelten noch, auch unter den neuen Herren.

Die Partei hat Respekt vor Helmut Kohl, und sie hat auch Angst. Kohls Herrschaftsmethoden lassen Furcht und Vorsicht wachsen. Misstrauen durchzieht bis heute die Führungsriege. Die Parteizentrale verbrachte die vergangenen Jahre unter dem Vorsitzenden Kohl in einer kaninchenartigen Angststarre. Kohl duldete keinen Widerstand, keine neuen Kräfte – seine Herrschaft war total, sein Anspruch allumfassend, die Kontrolle perfekt. Wie es nach Kohl weitergehen werde, wurde häufig gefragt, aber eine Antwort wusste keiner, weil er der Partei die Eigenständigkeit genommen hatte. Der Skandal offenbart nun ihre Hilflosigkeit, weil sie sich nicht zu lösen vermögen von ihrem Übervater, weil die Trennung die eigene Unzulänglichkeit zeigen und die Identität zerstören würde. „Wir verdanken ihm alle unsere Jobs, wir sind alle von ihm abhängig", sagt ein anderer aus der Führung – auch er anonym, weil Offenheit noch zu gefährlich wäre.

Vor dem Ende der Regentschaft Kohls sagte man, nach ihm werde die Partei die ideologischen Spannungen nicht aushalten. Heute weiß man, dass nicht die Ideologie, sondern der Schock über sich selbst, die Zerrissenheit im Umgang mit dem Ehrenvorsitzenden den Zusammenhalt sprengen kann. Deswegen folgen sie Kohl weiter, der den Skandal verarbeitet wie alle übrigen politischen Probleme zuvor auch: Kohl sieht ein Ergebnis, er setzt ein Ziel, er überlegt, wie sie in einem Jahr über ihn reden werden oder schon zu seinem 70. Geburtstag im April. Dann historisiert er in die Zukunft, legt fest, was auf der Strecke bis zu dem imaginären Datum passieren kann und soll. Diese Methode wandte er sein politisches Leben lang an – und sie hat noch immer funktioniert.

Kohl unterwarf sich die CDU nicht in böser Absicht. In seiner Erklärung zum Skandal heißt es, das Wohl der Partei sei ihm immer über alles gegangen. Aber: Kohl setzte sich mit der Partei gleich, er bestimmte, was gut für die Partei war, weil es gut für ihn selbst war. Das eigene Interesse entsprach dem Interesse der Gemeinschaft. Kritik am Vorsitzenden Kohl war dann Kritik am System, an der Gemeinschaft. Bei Kohl spiegelt sich dieser Absolutismus im gerne zitierten Satz wider: „Die Hand, die segnet, wird als erste gebissen."

Kohl gründete seine Herrschaft auf einem in Jahrzehnten gewachsenen Geflecht von Abhängigkeiten und Loyalitäten. Kohl war und ist wissbegierig. Wenn er eine Information erhält, prüft er sie bei vier oder fünf zusätzlichen Quellen. Nie gibt er sein ganzes Wissen preis. Meist lässt er seine Absichten im Dunkeln. Immer wiegt er die Informanten in der Gewissheit, dass ihnen seine Zuneigung winke für Offenheit und Ehrlichkeit. Auf Reisen trifft er sich vor oder nach Veranstaltungen mit den Honorationen vor Ort. Er pflegt Kontakte, bezieht Berichte von Landesparteitagen oder gar Treffen auf Kreisebene. Dabei interessiert er sich nie für Inhalte, nie für die Umsetzung von Politik, für die drögen Sachthemen, die mühevollen Details. Immer nur stehen die Menschen im Mittelpunkt, die Ämter, die Posten, die Begehrlichkeiten, die Intrigen.

Von Matthias Wissmann, dem jetzigen Schatzmeister und ehemaligen Verkehrsminister, ist die Anekdote überliefert, dass er zur Sicherung seines Etats eine Liste von gefährdeten Straßenbauprojekten zusammentrug und mit den Namen der betroffenen Abgeordneten verknüpfte. Die Abgeordneten wurden vor Kürzungen gewarnt, es entstand Unruhe in der Fraktion, und Kohl wurde plötzlich aufmerksam. Kohl war immer aufmerksam, wenn ihm ein Aufstand in der Fraktion angekündigt wurde. Bis zum heutigen Tag und trotz seiner gewaltigen politischen Leistung hat Kohl das Misstrauen gegenüber den Semimächtigen in der Partei nicht abgelegt. Von Gelassenheit keine Spur. Volker Rühe und Wolfgang Schäuble standen ständig im Verdacht, den Tyrannenmord begehen zu wollen. Volker Rühe wurde sofort abgestraft, als er nach seiner kurzen Phase als Generalsekretär in das Präsidium aufrücken wollte. Der Anspruch war zu nassforsch vorgetragen worden und nicht von Kohl gebilligt. Es genügte ein Halbsatz des Vorsitzenden auf dem Parteitag, um die Kandidatur abzuwürgen.

Zu Kohls Herrschaftsinstrumenten gehört, dass er sich von den scheinbar Mächtigen in der Partei distanziert und die Fußtruppen pflegt. „Als General muss ich zu den Truppen ein gutes Verhältnis haben – bei den Offizieren muss ich vorsichtig sein, weil sie auch General werden wollen", sagte er gerne. Die Basis also hofiert er – draußen im Land die Funktionäre und in Bonn die einfachen Zuarbeiter: Sekretärinnen, Pförtner, Angestellte. Im Parlament ließ er an die Saaldiener Wein austeilen. Kein Bote auf den Fluren des Bundestags wird sich an eine Entgleisung des CDU-Vorsitzenden erinnern. Die Vorzimmer in der Parteizentrale wurden zu Weihnachten mit Geschenken versorgt. Ihre bedingungslose Treue war Kohl anschließend sicher. Die Führungsriege der Partei sah sich hingegen immer dem Vorwurf der Verbonzung ausgesetzt, der Verkrustung, der Lebensuntauglichkeit. Im Konrad-Adenauer-Haus, der Parteizentrale, funktionierte das System aus Furcht und Schrecken am besten. Kohls Informanten waren der Abteilungsleiter und Personalchef Hans Terlinden, den sie manchmal Stasi-Hans nannten, und der Büroleiter des Parteivorsitzenden, Michael Roik. Beide unterhielten ein Informantennetz. Besonders Terlinden war gefürchtet. Sekretärinnen gaben die Namen von Anrufern weiter, Kantinentratsch wurde ins Kanzleramt gemeldet, Büronachbarn bespitzelten einander. Generalsekretär Peter Hintze brauchte Jahre, ehe er sich traute, Roik aus der Strategierunde seiner engsten Mitarbeiter rauszuwerfen. Roik und Terlinden sammelten auch Berichte aus den Landesverbänden, entsandten ihre Vertrauten auf Parteitage oder reisten selbst. Es gibt nicht mehr viele in der Parteiführung, die für einen der beiden ein gutes Wort verlieren würden.

Die Schatzmeisterei, bis 1993 betrieben von Kohls Intimus Uwe Lüthje, war unantastbar. Das Büro, geleitet vom Generalbevollmächtigten, unterstützt von höchstens zwei Sekretärinnen, führte ein Eigenleben. Arbeitsaufträge aus dem Haus wurden nicht beantwortet. Lüthje wurde auf keiner Feier gesehen. Als er einmal zu einer Lagebesprechung am Sonntagabend in die Zentrale gebeten wurde, verweigerte er die Teilnahme. Sanktionen musste er nicht fürchten. Die Hand des Vorsitzenden lag schützend über ihm.

Das Adenauer-Haus wurde mit der Vereinigung des Landes und der wachsenden Unantastbarkeit Kohls marginalisiert. Kohl umging die Parteizentrale, setzte Parallelstrukturen ein, verlangte die Vorlage aller wichtigen Papiere. Bis hin zu Grußworten für Parteizeitschriften wurde Kohl alles übermittelt, und das Haus wartete geduldig auf das „i.O." des Vorsitzenden. Wahlkämpfe wurden fast ausschließlich im Kanzleramt geplant, die – wie man so sagt – Kampagnenfähigkeit der Parteizentrale verkümmerte. Pläne über die Zusammenarbeit mit einer neuen Werbeagentur zur Bundestagswahl hatten eine Überlebensdauer von wenigen Tagen. „Wir haben uns gestritten, wer ihm was vorlegen darf", sagt einer aus dem Wahlteam, „und bevor du an ihm dran warst, hattest du Kopfnüsse."

Bei so viel Neurose ist es allerdings in der Tat unglaubwürdig, dass niemandem aus dem Haus das seltsame Finanzgebaren aufgefallen sein soll. Wenn ein Landesverband ein paar hunderttausend Mark erhielt, dann war das natürlich Gesprächsthema, auch wenn die Details möglicherweise verschwommen blieben. Als die Drückerkolonnen des Hannes Müller publik wurden und Schatzmeisterin Brigitte Baumeister aufsehenerregende Prozesse führte, pulsierte die Parteizentrale vor

**Helmut Kohl reagiert im Bundestag
auf Vorwürfe zur Parteispendenaffäre**

Aufregung. Kohls Verhältnis zu Geld ist diffus. Es gibt glaubwürdige Berichte, wonach er selbst als Kanzler eine separate Portokasse für private Post führen ließ. Kohl war immer sensibel in Gelddingen. Die Gehälter leitender Staatsbeamter, Richter und selbst privater Unternehmer ließ er sich nennen. Häufig beklagte er, dass der Kommandeur eines Panzerbataillons mit großer Verantwortung für Personal und teure Waffen weniger verdiene als ein Manager aus der mittleren Ebene. Aber gleichzeitig dies: In Kohls Umgebung schwören sie heute so stark wie früher, dass der Ehrenvorsitzende kein Interesse zeige an den Details der Kassengeschäfte. Kohl habe lediglich einen Bereich in der Partei beansprucht, der nur ihm zugänglich war. Geld als Mittel der Machtgewinnung; Schecks, um sich Gefolgschaft zu sichern, Dankbarkeit, Unterordnung und Autorität.

Dies also ist die Philosophie hinter den geheimen Konten. Und hier nun stoßen sich die Widersprüche, bleiben die Fragen: Wahr ist, dass Kohl sich nie für Details interessierte, möglicherweise bewusst nie alles wissen wollte, wenn das Thema es verlangte. Warum aber sollte er seinen Ruf, seine politische Lebensleistung einem halben Dutzend Finanzjongleuren überlassen haben, wenn er sonst niemandem so recht traute? Terlinden und Lüthje etwa, die von allen als unterwürfig und hörig Kohl gegenüber beschrieben werden? Warum sollte er ihnen trauen, wo er doch alles Arschkriecherische und Anbiedernde in Wahrheit verachtete? Warum sollte die Menschenkenntnis gerade bei diesen Typen nicht funktioniert haben? Hat Kohl nicht auch Kiep in Wahrheit verachtet und damit misstraut, diesem Bonvivant und Weltkind aus der reichen Taunusenklave, weil Kiep sich in Wahrheit Kohl überlegen fühlte und in Stil und Eleganz übertrumpfte? Kohls Werte waren dies nie, und wie häufig hat er gelästert über den Schatzmeister, wenn der anfuhr in der neuesten Audi-Limousine.

Eine Erklärung also, ein Schlüssel zum letzten Tor? Wird es nicht geben, sagen die Fachleute. Kohl wird schweigen und Nichtwissen vorgeben. Die anderen, die Sekretärin Juliane Weber, die Zuträger Roik und Terlinden, werden schweigen und loyal bleiben, wie sie es gelernt haben. „Die SPD kann sie aufs Rad spannen und durchs Feuer drehen – da kommt nichts", heißt es.

Schon wird in der Partei ein neues Feindbild aufgebaut, werden die unheimlichen Mächte beschworen, die der Partei den Todesstoß versetzen könnten. Italienische Verhältnisse werden zur Warnung geschildert, der Todeskampf der Christdemokraten in Rom. In der Parteizentrale schweißt die Furcht um den Arbeitsplatz zusammen. Man habe auch noch ein paar Waffen im Köcher, rufen sie deshalb beschwörend, ein Sturz Kohls werde niemanden im Land unbeschädigt lassen, die Partei lasse sich nicht klein machen.

Die Partei, Helmut Kohl, die Heimat. „Der Pfälzer ist zu allen Zeiten diesseitsfreudig und zugreifend, auf das Praktische gerichtet." Und: „Neben einem ausgeprägten Sinn für Toleranz besteht jedoch häufig ein allzu starkes und unangenehmes Selbstgefühl." Zitate aus der Dissertation von Helmut Kohl. Seite 47. Realistische Schule eben.   **Stefan Kornelius**

Bericht aus einer anderen Welt

Helmut Kohl kommt als tief gekränkter Staatenlenker
in den Untersuchungsausschuss zur Spendenaffäre und merkt
nicht, wie er seine Erfolge damit der Vergessenheit ausliefert.

2000, 30. Juni, SZ – Dass er nicht wirklich guter Laune ist, ist schon klar, als er die Fotografen nach relativ kurzer Zeit anherrscht, sie sollten jetzt aufhören „mit der zoologischen Veranstaltung", aber dann stellt sich schnell heraus, dass das nur ein paar Rauchwölkchen waren aus dem Krater des Vulkans. Danach nämlich fängt der Feuerberg namens Kohl damit an, eine Stunde lang alles auszuspucken, was in den vergangenen sieben Monaten in ihm gebrodelt haben muss. Am Ende ist die Erde ziemlich verbrannt und wenig ist verschont geblieben: nicht der „verleumderische" WDR, nicht gewisse *SZ*-Autoren („die nie im Leben einen Wahrheitsbeweis angetreten haben"), nicht die Richter, die es gewagt haben – „mit Rechtsstaat hat das nichts zu tun" –, gegen Helmut Kohl eine Hausdurchsuchung vorzubereiten. Sozusagen alle sind Feinde, alle haben sich verschworen, „meine 16 erfolgreichen Kanzlerjahre aus der Geschichte zu verdammen"; und auf der anderen Seite der Frontlinie steht er ganz allein, wie er das immer getan hat, zum Beispiel, als er gegen die führenden Sozialdemokraten, die massiv unterstützt wurden durch bedeutende Medien, die Wiedervereinigung durchgesetzt hat.

Eine Stunde lang geht das erst einmal so an diesem Vormittag in der Berliner Katholischen Akademie, die schon frömmere, weniger selbstgerechte und sehr viel ruhigere Tage erlebt hat: Eine Stunde lang werden von Helmut Kohl die Verdienste des uneigennützigen Helmut Kohl (und auch schon mal die seiner Frau) gewürdigt, eine Stunde lang wird so ungefähr jeder ausländische Staatschef, zwischen „meinem Freund François Mitterrand" und George Bush („mit dem ich damals jeden zweiten

**Parteispendenaffäre: Helmut Kohl
auf dem Weg zu einer Sitzung des CDU-Präsidiums**

Tag telefoniert habe"), zum Zeugen dafür aufgerufen, dass der erwähnte Kohl ein überaus erfolgreicher, integrer Kanzler gewesen ist, der „immer sein Wort gehalten hat". Eine Stunde lang also spricht am Beginn dieses historischen Tages eine wirklich außergewöhnliche Figur: der tief gekränkte Welt-Staatsmann, der dem dumpfen Rest der deutschen Öffentlichkeit sogar noch erklären muss, was die *New York Times* ist. Sie ist nämlich „eines der führenden Blätter der Vereinigten Staaten" und hat einmal von Helmut Kohl Dankbarkeit für die Wiedervereinigung gefordert. (Deshalb mussten dann die *Fuchs*-Panzer für Saudi-Arabien geliefert werden.)

Wie gesagt, gute Laune verbreitet er nicht – vielleicht auch deshalb nicht, weil der Zeuge K. wie wenig andere durchaus Vergleiche anstellen kann mit anderen Untersuchungsausschüssen, die sich mit Parteispenden befasst haben. Es war 1984, als Kohl in Bonn zur Flick-Affäre befragt wurde, und wer damals dabei war (und sich erfreulicherweise nicht, wie diesmal, mit tausend Kollegen um 80 Presseplätze balgen musste), der hat den Mann in lebhafter Erinnerung: als einen weitschweifigen, selbstgerechten, lange Zeit ziemlich gut gelaunten Menschen, der über nichts so gerne redete wie über jene ganz und gar großartigen Sozialdemokraten, die ihrerseits auch Geld von Flick genommen hatten.

16 Jahre später hat sich vieles dramatisch verändert, zu Ungunsten des Zeugen Kohl, der das gewiss genauer registriert als jeder andere. Da kommt vieles zusammen: Der Zeuge Kohl ist nicht mehr Kanzler, der Ausschussvorsitzende wird nicht mehr von der CDU gestellt, und der Abgeordnete Schily, der damals so böse Fragen stellte,

die – wie Kohl fand – „nicht zur Erhaltung der Republik beitragen", trägt inzwischen als Bundesinnenminister zur Erhaltung der Republik bei. Daran sieht man schon einmal, wie weit es mit Deutschland gekommen ist. Außerdem gab es damals im Ausschuss auch noch den Abgeordneten Burkhard Hirsch von der FDP, der gelegentlich auf seinem Platz einschlief, wenn der Zeuge Kohl allzu langatmig wurde. 16 Jahre später ist Burkhard Hirsch wieder quietschlebendig, und das ist ebenfalls eine Tatsache, die Helmut Kohl in diesen Tagen nicht sonderlich fröhlich stimmt.

Es ist nämlich so, dass ausgerechnet der Tag vor Kohls eigenem Auftritt der bisher dramatischste des Untersuchungsausschusses war, dramatisch auch für Kohl, obwohl dessen Name im Laufe des ganzen Mittwochs kaum einmal ausdrücklich erwähnt wurde. Dramatisch war der Tag aber auch für die Republik, die an diesem Tage zur Kenntnis nehmen durfte, dass sie es womöglich nicht länger nur mit einem Parteispenden-Skandal zu tun hat, sondern vielleicht doch mit einer ausgewachsenen Staatsaffäre. Fast fünf Stunden lang hatte der 70-jährige Hirsch mit erstaunlicher Präzision vorgetragen und erläutert, was er in viermonatiger Arbeit mit Hilfe zweier Kriminalbeamter herausgefunden hat. Danach brauchte der Beobachter mindestens noch einmal so viel Zeit, um sich vor Verblüffung die Augen zu reiben. Ein Biotop war zu bestaunen, in dem klafterweise Aktenbände verschwinden, meistens durch Kopien ersetzt werden, die dann aber offenbar nicht vollständig oder manipuliert sind, wenn sie an Untersuchungsausschüsse ausgehändigt werden (in diesem Fall den Treuhand-Ausschuss). Eine hocheffiziente Regierungszentrale wurde vorgestellt, in welcher nächtens an drei verschiedenen Tagen kurz vor der Übergabe des Amtes an den Feind hohe Beamte die Platte putzten, die Festplatte nämlich, auf der festgehalten war, wie unbestechlich und korrekt die Regierung alle ihre Entscheidungen getroffen hatte. Eisenbahnerwohnungen wurden verkauft und Panzer, ein Ölkonzern und Kalibergwerke und einiges mehr – und immer war es am Ende so, dass leider nicht mehr genau nachzuvollziehen war, wie all diese Transaktionen zustande gekommen waren, wer sich dafür eingesetzt hatte, und aus welchen Gründen. Im Zweifel fehlten immer wieder ein paar Originalakten, in manchen Fällen alle Blätter aus beinahe zwei Jahren.

Alles Zufall, alles Schlamperei?, fragten sich Hirschs Zuhörer, fragten sich auch die Abgeordneten des Ausschusses, in dem sogar die CDU-Mitglieder im Laufe der Anhörung immer kleinlauter wurden. Und wer ist eigentlich schuld an dem rätselhaften Dokumentenschwund? Weil das die entscheidende Frage ist, war der Mittwoch – außerhalb des Sitzungssaales – auch ausgefüllt mit zahllosen Beteuerungen des früheren Kanzleramtsministers Friedrich Bohl, der nicht müde wurde, vor jeder Kamera zu erklären, er habe jene Dateienvernichtung nicht angeordnet. Klar wurde durch Hirsch freilich auch, dass Bohl schon nach der ersten abendlichen Lösch-Aktion informiert wurde und seinen Mitarbeitern sogar Anregungen gegeben hatte, welche Dateien auf welche Weise von der Vernichtung ausgenommen werden könnten. Bohl war am Mittwoch trotzdem sehr empört über die Versuche, ihm aus alledem einen Strick zu drehen. Er lasse sich nicht „an die Wand nageln", sagte er zu Journalisten. Das ist aber ohnehin schwierig, wenn einer sich wie ein Pudding verhält.

Burkhard Hirsch hatte sich während seines Auftritts am Mittwoch große Mühe gegeben, seine Verblüffung über das Vorgefundene nicht allzu deutlich werden zu lassen, auch nicht seinen Ärger über die parteipolitische Diskussion zu seinem Bericht. Er hatte also nicht gesagt, wie wütend ihn die Angriffe von Andreas Schmidt gemacht hatten, der als CDU-Obmann im Ausschuss schon vor Hirschs Auftritt gefunden hatte, man müsse seine Erkenntnisse nicht so ernst nehmen, er sei ja schon immer gegen die Regierung Kohl gewesen. Auch hatte er nichtöffentlich erkennen lassen, was er von der Möglichkeit hielt, ein einzelner – noch dazu unzuständiger – Abteilungsleiter könnte alleine angeordnet haben, dass zwei Drittel der Dateien des Kanzleramts vernichtet werden. Ausgesprochen freundlich war er sogar zu den Abgeordneten der CDU im Ausschuss gewesen, und als er einmal von den „drei Bundeslöschungstagen" sprach, in denen die PCs des Kanzleramts besenrein gemacht wurden, dann bat er gleich darum, diese respektlose Bemerkung doch wieder aus dem Protokoll zu streichen.

Später, im Gespräch nach der Ausschusssitzung, wurde dann aber schon deutlich, wie der langjährige Parlamentarier Hirsch das alles einordnet, was er in den vergangenen Wochen gefunden hat. Klar, sagt er, das habe er schon verstanden, dass die Politik inzwischen viel mehr als früher dazu gedrängt werde, der Wirtschaft die Türen zu öffnen und ihre Geschäfte zu befördern. Gerade deshalb sei es aber so wichtig, dass jeder die Spielregeln erkennen könne. Hirsch sagt, um die Stimmung nicht weiter aufzuheizen, habe er dem Ausschuss nicht die Geschichte des Teppich-Produzenten Copalacta erzählt, die er in den Akten gefunden habe; „jetzt tut es mir schon wieder leid". Es sei aber so gewesen, dass diese Firma aus dem Leuna-Bestand der Treuhand unbedingt an einen amerikanischen Interessenten gehen sollte – bis sich der belgische Premierminister, ein Christdemokrat, vehement beim deutschen Kanzler für eine belgische Firma einsetzte. Die bekam den Teppich-Produzenten auch, gegen erhebliche Bedenken des Finanzministeriums. Und wenn, fragt nun Hirsch, eine solche Firma zufällig der CDU eine größere Parteispende überwiese … ? Dann käme alles darauf an, dass diese Spende wenigstens bekannt wird, wie im

Parteiengesetz vorgeschrieben, damit sich alle ein Bild machen können von den Entscheidungsstrukturen und Entscheidungsmotiven einer modernen Regierung.

So sieht das alles der ehemalige Abgeordnete Hirsch – dass es der amtierende Abgeordnete Kohl ganz anders sieht, weiß man nicht erst seit diesem Donnerstag in der Katholischen Akademie, aber jetzt weiß man es noch einmal ein wenig präziser. Der Unterschied ist schon einmal, dass Helmut Kohl offensichtlich nicht einmal über ein Problembewusstsein beim Thema Transparenz verfügt: Also fallen ihm zu Hirsch nur ein paar abfällige Bemerkungen ein, und natürlich nennt er auch – obwohl er sich doch schon so lange eine Vernehmung gewünscht hatte – auch diesem Ausschuss nicht die sechs anonymen Spender, die er doch nur nennen müsste, um ein für alle mal jeden Anschein von Bestechlichkeit zu vermeiden. Für die anonymen Spender hat er in seinem nicht enden wollenden Vortrag etwa dreißig Sekunden, die in der bemerkenswerten Erklärung gipfeln, er habe die Namen nicht genannt, weil die Spender eben anonym bleiben wollten. Stattdessen erzählt er dann wieder umso mehr davon, welch hervorragende Wahlergebnisse er immer als CDU-Vorsitzender gehabt habe. Da seien doch Vorwürfe von Stimmenkauf „völlig abwegig".

Je länger Helmut Kohl freilich redet und schwadroniert an diesem Donnerstag, je ausführlicher er die unwichtigen Fragen beantwortet und sich bei den wichtigen auf sein Zeugnisverweigerungsrecht beruft, desto mächtiger wird ein Verdacht: Könnte es sein, dass der Zeuge Kohl den Bezug zur Realität inzwischen fast völlig verloren hat? Könnte es sein, dass er nicht mehr weiß, wie haarscharf er schon vor 16 Jahren mit einer offensichtlichen Lüge im Zusammenhang mit schwarzen Kassen an einem Strafverfahren entlanggeschliddert ist? Dann wäre ihm vielleicht auch entgangen, dass die Wolken inzwischen erheblich dunkler geworden sind. Aus Bonn zum Beispiel verlautet dieser Tage ziemlich zuverlässig, dass der federführende Staatsanwalt das Verfahren gegen Dr. Kohl wg. Untreue in absehbarer Zeit entweder mit einem Strafbefehl oder mit einer Anklage voranzutreiben gedenkt. Und was seinen Getreuen Bohl betrifft, so mag es ihm und Kohl ja kurzfristig ein wenig Luft verschaffen, wenn für die Dateienvernichtung erst einmal ein Sündenbock gefunden ist. Sollte es freilich zu einem Strafprozess gegen jenen Abteilungsleiter kommen, dann spricht alle Lebenserfahrung dafür, dass der Mann dann doch noch ein wenig heftiger in seinem Gedächtnis kramt.

Helmut Kohl allerdings muss da gar nicht kramen, Helmut Kohl ist per definitionem unschuldig, ihn anders zu sehen, wäre ganz und gar „böswillig", „abwegig" und „absurd" – das sind die vermutlich am häufigsten verwendeten Adjektive des Tages. Je länger sich der ausdehnt, desto trauriger wird er für den Zuschauer, auch und gerade, wenn sich der Ausschussvorsitzende Neumann wieder einmal mit einem freundlichen Witzchen um eine gute Atmosphäre bemüht und in dieser nichts herausfindet. Im Grunde ist niemandem gedient mit einer solchen Veranstaltung: nicht der Wahrheitsfindung, die zunehmend zerrieben wird in den ständigen Positionskämpfen der Untersucher aus den verschiedenen Fraktionen. Aber auch nicht Helmut Kohl, der mit seinem Verhalten der vergangenen sieben Monate – und ganz gewiss auch dem dieses Donnerstags – es vielleicht wirklich noch schaffen wird, seine 16 (mal mehr, mal weniger) erfolgreichen Jahre aus der Geschichte zu verdammen.

Am Nachmittag treibt dann die Erkundung der Wahrheit ihrem vorläufigen Höhepunkt entgegen. Als der Vorsitzende Neumann aus dem Terminkalender der Juliane Weber vorliest, wann und in welchen Abständen sich die der Aufklärung verpflichteten CDU-Untersucher mit dem wichtigsten CDU-Objekt ihres Untersuchungsauftrags getroffen haben – nämlich regelmäßig vor fast jeder Sitzung –, hat der Ausschuss seinen ersten größeren Eklat. Die SPD-Leute sind erregt über die „Desavouierung" des Ausschusses, Helmut Kohl ist empört über die SPD-Leute, gegen die er ganz alleine kämpfen müsse und von denen er nicht einmal erfahren habe, wann er endlich vernommen werde.

Dann ist Pause, draußen redet Kohl über seine Verdienste bei der Wiedervereinigung, drinnen im Saal brüllen einander so lange die Mitglieder des Ausschusses an. Dann vertagt sich das Gremium, ein großer Tag der deutschen Demokratie neigt sich seinem Ende zu. **Herbert Riehl-Heyse**

„Die Gelder sammle ich,
um das nötige Geld zu haben,
um jetzt eine große Unter-
suchung anzustellen über die
Vaterlandsverräter und Leugner
der deutschen Einheit."

(2003 zur Parteispenden-Affäre)

„Viele Menschen suchen Antworten in der Politik, die die Politik nicht geben kann."

IN ALLER
OFFENHEIT

O-Ton Helmut Kohl

1. Diese Passion ist übrigens geblieben; noch heute kann ich an keinem [ ] vorbeigehen, ohne hineinzuschauen.

[a] Briefkasten

[b] Stall

[c] Museum für Technik

[d] Mercedes 600

2. Wir haben uns erst geprügelt, dann verbrüdert. Mit [ ].

[a] den jungen Franzosen

[b] den Saalordnern bei der Wienerwaldrede `76

[c] den Sozis

[d] den Zuschauern von Waldhof Mannheim-Neckarau

3. Die Dinger müssen weg:

[a] Mikrofone bei einem Gespräch mit Heiner Geissler

[b] Blumen bei Koalitionsgesprächen

[c] Raketen

[d] Krapfen

4. Ich kann mein [ ] nur bedingt ändern.

[a] politisches Handeln

[b] Volumen

[c] Gewicht

[d] geistig-moralisches Erbe

5. Ich habe den 3. Oktober als Tag der Deutschen Einheit seinerzeit auch bewusst nach [ ] ausgesucht.

[a] der Wetterkarte

[b] der deutsch-deutschen Geschichte

[c] den Ergebnissen der Gespräche mit Gorbatschow

[d] Dringlichkeit

6. Man muss [ ] im Vorübergehen erhaschen. Das bedeutet Mut zu springen, auch wenn Sie manchmal mit zwei Beinen in der Scheiße landen.

[a] den Mantel der Geschichte

[b] den Mantel Gottes

[c] den Mantel des Schicksals

[d] den Mantel der Partei

7. Ich war [ ] gut; außer mir hat keiner diese Passion gehabt, auch kein Lehrer.

[a] im Kopfrechnen

[b] im Weitsprung

[c] in Hölderlin

[d] im Vorhersagen

8. Ich stehe auf [ ].

[a] den Scherben der Geschichte

[b] den sieben Hügeln

[c] den Schultern von Hunderttausenden

[d] den Spuren der Geschichte

9. Die CDU ist kein stolzes Segelschiff, die durch die Fluten pflügt – sie ist ein Floß, auf dem man bis zum Bauch im Wasser steht. Aber fünfzig Jahre haben uns gelehrt: [ ]

[a] Es muss einmal untergehen

[b] Es geht immer weiter

[c] Es wird untergehen

[d] Es ist unsinkbar

10. Ich bin von mehr Leuten gewählt als [ ].

[a] Hitler

[b] Stalin

[c] Churchill

[d] Bush

11. Ich glaube nicht, dass wir auf dem Weg [ ] die Zukunft der nächsten Generationen sichern können.

[a] dieser Reformen

[b] eines Freizeitparks

[c] zu einer Urlaubsrepublik

[d] des Misstrauens

12. Ich habe aus guten Gründen nicht mehr mit dem Spiegel geredet, und aus den gleichen guten Gründen rede ich jetzt auch nicht mehr mit der [ ].

[a] Süddeutschen Zeitung

[b] Bild

[c] Frankfurter Allgemeinen

[d] taz

13. Da sind die, [ ] mit ihren freudlosen Gesichtern, diese freudlosen Gestalten, die sie immer waren und bleiben werden.

[a] die Mitglieder der CSU

[b] die Bayern

[c] die Linken

[d] die Sozialisten

14. Der Schröder ... der Herr aus Hannover ... [ ].

[a] diese Lichtgestalt

[b] dieser Parvenue

[c] dieser Populist

[d] diese Gurke

15. Zu Bernhard Vogel: [ ]!

[a] Mach de Aff

[b] Hoch die Tassen

[c] Weiter geht's, Simpel

[d] Ganz der Bruder

16. Lasst uns gemeinsam tun, was ein gutes Werk ist – den Sozialdemokraten [ ].

[a] zeigen, wo der Bartel den Most holt

[b] zeigen, wie Sieger aussehen

[c] ein Schnippchen schlagen

[d] aufs Haupt schlagen

17. Ein Politiker, der nicht ein Stück Utopie in seinen Zielen hat, ist ein armer Mann. Wer seine Frau zum Traualtar führt, der hat auch ein Stück Utopie vom Leben vor sich, das sich oft nicht realisiert. Und wer das nicht durchlebt hat und nicht begreift, bleibt bis an sein Lebensende [ ].

[a] ein verzagter Arsch

[b] ein Depp

[c] ein Hanswurst

[d] ein Feigling

18. 1984, während seiner Kanzlerschaft, sprach Kohl bei einer Diskussion mit Abgeordneten der Knesset in Israel von der „[ ] der späten Geburt", um seine Generation zu charakterisieren.

[a] Last

[b] Freude

[c] Gnade

[d] Sünde

Auflösung:
1b, 2a, 3c, 4b, 5a, 6b, 7c, 8c, 9d, 10a, 11c, 12a, 13d, 14a, 15a, 16d, 17a, 18c

Poesie

Dieter Hildebrandt lässt Helmut Kohl Matthias Claudius vortragen:

Der Mond,
meine Damen und Herren,
und das möchte ich hier in aller
Offenheit sagen,
ist aufgegangen!
Und niemand von Ihnen, liebe
Freunde, meine Damen und Herren,
wird mich daran hindern, hier in
aller Entschlossenheit festzustellen:
Die goldnen Sternlein prangen
und wenn Sie mich fragen, meine
Freunde, wo, dann sage ich es Ihnen:
am Himmel!
Und zwar, und das sei hier in aller
Eindeutigkeit gesagt, so, wie meine
Freunde und ich uns immer zu allen
Problemen geäußert haben:
hell und klar.

Und ich scheue mich auch nicht,
hier an dieser Stelle ganz konkret
zu behaupten:
Der Wald steht schwarz und ...
lassen sie mich das hinzufügen
schweiget.
Und hier sind wir doch alle
aufgerufen – gemeinsam –,
die uns alle tiefbewegende Frage
an uns gemeinsam zu richten:
Wie geht es denn weiter? Und
ich habe den Mut und die
tiefe Bereitschaft und die Entschlossenheit, hier in allem
Freimut und aller Entschiedenheit
zu bekennen, dass ich es weiß!
Nämlich:
Und aus den Wiesen steiget
das, was meine Reden immer
ausgezeichnet hat:
der weiße Nebel wunderbar.

„Ich bin ja nie ein großer Schimpfer gewesen. "

9

DER ALTKANZLER

WAS ÜBRIG BLEIBT

„Ich habe Fehler gemacht und werde darüber berichten."

(2001 in einem TV-Interview)

DER
ALTKANZLER

Vorbei, einfach so

Der Machtwechsel in Bonn – ein historisches Ereignis,
das sich aber gar nicht so anfühlt

1998, 29. September, SZ – Der Morgen nach der Wahl: Ein grauer, nieseliger Tag beginnt. Wer den Abend in einer der Parteizentralen verbracht hat, muss langsam, mühsam den Kopf freibekommen von der dröhnenden Masse der Eindrücke: den Monitorbildern an jeder Ecke, den Gesprächsfetzen, der überwältigenden Geschwindigkeit des Geschehens, dem Geschiebe und Gewoge in den Sälen, auf den Treppen, in den Gängen. „Dies ist sicher der Beginn einer neuen politischen Epoche", hat Oskar Lafontaine gestern Abend gesagt. Na ja. Als vor 16 Jahren anfing, was nun vorbei ist, hat niemand davon gesprochen, dass eine neue Ära beginnen würde – Herbert Wehner ausgenommen, der den Sozialdemokraten 15 Jahre Machtlosigkeit prophezeite. Eine Epoche? Allenfalls ist eine zu Ende gegangen. Und etwas Anderes, Undefinierbares beginnt.

   Der Morgen nach der Wahl. Wenn man jetzt das Geräusch beschreiben sollte, mit dem die Zeit des Kanzlers Kohl zu Ende gegangen ist … Das war kein Knall, kein Krach, kein Poltern. Das war in diesem Moment einfach ein leises Zischen, ein Ffffffft! – und Schluss. Man war nach Bonn gekommen in der Erwartung, einem großen Ereignis von historischem Rang beizuwohnen. Und nun sitzt man herum und sagt sich ständig vor: Das hier ist ein großes Ereignis von historischem Rang, das hier ist ein großes Ereignis von historischem Rang, das hier ist … Auch wenn es nicht so aussieht und sich nicht so anfühlt. Es gab jubelnde Menschen, es gab vielleicht Tränen hier und da, es gab Musik und Fahnen und Feuerwerk und ein paar hupende Autos. Was es nicht gab und nicht gibt, das ist ein umfassendes Gefühl von

Veränderung, Wechsel – ein politisches Pathos wie 1969 oder 1972, das die Menschen auch innerlich erfasst hätte.

Das Konrad-Adenauer-Haus, Zentrale der CDU, am Abend: Im großen Saal liefen vor Hunderten von herumstehenden Parteileuten und Journalisten zwei Fernsehprogramme auf Riesenbildschirmen, ohne Ton. Aber die Zahlen und Diagramme waren ja zu lesen, und sie waren fürchterlich für die Christdemokraten, von Anfang an. Gegen viertel nach sechs kletterte der Generalsekretär Hintze auf die Bühne, ein erschöpfter, ausgelaugter, fast weinerlicher Mann, dem plötzlich all das Eifrige und Beflissene fehlte, das in den langen Wahlkampfmonaten das Auffälligste war an ihm. Er sagte: „Wir haben so oft gesiegt." Und: „Wir konnten an großen Werken mitwirken." Und: Es sei ja noch früh, „da ist von der Bayernwahl her noch die eine oder andere Hoffnung angesagt".

Ja, da war es noch früh, aber für die CDU war es längst zu spät. Hintze kletterte wieder herunter, und eine halbe Stunde lang sah man ihn, eilenden Schrittes und leicht vorgebeugt, immer wieder durch die Menge huschen, hin und her und her und hin, von einem Fernsehinterview zum anderen, verfolgt von Kameras und Mikrophonen. Es war, als würden Quälgeister einen Hilflosen durch den Saal treiben, nur zu ihrem Spaß – bis eine Dreiviertelstunde später Helmut Kohl erschien, um seinen Abschied zu nehmen. Plötzlich stand er auf der Bühne, links von sich Hintze, rechts von sich Hannelore Kohl, die ihr hartes, kalt blinkendes Lächeln immer wieder auf- und absetzte, als probiere sie eine Maske aus, unschlüssig, ob sie die nun kaufen solle oder nicht.

Es traten dazu: der Kanzleramtsminister Bohl, der Innenminister Kanther, der Arbeitsminister Blüm sowie die Ministerpräsidenten Vogel und Teufel, alle nebeneinander: eine kleine Schar abgekämpfter Männer, die Lippen Striche, die Mundwinkel nach unten gerichtet, die Augen starr, eine graue Garde nach langem Marsch, lauter alte Generäle mit ihrem Feldherrn nach einer schrecklichen Schlacht. Was für eine seltsame Figurengruppe! Und welch ein Augenblick voller Leere und Traurigkeit, der einzige unvergessliche Moment an diesem Abend!

Von weit hinten brandete aus einem Fernseher Lärm und Jubel, denn just im gleichen Moment trat Gerhard Schröder vor seine Anhänger, und das wurde von irgendeinem Sender übertragen. Das hier aber war Helmut Kohls Abschied von der Macht, eine Stunde nach Schließung der Wahllokale. Hinterher würden alle darüber sprechen, wie gefasst und kontrolliert er gewirkt habe und wie souverän er sich verhalten habe in diesem Augenblick, „an einem Abend", wie Kohl in seiner unnachahmlichen, formelhaften Diktion sagte, „der ja ein schwieriger

**Der Neue
und der Altkanzler, 1998**

Kanzler im Abendlicht

Abend ist, natürlich auch für mich". Er sagte: „Die Sozialdemokraten haben die Wahl gewonnen, der Wähler hat eindeutig entschieden." Er fügte hinzu, dass er die Verantwortung für alles übernehme, „ohne Wenn und Aber". Also stehe er, als wünsche sich das noch irgendjemand, für den Parteivorsitz nicht mehr zur Verfügung. „Der Wähler hat entschieden. Damit wird diese Entscheidung respektiert." Und: „Es war eine großartige Zeit, in der wir vieles leisten konnten." Dann entstand eine Pause. Die Leute klatschten lange, einige riefen „Helmut, Helmut", und der Generalsekretär Hintze rang die Hände, flüsterte mit Kohl, rang wieder die Hände, Kohl nickte, und als Ruhe herrschte, sagte der Kanzler: „Also, liebe Freunde: Das Leben geht weiter." Dann löste sich die Gruppe auf der Bühne auf, Kohl eilte von dannen, mit einem knappen Nicken vorbei an Volker Rühe und Wolfgang Schäuble.

„Scheiße", flüsterte ein junger Bursche und fuhr sich nervös durch die Haare. „Ein historischer Auftritt", sagte ein Älterer neben ihm in das Mikrophon eines Radioreporters. „Besser ein Abgang in offener Feldschlacht als durch einen Skandal. Er geht erhobenen Hauptes aus dem Amt", sagte Norbert Blüm, als er sich unten durch die Menge schob, ballte die Fäuste und rief: „Kampf! Auf ein Neues!" Nur einmal sah die Öffentlichkeit ihren alten Kanzler noch an diesem Abend: in der „Bonner Runde" von ARD und ZDF. Da sprach er davon, dass er „mein Leben lang meinen Dienst am Land geleistet" habe. Auf die Frage, wie es ihm in Zukunft ohne Macht ergehen werde, sagte er, damit habe er „überhaupt kein Problem", und zeigte ein seltsam entrücktes, geschmerztes, gezwungenes Lächeln mit aufeinander gepressten Lippen und nach unten gezogenen Mundwinkeln.

Den Rest des Abends verbrachte er im Kanzleramt, umgeben von seiner Büroleiterin und deren Stellvertreter, vom Minister Bohl und seinem Berater Fritzenkötter, den Treuesten der Treuen, während seine Frau noch im Adenauer-Haus Anrufe beantwortete und ihm später nachfuhr. Und das war es? Das war es: ein Gefühl, als habe man monatelang auf ein großes Endspiel, einen sportlichen Showdown hingelebt und könne gar nicht begreifen, dass es vorbei ist, einfach vorbei. **Axel Hacke**

Der Schlusssatz
zum langen Abschied

Helmut Kohl beendet mit einer seiner größeren
Reden eine Ära der Bundesrepublik, doch nicht alle
danken der kleinen Stadt am Rhein ausdrücklich.

1999, 2. Juli, SZ – Als Helmut Kohl nach seiner Rede auf seinen Platz zurückkehrt,
erheben sich die Parlamentarier aus seiner eigenen Fraktion und die Nachbarn
von der FDP. Sie klatschen stehend Beifall, und man hat den Eindruck, als über-
rage der Bundeskanzler a. D. selbst im Sitzen die Abgeordneten, die rings um ihn
auf den Beinen sind. Die Leute von der SPD, von den Grünen und natürlich die
von der PDS sind gar nicht erst aufgestanden. Doch, doch, die meisten von ihnen
klatschen ausdauernd. Aber es wirkt ausgesprochen kleinlich, dass sie an diesem
Tag, in dieser Stunde dem Mann, der mit all seinen Schwächen zu den ganz Großen der Republik gehört, nicht auch im Stehen ihre Reverenz erweisen. Immerhin: Gerhard Schröder erhebt sich, geht hinüber zu seinem Vorgänger und gibt
ihm die Hand. Aber auch das geschieht in Windeseile, es bleibt eine kleine,
schnelle Geste.

Dabei ist diese letzte Sitzung des Deutschen Bundestages in Bonn zu einer
Hommage an Helmut Kohl geworden, genauer: Er hat sie dazu gemacht. Auf Anra-
ten Wolfgang Schäubles, so heißt es zumindest in dessen Umgebung, ist Helmut
Kohl zum ersten Mal in dieser Legislaturperiode wieder ans Rednerpult getreten.
Vielleicht, und dies mutmaßen kundige Unionisten, wird es Kohls einzige Rede
bleiben. Zwar war der Altbundeskanzler seit Oktober bei sehr vielen Plenumssitzun-
gen anwesend – aber er saß immer nur da, mächtig, unübersehbar, oft mit dem
wissenden Lächeln des Austragsbauern, der die Bemühungen der neuen Herren auf
seinem Hof beobachtet. Es gab Leute in seiner Fraktion, die dieses Verhalten heim-

lich kritisierten, vielleicht auch, weil mancher CDU-Mensch sich noch immer nicht so richtig traut, in Kohls Gegenwart offen zu reden.

Das alles war wie weggeblasen in dieser Stunde, in der Kohl noch einmal das hellhölzerne Pult im Behnisch-Bau mit seinen Händen festhielt. Kohls Rede war eine Mischung aus Rückschau und Vermächtnis, bestimmt kein „Manifest", wie sie die grüne Bundestags-Vizepräsidentin Antje Vollmer bezeichnete. Der Abschied von Bonn, sagte Kohl, bedeute „keine Abkehr von den Werten und Grundentscheidungen unserer Verfassungsordnung". „Deshalb ist die Rückkehr von Parlament und Regierung nach Berlin", fuhr er fort, „auch keine Restauration von etwas Vergangenem." Und dann wurde Kohl durchaus politisch, sehr speziell politisch. Er wandte sich an jene, „die heute in dümmlicher Weise von der ‚Bonner Republik' reden": „Wir gehen nach Berlin, aber nicht in eine neue Republik. Schon deshalb sollten wir darauf verzichten, von der ‚Berliner Republik' zu reden."

Auf der Regierungsbank legte Schröder die Hände zusammen und die Stirn in Falten. Zwar benutzt er die von Kohl inkriminierten Begriffe in letzter Zeit nicht mehr so häufig, dennoch philosophiert Schröder in seiner Eigenschaft als ranghöchster politischer Feuilletonist noch ganz gern darüber, was die Berliner Republik ausmachen könnte. Etwa nach dem Motto: Berliner Republik ist gleich ostdeutscher Bürgersinn plus westdeutsche Verfassungsstabilität plus Blick auf das wiedererrichtete Berliner Stadtschloss aus dem Kanzlerbürofenster. Leider unterließ es Gerhard Schröder an diesem letzten Tag des Bonner Parlaments, seine Gedanken öffentlich zu äußern. Er musste es nicht tun, gewiss, schließlich redet er oft genug. Aber sein Schweigen fiel auf – weil sich Kohl so beredt und respektgebietend äußerte, vielleicht auch, weil auf der Regierungsbank an diesem Tag mehr Staatssekretäre saßen als Minister und manchmal die Zahl der leeren Stühle selbst die Zahl der stühlefüllenden Staatssekretäre überstieg.

In diesem Sinne war es auch eine ganz normale Bonner Bundestags-Sitzung. Nach nicht allzu langer Zeit verschwand auch Schröder; der stets unglücklich aussehende Staatssekretär Günther Verheugen okkupierte allein die erste Reihe der Regierenden. Er musste, wie dies generell Verheugens Schicksal ist seit dem vergangenen Oktober, weichen, als zwanzig Minuten vor Schluss sein graugesichtiger Chef, Joschka Fischer, eintraf, der noch Stunden zuvor in New York zugange gewesen war. Allerdings fand die spärliche Besetzung der Kabinettsstühle ihre Entsprechung im Parlament selbst. Von Anfang an war das Haus nicht wirklich gut besucht, nach Kohls Rede blieben nur die ersten Reihen pflichtgemäß bevölkert. So war es immer in Bonn, also warum nicht auch bei der letzten Sitzung? Später, als man Johannes

**Beifall für Helmut Kohl nach seiner Rede
in der letzten Bonner Sitzung des Bundestags**

Rau vereidigte, war alles voll, denn da ging es ja immerhin um einen neuen Bundespräsidenten und nicht um „50 Jahre Demokratie – Dank an Bonn".

Ach ja, der Dank an Bonn. Auf der Besuchertribüne saß Bonns Oberbürgermeisterin Bärbel Dieckmann, deren Haupttätigkeit seit Monaten darin zu bestehen scheint, in Interviews zu erklären, warum Bonn ganz bedeutend und Bundesstadt bleiben werde. Besonders witzige Journalisten fragen immer nach dem Fledermaussekretariat der UN, das sich hier ansiedeln wird. Frau Dieckmann lacht dann meistens auch. An diesem Vormittag jedenfalls konnte die OB in einem Regen warmer Worte baden. „Bonn wird künftigen Generationen in Erinnerung bleiben als Wiege der zweiten deutschen Demokratie", sagte Helmut Kohl. Bundestagspräsident Wolfgang Thierse (SPD) riet dringend dazu, den Bonner Stil ohne Pomp und Protz in Berlin weiterzuführen. Der CSU-Mann Michael Glos lobte Bonn unter anderem, weil es „auch im Stadtbild" die „unverwechselbare Handschrift der bayerischen CSU" trage, womit er dem gewesenen Bauminister Oscar Schneider ein Kompliment machen wollte. Glos selbst übrigens muss dafür hervorgehoben werden, dass er an diesem historischen Abschiedstag den verschwurbeltsten Satz sagte. Auf die ebenfalls historische Rolle der CSU anspielend, bemerkte er: „Das ist von Anfang an inzwischen historischer Fakt."

Einige Redner rieben sich auch an Schröder, indem sie irgendwann in der dreieinhalbstündigen Debatte den Satz sagten: „Ich werde Bonn vermissen." Dies tat zum Beispiel die thüringische SPD-Abgeordnete Iris Gleicke, und sie bezog sich auf den Kanzler, der beim Abschiedsfest der SPD-Fraktion vergangene Woche auf offener Bühne bekannt hatte: „Ich werde Bonn nicht vermissen." Man mag dies ja verstehen bei einem Mann, dessen Familie in einer anderen Stadt wohnt und der als möblierter Herr für ein paar Monate nach Bonn gekommen ist, um dort einer Rasselbande vorzustehen, die sowieso bald nach Berlin zieht. Andererseits darf man so etwas nicht sagen, wenn man Bundeskanzler ist. Es verletzt nicht nur die in ihrem Selbstbewusstsein manchmal trotzig gewordenen wirklichen Bonner. Auch jene Mitglieder der politischen Klasse, die zum Teil Jahrzehnte hier verbracht haben, hören so etwas nicht gern.

Zu letzteren gehört Hans-Ulrich Klose, der frühere SPD-Fraktionschef. Helmut Kohl, der überzeugend als weltweiser Übervater auftrat, ist es zu verdanken, dass durch diese letzte Sitzung – um einen Kohlschen Begriff zu benutzen – doch irgendwie der Atem der Geschichte wehte. Klose wiederum hielt jenseits von Kohl die beste, die nachdenklichste und gleichzeitig anrührendste Rede. Auch er sang das politische Lob der Stadt am Rhein, weil „der zweite demokratische Versuch auf deutschem Boden" für immer mit dem Namen Bonn verbunden sei. Und er verstand es, die Schofligkeit der nach Kohls Rede sitzengebliebenen Sozen vergessen zu machen, als er vom Glück der deutschen Vereinigung sprach. Vom Rednerpult blickte Klose dem Kanzler a.D. ins Gesicht und sagte: „Sie, Herr Doktor Kohl, können für sich in Anspruch nehmen, die Chance für solches Glück gesehen und ergriffen zu haben. Das ist Ihre Leistung, für die wir zu danken haben, heute und in Zukunft." Drei Sekunden war es still im Hohen Haus, und dann gab es lang anhaltenden Applaus.

Das Flair einer Weltstadt, meinte Klose wenig später, habe Bonn nie geboten. Aber dafür sei Nähe entstanden, weil sich alle immer überall getroffen hätten: im Bundestag, am Marktplatz, in den Restaurants. „Manch einem war das bisweilen zuviel", sagte Klose, „aber alles in allem hat es geholfen, freundlich und kollegial miteinander umzugehen." Die persönliche Nähe, wenn auch manchmal als provinziell empfunden, habe der Politik gutgetan: „Bonn hat uns gut getan." Viele derer, die im Plenum oder auf der Pressetribüne saßen, nickten zu diesen Worten Kloses. So war es wohl, und so wird es in Berlin nicht mehr sein.   **Kurt Kister**

Bruch mit dem Ziehvater

Angela Merkel wagt es als einzige in der CDU-Führung,
sich klar von Helmut Kohl abzugrenzen.

1999, 23. Dezember, SZ – Der Flug LH 1906 von Berlin nach Köln/Bonn bringt am
Mittwochmorgen für kurze Zeit Vergangenheit und Gegenwart der CDU zusammen. In der ersten Reihe sitzt Generalsekretärin Angela Merkel, durch zwei Plätze
und den Gang getrennt vom ehemaligen Schatzmeister der Partei, Walther Leisler
Kiep. Bei der Begegnung in der Flughafenhalle hat man sich nur knapp zugenickt.
Kiep, der mehr als zwei Jahrzehnte lang die Kasse der CDU verwaltet hat und in
dessen Zeit wohl jenes System von schwarzen Konten angelegt wurde, an dem die
heutige Führung so schwer zu tragen hat, liest die *Süddeutsche Zeitung*. Merkel hat
derweil die *Frankfurter Allgemeine* aufgeschlagen, für die sie an diesem Tag einen
Gastbeitrag geschrieben hat. Der Artikel wird in die Geschichte eingehen.

Angela Merkel, die von Helmut Kohl nach der Wende in der DDR in sein
Kabinett geholt worden war und die von ihm lernte, wie Macht funktioniert, bricht
endgültig mit ihrem Ziehvater. „Die von Kohl eingeräumten Vorgänge haben der
Partei Schaden zugefügt", stellt sie in einer Deutlichkeit fest, wie es bisher keiner aus
der CDU-Spitze gewagt hat. Für das Verhalten des Altkanzlers, der sich im Fernsehen und nicht in den Parteigremien äußert und der die Namen von Spendern nicht
nennen will, hat Merkel kein Verständnis. „Ein Wort zu halten und dies über Recht
und Gesetz zu stellen, mag vielleicht bei einem rechtmäßigen Vorgang noch verstanden werden, nicht aber bei einem rechtswidrigen Vorgang", belehrt sie den offenbar
unbelehrbaren CDU-Ehrenvorsitzenden. Der Beitrag war nicht mit Parteichef Wolfgang Schäuble abgestimmt. Es sollte nicht der Eindruck entstehen, Schäuble schicke

seine Generalsekretärin vor, um Kohl zu demontieren, wird der Alleingang in der Umgebung Merkels begründet.

Der Schritt ist folgerichtig. Seit sich die Spendenaffäre über all die schönen Wahlerfolge des Jahres gelegt hat, drängte die Generalsekretärin am entschiedensten auf vollständige Aufklärung. Sie litt unter den täglich bekannt werdenden Enthüllungen über das Finanzgebaren unter Kohl. Aber Merkel wusste auch, was Kohl für die CDU bedeutete. Der Jubel um den „Kanzler der Einheit“ zum 9. November führte ihr dies noch einmal beeindruckend vor. Zu diesem Zeitpunkt deuteten sich aber schon Veränderungen in dem Vater-Tochter-Verhältnis an. Mehrmals hatte sich Merkel geweigert, dem Ehrenvorsitzenden Sonderwünsche zu erfüllen. Kohl wiederum war verärgert über den von Merkel ersonnenen Parteislogan „Mitten im Leben“, weil der suggerierte, die CDU sei zu seiner Zeit realitätsfremd gewesen.

Öffentlich ließ sich Merkel nicht anmerken, dass Kohls anhaltende Omnipräsenz sie nervte. Je mehr der Altkanzler aber zur zentralen Figur in der Spendenaffäre wurde, umso mehr ging Merkel auf Distanz zu ihm. Sie könne nicht an der Zerstörung der CDU mitwirken, wird sie zitiert. Noch vor zwei Wochen, als Präsidium und Bundesvorstand in Sondersitzungen von Kohl Klarheit erwarteten, hat Merkel angesichts des sich auftuenden Grabens zwischen Kohl-Verteidigern und Aufklärungswilligen einen Satz geprägt, der eine Klammer sein sollte. „Wir müssen das Kohl-Erbe zukunftsfähig machen“, sagte die Generalsekretärin. Sie hoffte, dass auch die Kohl-Getreuen einsehen würden, wie notwendig die Offenlegung aller Fakten sei.

Doch Kohls Verhalten gegenüber der Partei, vor allem der Fernsehauftritt in der vorigen Woche, über den nur Parteichef Wolfgang Schäuble einen Tag zuvor informiert worden war, haben Merkel tief enttäuscht. Es könne nicht die Alternative „Fehler aufklären“ oder „das Erbe bewahren“ geben, schreibt sie in der *FAZ*. Das richtet sich an all diejenigen, die die Leistungen des Altkanzlers für so groß halten, dass er deshalb unantastbar sei. Merkel hält diese Auffassung für falsch. „Nur auf einem wahren Fundament kann die Zukunft aufgebaut werden. Diese Erkenntnis muss Helmut Kohl, muss die CDU für sich annehmen“, schreibt sie. Weil dem Altkanzler offenbar die Einsicht fehlt, in welch fatale Lage er die Partei gebracht hat, plädiert Merkel dafür, sich von Kohl zu lösen wie jemand „in der Pubertät“, der von zu Hause weggehe. „Wir kommen nicht umhin, unsere Zukunft selbst in die Hand zu nehmen.“

Nun müssen die anderen in der CDU-Führung erklären, wie viel Kohl sie noch in der Partei wollen. Erste Reaktionen zeigen, wie schwer dies fällt. **Hans-Jörg Heims**

**Mit Angela Merkel bei einem Kongress in Berlin, 2000, bei einem Empfang
zum 75. Geburtstag, 2005, und bei einer Festveranstaltung „60 Jahre CDU ", 2005**

Für Drohgebärden
ist es noch zu früh

Schäuble auf Distanz zu Merkel

1999, 23. Dezember, SZ – Am Rande des Erfurter Parteitags im April haben sich Wolfgang Schäuble und Angela Merkel gemeinsam fotografieren lassen. Die Aufnahme wurde zur Vorlage für ein CDU-Plakat zur Europawahl. „Europa ist wie wir, nicht immer einer Meinung, aber immer ein gemeinsamer Weg", war darauf zu lesen.

Dieses Plakat hatte der CDU-Chef im Sinn, als er am Mittwoch nach der Präsidiumssitzung deutlich machen wollte, dass Merkels Beitrag in der *FAZ* nicht seine volle Unterstützung findet. „Wir sind nicht immer einer Meinung, aber wir sind auf einem gemeinsamen Weg", sagte Schäuble. Später sprach er von einem „bemerkenswerten Beitrag in einer bemerkenswerten Zeitung". Nach Aussage des Parteichefs hatten sich einige Präsidiumsmitglieder für Merkels Aufsatz bedankt, andere jedoch kritische Anmerkungen gemacht. Teilnehmer an dem rund dreistündigen Krisengespräch bestätigen, die Zustimmung zum Vorstoß der Generalsekretärin sei verhalten ausgefallen. Es habe eine „offene und ehrliche Diskussion" stattgefunden, hieß es. Anerkannt wurde, dass Merkel auf die innere Zerrissenheit vieler Mitglieder hingewiesen habe. Gestört hätten sich einige Mitglieder an Begriffen wie „Pubertät". Diese Bewertung des Textes muss freilich vor dem Hintergrund relativiert werden, dass die meisten Gefolgsleute Kohls nicht anwesend waren. So fehlten Norbert Blüm, der im Sudan weilt, sowie die Ministerpräsidenten von Thüringen und Hessen, Bernhard Vogel und Roland Koch.

Die Generalsekretärin wirkte in der Pressekonferenz merkwürdig einsilbig in ihren wenigen Antworten, sprach von einem „persönlichen Beitrag". Schäuble

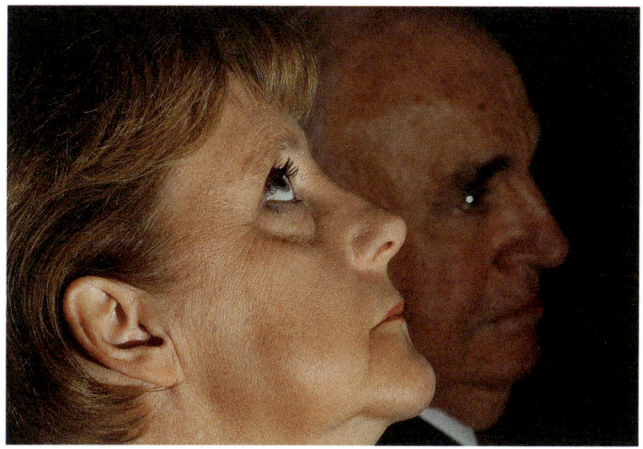

**Mit Angela Merkel
bei einem Empfang in Berlin, 2007**

will mit Geduld Kohl dazu bringen, die Namen der bisher anonym gebliebenen Spender doch zu nennen. Dass Kohl dies tun muss, darin sind Schäuble und Merkel einig. Doch mag sich der Parteichef nicht zu Drohgebärden oder Belehrungen gegenüber seinem Vorgänger hinreißen lassen. Kohl, der in der Erklärung des Präsidiums nicht einmal als Ehrenvorsitzender bezeichnet wird, wird gebeten, die Namen der Spender offen zu legen. Dies sei erforderlich, um weiteren Schaden von der Partei abzuwenden, heißt es in der sechsseitigen Erklärung, die Schäuble, der sonst ohne Manuskript über Gremiensitzungen informiert, vollständig vorlas. Auch in der Einschätzung, Kohl habe durch sein Verhalten der CDU geschadet, folgt er Merkel.

Der Parteichef gerät an diesem Tag nicht wegen der deutlichen Worte Merkels in Erklärungsnot. Vielmehr taucht wieder die Frage auf, was Schäuble selbst von Kohls heimlichen Konten gewusst hat. Dabei weckt insbesondere ein Vorgang Interesse. Anfang 1997 sind 1,146 Millionen Mark von einem am 17. Dezember 1996 aufgelösten Konto der Bundestagsfraktion in bar an den mittlerweile entlassenen CDU-Verwaltungschef Hans Terlinden übergeben worden. Der reichte das Geld in Tranchen an den Steuerberater Horst Weyrauch weiter. Was dann mit dem Geld geschah, ist ungeklärt. Auch stellt sich die Frage, wo die Millionensumme zwischen Konto-Auflösung und Übergabe an Terlinden aufbewahrt wurde. Schäuble will von dem Vorgang nichts gewusst haben. Für das neue Jahr hat er den Vorsatz gefasst, die Rechenschaftsberichte genau zu lesen. **Hans-Jörg Heims**

Riese außer Dienst

Eine kritische Festschrift zum 80. Geburtstag

2010, 12. März, SZ-Magazin – Die römischen Kaiser prägten das Bild selbst, das sich die Welt von ihnen machen sollte: Auf den Münzen, die sie schlagen ließen, sehen sie daher so aus, wie sie aussehen wollten – stark und machtvoll. Kaiser Augustus zum Beispiel schaute auf seinen frisch geprägten Denaren und Sesterzen noch im Alter von siebzig so aus wie mit dreißig. Die Münzbilder waren Propaganda. Sie brachten die richtige Botschaft unters Volk: den ewig jungen Herrscher. Und rund um sein Porträt standen in knapper Abkürzung die Großtaten geschrieben, mit denen er für immer in Erinnerung bleiben wollte. Ein Wort war da fast immer dabei: Pater Patriae, Vater des Vaterlandes. So war das selbst dann, wenn der Kaiser nur ein ganz kleiner Kaiser war, einer, der nur ein paar Wochen lang regiert hat.

Pater Patriae, Vater des Vaterlandes: Dies ist der Titel, die Aureole, die Legende, die, wenn es die alten Gebräuche noch gäbe, auf den Euro- und den Cent-Münzen mit einem Porträt von Helmut Kohl stehen müsste. Und auf der Rückseite würde ein Spruch prangen, der die deutsche Einheit und die Vereinigung Europas feiert und die großen Verträge, die Helmut Kohl dazu ausgehandelt hat - in Brüssel, Kopenhagen und Maastricht, in Schengen und Nizza. Im alten Rom hieß dieser feierliche Spruch auf den Münzen so: „FELICIUM TEMPORUM REPARATIO". Es war der Lobpreis über die „Wiederherstellung glücklicher Zeiten".

Es ist dies ein Lobpreis, der auch Helmut Kohl gebührt, ein Lobpreis, der die Verdienste würdigt, von denen er fürchtet, dass sie sich nicht fest genug eingeprägt haben könnten im Bewusstsein der Deutschen. Kohl fürchtet, dass seine großen

Taten verschüttet worden sind von dem Spendenskandal, der nach seiner Amtszeit ans Licht kam. Kohl hat zwar nicht, wie Monarchen, Münzen von sich prägen lassen. Aber er hat eine neue Währung erfunden: Der Euro, der europäische Dollar, ist vor allem sein Werk. Und doch, dies ist die Angst des alten Kohl, könnte es sein, dass Undank der Welt Lohn ist, dass man seinen Namen nicht mit der europäischen Währung, sondern mit dem „Bimbes" verbindet, also mit dem Geld aus seinen schwarzen Kassen, aus denen er den einen oder anderen Wahlkampf finanziert hat.

Drei Wünsche hat der Held in den alten Märchen und Sagen frei, drei Aufgaben hat er zu bestehen. Zwei der Wünsche, zwei der Aufgaben des Kanzlers Kohl sind Geschichte geworden: Er hat die Wiedervereinigung Deutschlands glücklich gesteuert, und er hat die Zukunft Europas ziemlich fest gefügt. Der dritten Aufgabe aber gilt die vergebliche Anstrengung seines Alters: Er hat Memoiren geschrieben, um gegen die angebliche „gigantische Verleumdungskampagne und Geschichtsfälschung" anzuschreiben, um sein vermeintlich wackelndes Bild in der Geschichte wieder zu befestigen. Obwohl er seine illegalen Spender nie aufdeckte, hat er in diesen Büchern so getan, als habe man ihm den Spendenskandal angetan, um ihn zu beschädigen; die Erinnerungen Kohls sind die Erinnerungen eines sehr selbstgerechten alten Mannes. Aber sein Schreiben und Trachten und Lamentieren ist hier ganz vergeblich – und zwar deswegen, weil die Fehler und die Vergehen, die Kohl vertuschen will, seine Verdienste ohnehin nicht mindern können. Das schafft er nicht einmal selbst. Es geht ja nicht um seine Heiligsprechung und um die Anerkennung eines „heroischen Tugendgrades", sondern um seinen Rang in der Geschichte. Was ist, ist. Und was ist, bleibt.

Helmut Kohls Rang wird auch nicht dadurch getrübt, dass ihm Kritik schon immer als Illoyalität galt. Wer ihm nicht folgte, war Gegner und ist es noch immer. Wolfgang Schäuble war das letzte große Opfer des konspirativen Genies Kohl. Er gehörte zu den vielen Weggefährten, die einst in Symbiose mit ihm gelebt und gearbeitet haben, aber dann von ihm abgestraft wurden. Heiner Geißler war der erste, Schäuble der letzte. Dazwischen kommen Biedenkopf und Stoltenberg, Albrecht und Blüm; und all diese Symbionten verbindet, dass aus dem Zusammenwirken zum gegenseitigen Nutzen Gegnerschaft wurde. Helmut Kohl ist ein binärer Mensch: Es gibt Gut und Böse, Freund und Feind – und wer sich von ihm lossagt, war und ist ein „Verbrecher". Aus dieser Simplizität bei seiner Sicht der Dinge hat Kohl aber auch viel Kraft gewonnen – sie trug zu seinem ungeheuren Selbstbewusstsein bei, das sich zumal in den 16 Monaten bewährte, in denen die deutsche Einheit gestaltet wurde. Auch in seiner großen Zeit fehlten Kohl fast alle Zutaten, die es für Charisma braucht: ideologisch überhöhte Programmatik, mitreißende Rhetorik, funkelnde Intellektualität. Er ist eigentlich ein Anti-Charismatiker. Sein politisches Genie zeigt sich darin, dass er trotzdem zu einem charismatischen Politiker wurde.

Helmut Kohl ist von seiner historischen Bedeutung ergriffen: Er hat in seinen Altkanzler-Jahren ein spezielles Pathos entwickelt, seine Weltgeschichten zu erzählen, und zu diesem Pathos gehörte es, dass es nicht nur die Zuhörer ergriff, sondern ihn auch selbst zu Tränen rührte. Sein Sinn für Geschichte verbindet ihn mit François Mitterrand. Und darum haben sich die beiden Staatsmänner so gut verstanden, auch wenn keiner die Sprache des anderen konnte. Kohl hätte auch gern Monumente gebaut, große Baudenkmäler, wie sie Mitterrand mitten in Paris errichten hat lassen, um seine Unsterblichkeit in Stein zu meißeln: die Grande Arche, die Grande Bibliothèque, die Opéra Bastille, die Pyramide du Louvre. Es ist vielleicht besser, dass Kohl die Mittel zu solchen Großbauten nicht hatte. Er hat das Land auf andere Weise verändert. Und er selbst hat sich verändert.

Zu seinem 80. Geburtstag sitzt Helmut Kohl, Bundeskanzler von 1982 bis 1998, auf keinem Thron, sondern im Rollstuhl. Er ist ein gebrechlicher alter König, ein Riese außer Dienst, einer, der bei den Ehrungen, die man ihm zuteilwerden lässt, mit Mühe und mit beiden Händen das Glas ergreift und mit großer Anstrengung seinen Trinkspruch formuliert: „Ich hebe das Glas auf die Zukunft, Freunde!" Es ergeht ihm seit etwa drei Jahren sehr schlecht, noch schlechter, als es einst anderen Großen ergangen ist, Friedrich dem Großen zum Beispiel, der 68 war, als er an d'Alembert schrieb: „Mein Namensgedächtnis schwindet, meine geistige Frische lässt nach, meine Beine sind schwach, ich sehe schlecht: kurz, ich habe Beschwerden wie jeder andere." Das Alter hat Helmut Kohl getroffen wie der Blitz die deutsche Eiche, es hat ihn gefällt, es hat ein Wrack gemacht aus einem großen und gewaltigen Mann. Auf den Glanz eines Kanzlerlebens folgte das Elend der Gefangenschaft in einem Körper, der ihm den Dienst verweigert. Früher hat diesem Helmut Kohl die CDU gehorcht, ja auch die Staatsmänner Europas haben ihm gehorcht - jetzt gehorcht ihm der Körper nicht mehr und nicht die Stimme. Die Zuhörer bei seinen wenigen öffentlichen Auftritten haben Schwierigkeiten, ihn zu verstehen, wenn er spricht; aber zugleich ist es so, als verstünden sie ihn besser denn je. Er trägt eigentlich nichts mehr vor, er ist nur noch da. Man ist angerührt von der feierlichen Gebrechlichkeit des Altkanzlers.

Der Staatsmann Helmut Kohl hatte die Gabe, aus Erlebnissen, Erinnerungen und Geschichten Geschichte zu machen, aus Geschichten wie dieser, die er einst im *SZ*-Interview erzählt hat: „Ich habe einmal eine Rede in Metz gehalten. Da sagte mir der dortige Oberbürgermeister, wie ich war er Jahrgang 1930, dass er in Erinnerung hat, wie man in Metz vom Gehsteig runtergehen musste, wenn ein deutscher Offizier kam. Das war im Jahr 1943. Und dann hatte ich gesagt, ich habe eine Erinnerung an 1945 in meiner Heimatstadt, wo es dann umgekehrt war. Wir mussten vom Gehsteig runter, wenn ein französischer Offizier kam. Die beiden Städte liegen gerade zweihundert Kilometer auseinander." Das sind die Erlebnisse, die Kohls Europapolitik geformt haben. Diese Europapolitik war so lebendig, wie es Kohls Erinnerungen waren. Wenn er davon erzählte, klangen zwar die Sätze wie Formeln und Phrasen, die seine Zuhörer auch bald auswendig aufsagen konnten: „Ich habe den Krieg mit all seinen Schrecken und seinem Grauen erlebt und dann als 15-Jähriger das Kriegsende. Alle meine Erfahrungen dieser Zeit haben mein weiteres Leben tief geprägt - und mir wurde klar, dass die Zeit der Kriege in Europa beendet werden muss." Konrad Adenauer hatte auch so simpel formuliert. Aber in dieser Simplizität steckte die Kraft Kohls zu einer furiosen und grandiosen Europapolitik. Wenn er so redete, war das oft ziemlich selbstgerecht, aber gleichwohl ein Ereignis, weil man spürte, dass da einer das politische Geschäft nicht nur als Geschäft, sondern als Aufgabe verstand. Und an den besten Stellen seiner Reden war es so, dass man glauben mochte, er lese sie sich von seiner Seele ab.

Von Kohls Kraft ist nichts mehr übrig geblieben, vom Pathos bleibt seine griechische Urbedeutung übrig: Leiden. Und es bleibt ihm die Seligkeit der Erinnerung. Der 80. Geburtstag steht bevor. Vielleicht zürnt er erinnerlich darüber, dass es den ehemaligen innerparteilichen Gegnern seines Alters gesundheitlich so viel besser geht als ihm. Kurt Biedenkopf, sein ehemaliger Generalsekretär, reist von Vortrag zu Vortrag. Heiner Geißler, auch ehemaliger Generalsekretär, sitzt, zusammengeschraubt nach allerlei Unfällen und einem Absturz mit dem Gleitschirm, putzmunter, streitbar, streitlustig und altersweise zugleich, in jeder zweiten politischen Fernsehdiskussion. Und der frühere Bundespräsident Richard von Weizsäcker, von Herkommen und Habitus der Gegentyp zu Kohl, wird bald, noch immer beneidenswert fit, 90 Jahre alt. Helmut Kohl aber ist ein gesundheitliches Wrack; doch er ist der einzige Deutsche seiner Generation, der Weltgeschichte geschrieben hat.

In seinen guten Zeiten hatte Helmut Kohl nicht nur einmal, so wie andere Leute, sondern gleich zweimal im Jahr Geburtstag. Der eine Geburtstag war sein Geburtstag, der andere war der Parteitag der CDU. Wenn dort der Tag vollbracht und Helmut Kohl zum zehnten, elften oder zwölften Mal als Parteivorsitzender wiedergewählt worden war, wenn der Kanzler also mit sich, mit seiner Partei, mit Deutschland und mit der Welt im Reinen war, dann begann dieser Geburtstag - und

zwar so: Kohl setzte sich an eine Orgel, die auf der kleinen Bühne in der großen
Halle stand. Es handelte sich um ein weiß poliertes elektronisches Instrument, auf
dem man, je nach Gusto, eine Streichergruppe, eine Bläsergruppe oder auch ein
ganzes Sinfonieorchester imitieren konnte. Nein, Helmut Kohl spielte es nicht selbst;
er saß strahlend, breit und mächtig vor der Tastatur neben Franz Lambert, dem
Orgelspieler, und er flüsterte ihm ab und an ein gewünschtes Stück ins Ohr, am
liebsten „La Paloma" oder „Wenn bei Capri die rote Sonne im Meer versinkt". Wenn
Lambert einen hohen Ton brauchte, musste Lambert an Helmut Kohls Bauch vor-
beilangen. Es herrschte eine Stimmung wie bei einer großen Hochzeit auf dem
Land, und Helmut Kohl war stumm vor Stolz und Glück, wie ein Feuerwehrkom-
mandant, der gerade seine älteste Tochter gut verheiratet hat. Einen „pfälzischen
Menhir" hat ihn einmal ein Freund genannt. Um diesen Menhir herum, die laien-
hafte Übersetzung ist Hinkelstein, drehte und drängte sich nun alles, Delegierte,
Ministergattinnen, Kreis- und Bezirksvorsitzende; es wurde getanzt. Er kannte sie
fast alle, er wusste alles über sie, alles jedenfalls, was er wissen musste, um Fäden zu
ziehen, um in allen Parteidingen zu dirigieren und zu intrigieren. Bei dem einen
oder anderen mag er sich bei dieser Gelegenheit vorgenommen haben, ihn im Wahlkampf mit einer finanziellen Zuwendung aus seiner schwarzen Kasse zu bedenken.
Und viele von denen wiederum, die er beim Vorbeitanzen betrachtete, überlegten
still bei sich, wann der Alte wohl plant, den Laden zu übergeben; aber das tat und
tat er nicht. So war das jahrelang; so war das Geburtstag für Geburtstag. Es war wie
bei einem immerwährenden Weinfest: eine dahindudelnde Musik, eine schunkelnde
Partei, ein lächelnder Kanzler. Es war seine Welt, die Pfalz, sie war überall dort, wo
er war, er brachte sie mit. Hier hörte er des Dorfs Getümmel, hier war seines Volkes
wahrer Himmel. Hier war die Tankstelle des Staatsmanns Helmut Kohl.

Und bei den europäischen Ratssitzungen ging es am Schluss zwar nicht zu wie
bei einem Geburtstag, aber doch wie bei einem Klassentreffen mit Kohl als Klas-
sensprecher und Organisator. Kohl hat, so erinnert sich einer, der dabei war, „ohne
dass er an der Reihe war, in das Mikrofon geschrien, alle zusammengeschissen; und
alle haben auf ihn gehört. Er brüllte „François!" – und Mitterrand, schon gezeichnet
von schwerer Krankheit, zuckte zusammen und nickte. Er hat diese Kerle beherrscht." Diese Kerle, die Staatsführer Europas, waren „seine Kerle". Und er konnte
davon glucksend, bewegt, pathetisch, feierlich, stolz und unglaublich selbstzufrieden
reden. Der Staatsmann Helmut Kohl war ein pfälzisch-europäischer Berserker – Europas Berserker, Europas Christophorus. Er ist ein Vater des neuen Europa. Diese
Geburtstage und Klassentreffen sind eigentlich noch gar nicht so lange her, an die

15 Jahre. Rüttgers und Röttgen und Pofalla und Merkel waren damals auch schon da; aber vorstellen kann man sich das eigentlich schon gar nicht mehr. Nicht viele der ganz alten und noch nicht so ganz alten Weggefährten dürfen zu Kohl; seine zweite Ehefrau, Maike Kohl-Richter, bewacht den Zugang. Ähnlich hat es seinerzeit Brigitte Seebacher-Brandt gehalten, als sie 1983 Willy Brandt geheiratet und dann bis zu seinem Tod 1992 mit ihm zusammengelebt hatte. Maike Kohl-Richter kümmert sich so liebevoll zärtlich um den kranken Alten, dass seine nur noch wenigen getreuen Freunde und Besucher sagen, dass er ohne sie wohl nicht mehr leben würde. Es ist viel gerätselt und geschwätzt worden über diese letzte Beziehung Kohls: Er war 78, sie 44, als sie im allerengsten Kreis im Heidelberger Universitätsklinikum geheiratet haben. Aber vielleicht ist das ein Stücklein ähnlich wie im „Brandner Kasper und das ewig' Leben". Als zum Brandner Kasper der Tod kam, Boandlkramer heißt er dort, füllte der ihn mit Kirschwasser ab und luchste ihm noch viele Erdenjahre ab. Wer mit Thatcher, Bush senior und Gorbatschow höchst erfolgreich verhandelt hat, kann das vielleicht auch mit dem Boandlkramer.   **Heribert Prantl**

Mein Kanzler

Maike Richter, Helmut Kohls zweite Frau, pflegt, schützt, kontrolliert ihn – und baut eine Mauer um ihn herum.

2012, 21. Juli, SZ – Mauern können Menschen schützen, können sie vor neugierigen Blicken bewahren, in all ihrer Bedrängnis. Doch auch Gefängnisse haben Mauern, sie sind von innen und von außen zu sehen. Dies ist die Geschichte einer Frau, die eine Mauer baut; die Mauer verläuft quer durch die Familie, sie trennt die Frau und ihren alten Mann von seinen Kindern, trennt ihn von seiner Vergangenheit. Und sie trennt das Paar vom Leben, von den Freunden, die sie einst umgaben, die vor allem ihn umschwirrten. Die Frau hinter der Mauer würde wohl eher von einer festen Burg reden, die sie errichten musste. Um darin ein wenig Glück und Frieden zu finden. Allein mit diesem berühmten Mann, den immer alle für sich haben wollten. Den ihr längst nicht jeder gönnt, selbst jetzt nicht, da er krank ist und ein hilfsbedürftiger Mensch. Auch jetzt nicht, da sie schon lange seine zweite Frau ist: Maike Kohl-Richter, 48 Jahre alt.

Vielleicht muss man zurück zu den Anfängen gehen, zu den Tagen, an denen die ersten Reihen gesetzt wurden, um zu verstehen, wie diese Mauer wuchs, die man nicht sehen kann, die aber jeden zurückweichen lässt, der einmal vor ihr stand. Ein Bollwerk, das nicht aus Steinen zusammengefügt wurde, sondern aus Sorge, Macht und Mitgefühl.

Es ist der 23. April 2005, als Karl-Hermann Schlabach, ein Redakteur der *Siegener Zeitung*, eine Nachricht sieht, die ihn stutzen lässt. „Es stimmt, ich habe eine neue Lebenspartnerin", liest er in der *Bild*-Zeitung, und er sieht einen alten Mann und eine junge Frau. Den Mann kennen alle in Deutschland: Helmut Kohl.

Die junge Frau kennen damals nicht viele. Ein paar Leute in Bonn, ein paar in Berlin und manche noch in Siegen, dort, wo sie herkommt.

Unglaublich, denkt Schlabach. Maike Richter aus dem Dorf Oberheuslingen bei Freudenberg, ganz in der Nähe von Siegen, sie ist die neue Freundin von Helmut Kohl? Die kleine Richter, die früher immer mit ihrer Mutter Evelyn in der Redaktion der *Siegener Zeitung* aufgetaucht war?

Evelyn Richter war in den Siebziger- und Achtzigerjahren Lokalreporterin im Siegerland: Kaninchenausstellungen, Schützenfeste, Stadtpolitik, das wahre Leben. Vier Kinder hatte sie und einen Ingenieur als Mann, sie schrieb ihre Artikel in der Nacht; und Maike war oft dabei, wenn sie über die Dörfer zog. Das ist doch noch nicht lange her, denkt Schlabach, die Redaktionsräume der Zeitung, sein Büro, das alles hat sich kaum verändert seit jenen Tagen. Und Maike, der Teenager aus Oberheuslingen, ist jetzt Frau Kohl, oder zumindest fast?

Das ist meine Geschichte, sagt sich Schlabach. Er kennt sie ja von damals, die junge Maike Richter. Sie hat auch ein Praktikum in der Redaktion gemacht. Jetzt würde er sie anrufen oder zumindest jemanden, der noch ihre Nummer hat. Das tut er dann auch, er meldet sich, wo er kann, und hinterlässt die Bitte, Maike möge zurückrufen. „Ich brauchte ja nur ein Zitat von ihr für unsere Zeitung", sagt Schlabach heute. Er hat nie etwas von ihr gehört. „Ich habe dann keinen Kontakt mehr zu ihr gesucht", sagt Schlabach. Er wusste jetzt, wo die Mauer stand. Und nichts würde sich daran mehr ändern.

Schlabach ahnt, dass es vielen so ergangen ist wie ihm. Er war einer der Ersten, die gespürt haben, was noch viele spüren würden in den Jahren danach: Distanz. In diesen langen Jahren bis zum heutigen Tag, in denen die Frau, die er als Maike Richter kannte, einen nach dem anderen aussortiert und auf Abstand gehalten hat. Aus ihrer Vergangenheit, aus der Vergangenheit Helmut Kohls. Bis die beiden so allein dasaßen, wie sie es heute tun, in dem Bungalow in Oggersheim. Allein mit den Erinnerungen, den Briefen und Akten aus der Zeit, als Helmut Kohl noch Kanzler war, als seine erste Frau noch lebte und Maike Richter ihn schon bewunderte, ihm nahe sein wollte. So wie sie sich das immer schon wünschte, als Teenager in der Jungen Union in Siegen. Und als junge Mitarbeiterin im Kanzleramt, wo sie ihn endlich kennenlernte.

Es gab Zeiten, da jubelte sie ihm mit Tausenden anderen zu. Jetzt hat sie ihn für sich allein. Ganz allein. So leben sie wie zwei Menschen, die am Abend im Museum eingesperrt wurden, versehentlich. Aber es ist kein Versehen. Sie wollte es so.

Mit Maike Richter,
2005

**Mit seiner Frau Maike Kohl-Richter (links),
Bild-Chefredakteur Kai Diekmann mit Ehefrau Katja Kessler, 2014**

Sie kann jetzt all die alten Briefe lesen, auch die liebevollen, bisweilen zärtlichen Worte Helmut Kohls an seine erste Frau: an Hannelore. Alles ist da in dem Haus in Oggersheim, unter ihrer Kontrolle. Die ganze Geschichte. Und Eifersucht findet immer einen Grund. Die junge Frau kann den alten Mann nach längst Vergangenem fragen. Sie verwaltet die Erinnerungen. Er kann dazu nicht mehr viel sagen. Was soll er auch tun? Sich rechtfertigen für die Zeit, in der sie noch nicht Frau Kohl-Richter war? Dafür, dass es vor ihr schon einmal die Frau seines Lebens gab? Das wird einigen Männern so gehen, die wieder geheiratet haben. Aber wird hier, im Fall von Helmut Kohl, das Private nicht politisch?

Manche, die noch über die Mauer schauen können, sehen mehr als eine Ehe in Oggersheim. Sie sehen Politik und Geschichte. Sie erinnern sich, wie ein deutscher Altkanzler sich anfangs von einer jungen Frau beim Schreiben von Artikeln und Büchern helfen ließ. Und heute sehen sie diese Frau selbst schreiben, so, als habe sie dieses Land einmal geführt. Sie redigiert jetzt die Vergangenheit. Im dritten Band von Helmut Kohls Memoiren taucht die Widmung „Für Hannelore" nicht mehr auf.

Hier wird Geschichte gemacht, nachträglich. Und manches soll verschwinden. Was wird übrig bleiben von den Briefen, Akten und Papieren in Oggersheim? Wem gehört der Altkanzler Kohl? Wer darf sein Leben erzählen? Nur seine zweite Frau? „Das, was da passiert, ist eigentlich irre, das geht nicht, denn ihr Mann hat ja eine gewaltige, eine lange politische Vergangenheit." So redet jemand, der diese Vergangenheit kennt, bis in die Anfänge. Und der sagt, sein Name tue nichts zur Sache.

Als ein Autor der *FAZ* im Herbst 2010 ein Stück über Kohls Lebensleistung und die deutsche Wiedervereinigung schreibt, erwähnt er auch Hannelore Kohl, es geht ja um die späten Achtziger-, die frühen Neunzigerjahre. Maike Kohl-Richter erwähnt er nicht. Da ist ihr Zorn groß. Doch in den Jahren davor hat sie noch Hannelores alte Kleidung aufgetragen und sich darin sehen lassen.

Helmut Kohl spricht – nach allem, was man weiß – überhaupt nur noch wenig hinter der Mauer, die das Paar umgibt. Das mag einem leidtun. Walter Kohl, dem älteren der beiden Söhne, fällt es nicht leicht zu sagen: „Aber er hat sich diese Frau ausgesucht." Er hat sie gebraucht, vielleicht braucht er sie nun mehr denn je. Und gilt das nicht auch für sie?

Es gibt heute nicht mehr viele, die einen direkten Blick auf dieses Leben eines alten Mannes und einer jungen Frau haben. Einer, dem das gelegentlich gelingt, ist Dirk Metz. Er war Regierungssprecher des hessischen Ministerpräsidenten Roland Koch, und er ist ein Mann klarer Worte. Aber auch einer, der sich des Werts von

Freundschaften bewusst ist. Besonders, wenn sie schon lange währen. Deshalb spricht er im Fall von Maike Richter so vorsichtig er kann. Es ist erstaunlich, dass er überhaupt über sie spricht. Wahrscheinlich hat er einfach genug davon, dass so viele schlecht über eine Frau reden, die er lange kennt. Und die er für einen guten Menschen hält.

Metz, ein Mittfünfziger mit Schnurrbart, kommt auch aus Siegen. Er war dort Vorsitzender der Jungen Union; und als er Maike Richter fragte, ob sie mit ihm Politik machen wolle, ob sie für den Kreisvorstand der jungen Konservativen kandidieren wolle, da sagte sie: ja. Das war für sie der Einstieg in die CDU. Wenn man so will, hat Dirk Metz damit ein kleines Stück an einer großen Geschichte mitgeschrieben.

Heute sitzt Metz in einem Frankfurter Büro, das ihm einen gewissen Überblick bietet, über die Stadt und das Leben. Er ist ein Fachmann für Kommunikation. Jetzt erzählt er eine Geschichte aus dem vergangenen Sommer, es ist eine Geschichte von Liebe, Sorge und unerbittlicher Fürsorge.

Helmut Kohls junge Frau hatte in der Zeitung ein Interview mit ihrem alten Bekannten Dirk Metz gefunden und es ihrem Mann vorgelesen. Nun wollte Kohl diesen Metz kennenlernen. „Es war natürlich ulkig, weil ich Kohl oft mit Roland Koch gesehen hatte, er wusste ja eigentlich, wer ich bin, er hat mich auch sofort erkannt", sagt Metz. Er erzählt, wie sie im Sommer im Garten in Oggersheim saßen, er erinnert sich an die Begrüßung : „Kohl wollte mir seine linke Hand geben, und da sagt Maike: Helmut, gib dem Dirk Metz die rechte, daraufhin hat er mir die rechte Hand gegeben, was nach seinem Unfall wirklich anstrengend für ihn war." Metz ist überrascht und berührt in diesem Moment, das passiert ihm wahrscheinlich nicht so oft. „Da ist mir klar geworden, welche Bedeutung Maike für ihn hat." Um ihren Mann pflegen zu können, hat sie sich als Referatsleiterin im Wirtschaftsministerium beurlauben lassen, seit vier Jahren schon.

Sie hat den Hofstaat weggeschickt, Einflüsterer und Ausflüsterer, Vorzimmerdamen, Hinterzimmerherren, Redenschreiber und Ghostwriter. Die Wichtigtuer und die Wichtigen. Auch die für ihn Wichtigen?

Am 5. Juli 2011 kommen Walter und Peter Kohl, die Söhne des Altkanzlers, vom Grab ihrer Mutter Hannelore – Helmut Kohls erster Frau, die sich zehn Jahre zuvor das Leben genommen hatte. Es ist ein Tag, an dem die Söhne an die alte Familie denken, sie hören, dass der Vater an diesem Jahrestag nicht am Grab der Mutter war. So beschließen sie, vom Friedhof in Ludwigshafen zum Haus des Vaters zu fahren, sie wollen ihn bitten, noch einmal gemeinsam ans Grab zu gehen. Als sie in der Marbacher Straße in Oggersheim ankommen, stehen Polizeiwagen vor dem

Haus, die üblichen Sicherheitsvorkehrungen für Helmut Kohl; und an diesem Tag wird alles noch sicherer gemacht. Ein Polizist nimmt Walter und Peter Kohl gleich beim Aussteigen aus dem Auto in Empfang.

Als die Söhne an der Haustür klingeln und ihnen auch nach einiger Zeit und einigem Drängen und Klopfen niemand öffnet, fragen sie die Polizisten, ob ihr Vater zu Hause sei. „Das dürfen wir Ihnen nicht sagen, erklärte uns die Polizei", erinnert sich Peter Kohl. Sie klopfen wieder an der Haustür und schließlich bedeutet ihnen die Polizei, sie sollten verschwinden. „Sonst werde ein Platzverweis ausgesprochen", erinnert sich Walter Kohl. „Die Polizei begründete diese Maßnahme mit einer Weisung des Berliner Büros meines Vaters." Verstört fahren die Söhne davon. „Der Vater wird wie ein Gefangener gehalten", sagt einer der beiden noch. Dann liegt der Ort ihrer Kindheit hinter ihnen.

Wenn man in Siegen von der Autobahn abbiegt, um sich auf den Weg zu Maike Richters Elternhaus zu machen, folgt man einer gewundenen Straße durch blühende Landschaften in Richtung Oberheuslingen. Birken und Obstbäume stehen hinter den Leitplanken. In der Siedlung am Wald, dort, wo das große weiße Haus steht, das Maike Richters Eltern mittlerweile verkauft haben, ist Deutschland so, wie Helmut Kohl sich dieses Land wohl einmal vorgestellt hat. Schön, überschaubar und gar nicht unmodern, Kinder spielen auf der Straße. Der Gesangsverein in Oberheuslingen heißt MGV Eintracht. So sollte es sein.

Im Jahr 2005, beim 75. Geburtstag ihres Vaters, haben Walter und Peter Kohl noch mit Maike Richter gemeinsam in einem Saal in Berlin gesessen und gefeiert. Aber das war bald vorbei. Im Frühjahr 2008 erfuhren die Söhne durch ein Telegramm, dass ihr Vater wieder heiratet. So waren auch sie aussortiert. „Es war spürbar, dass mein Vater seine Zukunft mit Maike sah, selbst wenn er dafür vielleicht sogar das Ende unserer Beziehung in Kauf nahm", hat Walter Kohl später geschrieben Vielleicht wollte sie auch nur Ruhe vor allen, die ihren Mann belagern, endlich Ruhe. Auch vor den Söhnen, die groß sind und einschüchternd wirken können. Zumal für eine Frau, die weiß, dass sie sich in etwas reindrängen musste, wenn sie ihn, den Altkanzler, für sich gewinnen wollte.

Als Maike Richter mit Helmut Kohl und dem damals noch großen Gefolge im Winter 2004 nach Sri Lanka reist, fällt Hotelbediensteten gleich etwas auf: Die junge Frau, die mit ihrem Mann eine Suite bezieht, hat die Hotelleitung gebeten, die Privatsphäre des Paars zu schützen. Auch vor den Mitreisenden. Vor Leuten wie Ecki Seeber, dem langjährigen Fahrer von Kohl. Doch was heißt hier Fahrer? Seeber war für Kohl ein Mann für alles, ein Vertrauter. Einer, mit dem sich die junge Frau dar-

**Das Ehepaar Kohl beim
Festakt zu Kohls 80. Geburtstag, 2010**

über streiten musste, wer dem Altkanzler das Hemd rauslegt, und welches passend erscheint. Auch da kannte Seeber sich aus.

Maike Richter musste begreifen, dass sie mit einem Mann wie Kohl nie allein im Auto sitzen würde, wenn sie nicht etwas ändern würde. Als sie es schließlich geschafft hat, Ecki Seeber loszuwerden, ist erstaunlich, was danach passiert: Seeber schweigt. Er ist tief verletzt, aber er schweigt. Wenn man heute Seebers Frau in Ludwigshafen ans Telefon bekommt, bittet sie, das alles ruhen zu lassen. Zu viel ist passiert. Im Februar 2008, als Helmut Kohl in seinem Haus schwer stürzt und eine Gehirnquetschung erleidet, da unterrichtet Maike Richter die Söhne Walter und Peter erst Stunden später über das, was passiert ist. Als deren Vater schon mehr tot als lebendig in der Klinik liegt. So erinnern sich die Söhne an den Tag des Unglücks. Hätten sie, die damals, vor der zweiten Heirat ihres Vaters, noch dessen nächste Angehörige waren, nicht früher unterrichtet werden müssen? Und wäre es vielleicht besser gewesen, wenn man Kohl nicht nach Heidelberg, sondern in die näher gelegene Oggersheimer Unfallklinik gebracht hätte? Das glauben die Söhne.

Auf jeden Fall war nach diesem Tag nichts mehr wie zuvor.

„Die Leute denken immer noch an den kräftigen Helmut Kohl vor zwanzig, dreißig Jahren", sagt Dirk Metz, der alte Freund von Maike Kohl-Richter. Er blickt einen Moment still auf den Schreibtisch in seinem Frankfurter Büro, lässt sein Handy klingeln und redet dann von den Zumutungen, denen Maike Kohl-Richter ausgesetzt ist. Wenn sie sich mal raus wagt. „Sie hat mir zwei Geschichten erzählt: Als sie im Speyrer Dom waren und Helmut Kohl im Rollstuhl saß, wollte jemand ein Buch von ihm signiert haben. Sie sagte: Bitte nicht jetzt. Und der Mann, der das Autogramm haben wollte, zischte nur: Das hat er immer gemacht, bevor Sie da waren."

Die zweite Szene spielt in Kohls altem Lieblingsrestaurant, im „Deidesheimer Hof" in der Pfalz. „Jemand hält Kohl ein Handy ans Ohr und sagt: Begrüßen Sie mal unseren Kreisvorsitzenden von der CDU. Maike, die um die Sprache ihres Mannes weiß, sagt nur: Bitte, das geht nicht."

Wieder wird sie angegiftet. „Könnte sie nicht einfach freundlicher sein zu den Leuten, die meinen Vater schätzen?", fragt Walter Kohl, als er das hört.

„Muss sie ihn nicht vor solchen Situationen bewahren?", fragt Dirk Metz. Vor all denen schützen, die glauben, immer noch Anspruch auf ihn zu haben? Aber wo endet der Schutz, wo beginnt die Kontrolle, die Herrschaft? „Ohne die gäb' es mich nicht mehr", hat Helmut Kohl zu Metz gesagt, im Garten in Oggersheim. Es ist schwer, sich einen einst so mächtigen Mann, auch körperlich enorm kräftigen Mann, als Pflegefall vorzustellen. Vielleicht liegt darin die ganze Tragik, auch ihre. Wie lebt man damit, wenn derjenige, der immer stark war, jetzt schwach ist? Und auch von anderen so gesehen werden kann?

Der Fotograf Konrad R. Müller, ein Mann, der alle Kanzler dieser Republik fotografierte, ist immer noch fassungslos, wenn er von Helmut Kohls junger Frau erzählt. Müller, der weiß, wie man Menschen in Szene setzt, war vor einiger Zeit in Oggersheim, um Helmut Kohl zu fotografieren. Er machte Aufnahmen, die Kohl im Rollstuhl zeigen. In Würde. Aber ihren Mann im Rollstuhl, das war genau das, was Maike Kohl-Richter nicht in den Zeitungen sehen wollte. Das hatte sie Müller auch gesagt. Der aber wollte sich nicht alles vorschreiben lassen in seiner Kunst.

„Ich weiß noch, wie Helmut Kohl sich gefreut hat, als ich bei ihm zu Hause ankam", erinnert sich Konrad R. Müller an das Treffen in Oggersheim. „Wir sahen uns zum ersten Mal nach zehn Jahren wieder. Und er sagte zu mir: Mensch, Konrad, du wirst ja immer jünger." Nein, dass er Kohl störte, den Eindruck hatte der Fotograf nicht. Es wurde dennoch ein eher kurzer Besuch.

„Maike hat sich sehr darüber aufgeregt, über die Unfairness, dass Müller solche Bilder drucken ließ und die Chuzpe besaß, sich damit zu brüsten, dass sie so ein Bild nicht wollte", erinnert sich Dirk Metz.

Bald darauf bekam Müller, der Kohl seit Jahrzehnten kennt, einen Brief des Altkanzlers. Der letzte Satz darin heißt: „Wir haben uns nichts mehr zu sagen."

Ob Helmut Kohl noch in der Lage ist, solche Briefe zu schreiben? Manche, die ihn jetzt noch gut kennen, bezweifeln das. Müller jedenfalls hat nie wieder über die Mauer sehen dürfen.

Ansprüche können groß sein, vermessen oder auch berechtigt. Doch wie sie beurteilt werden, das entscheidet heute allein sie, seine Frau. Und es sind ja nicht immer nur Fotografen oder Journalisten, die etwas von Helmut Kohl wollen. Manchmal sind es auch seine Kinder. Vielleicht wollen sie ihm auch etwas geben. Walter Kohl, der Sohn, hat es in seinem Buch so beschrieben. „Einmal hatten wir eine heftige Auseinandersetzung, und ich fragte sie, warum es so schwierig sei, schon einfache Besuche zu organisieren. Sie gab mir ganz unverblümt zu verstehen, dass sie meinen Vater am liebsten für sich ganz allein haben wollte." Hat sie Angst vor den Söhnen, der Familie, zu der sie nicht gehörte?

Dirk Metz kennt die andere Seite. „Sie hat immer gesagt, dass sie gern ein besseres Verhältnis zu den Söhnen hätte. Aber ob es da eine Chance gibt? Ich weiß es nicht."

Selbst mancher, der ihr gewogen ist, hat längst erkannt, dass da etwas gewaltig schiefläuft. „Ja, sie hat etwas Tragisches an sich, sie ist nicht bösartig, zerstörerisch oder intrigant, sie hat sich einfach verrannt in die Idee, ich will diesen Mann heiraten, und dann will sie das alles auf eine ganz schmalspurige Zweierbeziehung bringen." Wer nicht für sie ist, ist gegen sie. Das haben viele erlebt. Und nicht jeder, der darüber taktvoll spricht, möchte das mit seinem Namen tun. Einer sagt: „Sie merkt ja, wie unbeliebt sie sich damit macht, und darunter leidet sie wirklich. Aber sie hat eben mit Gott und der Welt Krieg angefangen für ihre Idee von Helmut Kohl, einem Helmut Kohl, der nur ihrer ist."

Die Idee ist Wirklichkeit geworden, und gefangen sind jetzt beide.

„Ich würde ihr zu großer Zurückhaltung in der Öffentlichkeit raten", sagt Dirk Metz. „Sie sollte nicht in eine Talkshow gehen und sich darüber beklagen, wie schwer es auch sein kann." Das Leben mit einem Mann, der nicht mehr der Helmut Kohl ist, der er einmal war.

Wenn man ihr in diesen Tagen einen Brief nach Oggersheim schreibt, sie fragt, ob sie nicht einmal darüber reden möchte, wie es ist, dieses Leben zu führen, für einen und gegen alle, bekommt man einen freundlich abwehrenden Antwortbrief von einer Sekretärin aus Berlin. Nein, Frau Dr. Kohl-Richter habe sich grundsätzlich entschieden, zum gegenwärtigen Zeitpunkt nicht selbst in der Presse auftreten zu wollen. Der Absender steht hinten auf dem Kuvert ihres Schreibens. Er lautet: „Dr. Helmut Kohl. Bundeskanzler a. D."

Jochen Arntz

„Es ist so: Der Helmut Kohl wird bleiben, wie er ist. Ich denke, er wird Ihnen auch noch eine Weile erhalten bleiben, … indem ich Ihnen gelegentlich zur Verfügung stehe mit meinem ganzen unwiderstehlichen Charme, den Sie in vielen Jahren erlebt haben."

(TV-Interview nach der Wahlniederlage 1998)

„Ich habe ein tiefes Misstrauen gegenüber Leuten, die zu Lebzeiten auf einem Denkmal-sockel stehen."

WAS ÜBRIG
BLEIBT

Ausgezeichnet

Helmut Kohl erhielt sehr viele Auszeichnungen:
Ehrenbürgerschaften, Ehrendoktorwürden, Ehrenzeichen,
Orden und weitere bemerkenswerte Ehrungen.

Ehrenbürger von

Deidesheim in der Pfalz (3 700 Einwohner)
St. Gilgen am Wolfgangsee (3 850)
Ludwigshafen (160 000)
Danzig (460 000)
Frankfurt am Main (700 000)
Berlin (3,5 Mio)
London (8,5 Mio, Metropolregion 13,5 Mio)
Europa (742 Mio)

Ehrendoktorwürden (Auswahl)

Edinburgh (Schottland)
Harvard University (USA)
Istanbul (Türkei)
Juristische Fakultät der jüdisch-amerikanischen Brandeis-Universität
Boston/Massachusetts (USA)
Katholische Ateneo-Universität Manila (Philippinen)
Katholische Pontifizialuniversität Salamanca (Spanien)
Katholische Universität Löwen (Belgien)
Lublin (Polen)
Maryland (USA)
Philosophische Fakultät der Ben-Gurion-Universität (Israel)
Reichsuniversität Groningen (Niederlande)
Sophia-Universität Tokyo (Japan)
St. Kliment-Ochridski-Universität Sofia (Bulgarien)
Taras-Schewtschenko-Universität (Ukraine)
Tel Aviv (Israel)
Theologische Fakultät der Universität Breslau (Polen)
Tokyo (Japan)
Universidad de Chile (Chile)
Universität Cambridge (England)
Universität Lüttich (Belgien)

Orden, Ehrenzeichen, Auszeichnungen (Auswahl)

Franz Josef Strauß-Preis der Hanns-Seidel-Stiftung
Großkreuz des Verdienstordens der Italienischen Republik
Aachener Karlspreis für die Verdienste um die deutsch-französische Freundschaft
Coudenhove-Kalergi-Preis
Europapreis für Staatskunst der Stiftung F.V.S. in Straßburg
Deutscher Medienpreis
Bayerischer Verdienstorden
Konrad-Adenauer-Freiheitspreis der Deutschland-Stiftung

Concord-Preis für Verdienste um die deutsch-amerikanische Freundschaft
Goldmedaille für humanitäre Verdienste der jüdischen Organisation B'nai B'rith
Europäer des Jahres 1995
Orden der marokkanischen Dynastie (Grand Cordon du Ouissam Alaouite)
Eric-M.-Warburg-Preis der Atlantik-Brücke
Ehrenmitgliedschaft der indonesischen Ingenieursvereinigung
Prinz-von-Asturien-Preis für den Beitrag zur Einigung Europas
Leo-Baeck-Preis des Zentralrats der Juden in Deutschland
Marshall-Preis als Symbolgestalt des Marshallplans
Europäischer St.-Ulrich-Preis für die Verdienste um die Einheit Europas
Vision for Europe Award von der Edmond Israel Foundation
Weißer Adler für die Unterstützung bei der Erweiterung der NATO und der Europäischen Union um Polen
Großkreuz in besonderer Ausführung (Sonderform mit Lorbeerkranz) des Verdienstordens der Bundesrepublik Deutschland
Großkreuz im Orden vom Niederländischen Löwen
Großkreuz des Leopoldordens (Belgien)
Presidential Medal of Freedom (USA)
Staatsmann des Jahrzehnts (Auszeichnung vom EastWest Institute)
Medienpreis Goldene Henne für die Verdienste um die Deutsche Einheit
St. Liborius-Medaille für Einheit und Frieden des Erzbistums Paderborn
Olympia-Orden in Gold des Internationalen Olympischen Komitee
Millenniums-Medaille der ungarischen Regierung
Elsie-Kühn-Leitz-Preis der Vereinigung Deutsch-Französischer Gesellschaften
Preis des Westfälischen Friedens für die Verdienste um die deutsche Einheit
Großer Verdienstpreis der Académie des Sciences morales et politiques in Paris
Internationaler Adalbert Preis
Alcide de Gasperi: Erbauer Europas
International Global Leadership Award des Chicago Council on Foreign Relations
Point Alpha Preis für Verdienste um die Einheit Deutschlands und Europas
Quadriga vom Verein Werkstatt Deutschland
Sonderpreis des Konrad-Adenauer-Preises für Kommunalpolitik
Marienkreuz Terra Mariane, höchster estnischer Orden
Karl V.-Preis der spanischen Stiftung Europäische Akademie
Ehrenmitgliedschaft der Alfred-Delp-Gesellschaft
Goldene Medaille der Jean-Monnet-Stiftung
Preis für Verständigung und Toleranz des Jüdischen Museums in Berlin
BILD-Medienpreis „Osgar"
Auszeichnung vom amerikanischen Atlantic Council
Hanns Martin Schleyer-Preis
Medienpreis Millenium-Bambi
Roland-Berger-Preis für Menschenwürde
Großer Verdienstorden der Königin Jelena (Kroatien)
Henry A. Kissinger Preis der American Academy
Sonderpreis „Goldene Brücken des Dialogs 2010" des Hauses der Deutsch-Polnischen Zusammenarbeit
Pfälzer Löwe des Bezirksverbands Pfalz

Karnevalsorden Pälzer Krischer Rheinschanze
Karl-Valentin-Orden der Münchner Faschingsgeselllschaft Narrhalla
Karnevalsorden Saumagen-Orden der Schifferstadter
Karneval- und Tanzsport-Gesellschaft Schlotte.
Karnevalsorden Kitzinger Schlappmaul-Orden

Andere Ehrungen (Auswahl)

Die CDU-Landesgeschäftsstelle in Mainz heißt seit 2015 „Helmut-Kohl-Landesgeschäftsstelle"
Die Sonderbriefmarke „Helmut Kohl – Kanzler der Einheit – Ehrenbürger Europas" (2012)
Die goldene „Helmut-Kohl-Ehrennadel" der ESU (2001)
Umbenennung des Instituts für Europäische Studien in Helmut-Kohl-Institut (1995).
Die Doktor-Helmut-Straße im Ostseebad Loddin auf der Ostseeinsel Usedom
Der Wanderweg – Auf dem Helmut-Kohl-Weg wandert man vom südpfälzischen Eppenbrunn zum französischen Nachbarort Roppeviller in Lothringen (2002)

Die Helmut-Kohl-Rose

1953 wurde Konrad Adenauer, dem ersten Kanzler der Bundesrepublik, eine rote Rose gewidmet. Anlässlich der Bundesgartenschau 1995 in Cottbus taufte Bundeskanzler Helmut Kohl 1996 eine neue Rosenkreation auf seinen Namen. Er pflanzte die Helmut-Kohl-Rose dann auch eigenhändig in den Garten des Bundeskanzleramtes in Bonn. Die Helmut-Kohl-Rose ist nach wie vor in vielen Gärtnereien erhältlich.

„Ich studiere
Gesichter wie andere
Leute Bücher."

Autoren

Jochen Arntz. Von 2007 bis 2014 *SZ*-Redaktionsmitglied; danach Chefredakteur der DuMont-Hauptstadtredaktion; vom 1. Oktober 2016 an Chefredakteur der *Berliner Zeitung*

Klaus Dreher. Von 1966 bis 1995 Mitglied der Bonner *SZ*-Redaktion, die er von 1973 bis 1992 leitete. Er ist im Juli 2016 gestorben.

Axel Hacke. Von 1981 bis 2000 *SZ*-Redaktionsmitglied, bis 1985 im Sport-Ressort, danach in der Innenpolitik; außerdem Kolumnist des *SZ*-Magazins

Hans Jürgen Heims. Von 1993 bis 2011 Mitglied der *SZ*-Redaktion, von 1996 bis 2000 Mitglied der Bonner/Berliner Redaktion

Hans Ulrich Kempski. 1949 Chefreporter der *SZ*, 1970 Chefkorrespondent und Mitglied der Chefredaktion, 1987 *SZ*-Sonderkorrespondent. Er starb 2007.

Hans Werner Kilz. Von 1996 bis 2010 Chefredakteur der *SZ*; seit 2012 Mitarbeiter der Zeit

Kurt Kister. Seit 1983 Mitglied der *SZ*-Redaktion in mehreren Ressorts (unter anderem Ressort-leiter Seite Drei) und als Korrespondent (Washington); 1998 Leiter der Bonner und 1999 der Berliner Parlamentsredaktion, 2005 Mitglied der Chefredaktion, seit 2011 Chefredakteur

Stefan Kornelius. Seit 1991 Mitglied der *SZ*-Redaktion; Korrespondent in Washington (1996–99), stellvertretender Büroleiter Berlin (1999–2000); seit 2000 Ressortleiter Außenpolitik

Claus Heinrich Meyer. Von 1964 bis zu seinem Tod 2008 *SZ*-Redaktionsmitglied

Heribert Prantl. Seit 1988 im *SZ*-Ressort Innenpolitik, seit 1996 dessen Leiter, seit 2011 Mitglied der Chefredaktion

Herbert Riehl-Heyse. Von 1971 bis 1989 bei der *SZ*, zuletzt als stellvertretender Chefredakteur; nach einem kurzen Intermezzo beim Stern Rückkehr zur *SZ* als Leitender Redakteur. Er starb 2003.

Gernot Sittner. Von 1964 bis 2005 *SZ*-Redaktionsmitglied in mehreren Ressorts, 1989 bis 1993 stellvertretender Chefredakteur; 1993 bis 2005 Chefredakteur

Stefan Ulrich. Seit 1994 Mitglied der *SZ*-Redaktion; Korrespondent in Paris (2005–2009) und Rom (2009–2013); seit 2013 stellvertretender Ressortleiter Außenpolitik

Hermann Unterstöger. Seit 1978 Mitglied der Redaktion

Andreas Zielcke. Leiter der Feuilleton-Redaktion von 2000 bis 2006.

CUS. Entwickelt seit 1990 jede Woche ein neues Rätsel für das *SZ-Magazin*

Luis Murschetz zeichnet seit 1967 für die *SZ*. Die Karikaturen in diesem Buch erschienen in der *SZ* und in der Sammlung „Abschied von Kohl".

Regina Schmeken photographiert seit 1986 für die *SZ*. Von ihr stammen in diesem Buch die Aufnahmen auf den Seiten 198f./266f./293/302f. (Ausschnitt)/374f.

Bildnachweis

AFP ImageForum: 292

AP Photo (Michael Sohn): 262/263

Daniel Biskup: 242/243

Deidesheimer Hof: 42/43

Der Spiegel: 152–155

Getty Images (Keystone): 293

Fotolia: 71, 72, 73, 74

Haus der Geschichte (Axel Thünker): 106

Imago (Dieter Bauer, CTK Photo, Future Image, Hartenfelser, IPON, ITAR-TASS, Mauersberger, Sven Simon, Sommer, Christian Thiel, ZUMA press): 17, 18, 23, 61, 118, 221, 241, 292, 307, 311, 325, 386 (2), 387, 396, 397

Konrad-Adenauer-Stiftung e.V., Archiv für Christlich-Demokratische Politik, Plakatsammlung: 148–151

picture-alliance/dpa (Ulrich Baumgarten, Frank Leonhardt, Peter Popp, Sven Simon, Egon Steinert, Rainer Unkel, Westend61, Heinz Wieseler): 35 (2), 36, 37, 39, 41, 47, 55, 83, 87 (4), 100 (3), 103, 105, 107, 117, 121, 136 (2), 137, 142, 178, 179, 193, 194, 208, 209, 212, 213, 214, 220 (2), 221, 227, 247, 248/249, 254/255, 258/259, 260, 261, 271, 314, 322 (3), 323, 324 (2), 325, 329, 331, 343, 380, 401

photothek (Thomas Imo): 102

Reuters (Hannibal Hanschke, Wolfgang Rattay): 182/183, 383

Regina Schmeken: 198/199, 266/267, 293, 302/303 (Ausschnitt), 374/375

Rosen Tantau KG: 411

SZ Photo (ap/dpa/picture alliance, Jochen Eckel, Brigitte Hellgoth, Lothar Kucharz, Melde Press, Hans-Günther Oed, photothek.net, Jörg Sarbach, Sven Simon, Rainer Unkel, Werek): 25, 29, 34, 38, 65, 75, 87, 92, 100, 101, 107, 119, 127, 128, 132, 139, 173, 175, 206, 207, 210, 211, 215, 216, 217, 220 (2), 221 (2), 223, 238/239, 245, 296, 297, 298/299, 323 (2), 324, 325, 339, 347, 351

Titanic: 156/157

Ullstein Bild: 58/59, 229

Quellen für die Helmut-Kohl-Zitate: Helmut Kohl: Erinnerungen. 3 Bände; Helmut Kohl: Vom Mauerfall zur Wiedervereinigung; Hans-Peter Schwarz: Helmut Kohl; *Süddeutsche Zeitung*; *Spiegel*

Quelle für den Fragebogen: © Alle Rechte vorbehalten. Frankfurter Allgemeine Zeitung GmbH, Frankfurt. Zur Verfügung gestellt vom Frankfurter Allgemeine Archiv

Quellen für die Reden von Helmut Kohl: BULLETIN Nr. 150 der Bundesregierung vom 22. Dezember 1989. BULLETIN Nr. 79 der Bundesregierung vom 18. November 1999

Auflösung CUS-Rätsel

```
      K       S       H       P       E       M           O
K  O  H  L  R  A  B  E  N  S  C  H  W  A  R  Z
   G     A     T     L     Y     E  M  U     O
   G  O  R  B  I     M     C     L     E     N
   E        K  R  E  U  T  H     E  H  R  E
O  R  A     A  E  S  T     E  C  U     F
   S  A  U     A           S  T  R  A  U  S  S     S
   H     N  E  U        R  U  E     L           A
V  E  R  D  U  N        V        B  L  A  U
W  I  E     R  A  I  S  O  N     A           M
   M  A  J  O  R     G  E  R  O  L  D        A
W  E  G     N  T     N  E  U        A        G
I  R  A     O     W  O  L  F  G  A  N  G  S  E  E
R     N  O  R  D  E  N        O     C  T        N
T        E  M  I  R     A  M  T  S  E  I  D
         L     K     H     T     A     D     R
      M  E  U  T  E  R  N              K  I  R
         N           E              T
```